经济所人文库

项启源集

中国社会科学院经济研究所学术委员会 组编

中国社会科学出版社

图书在版编目（CIP）数据

项启源集/中国社会科学院经济研究所学术委员会组编．
—北京：中国社会科学出版社，2019.1
（经济所人文库）
ISBN 978-7-5203-3556-0

Ⅰ.①项… Ⅱ.①中… Ⅲ.①经济学—文集
Ⅳ.①F0-53

中国版本图书馆CIP数据核字（2018）第254349号

出 版 人	赵剑英
责任编辑	王　曦
责任校对	孙洪波
责任印制	戴　宽

出　　版	中国社会科学出版社
社　　址	北京鼓楼西大街甲158号
邮　　编	100720
网　　址	http://www.csspw.cn
发 行 部	010-84083685
门 市 部	010-84029450
经　　销	新华书店及其他书店

印刷装订	北京君升印刷有限公司
版　　次	2019年1月第1版
印　　次	2019年1月第1次印刷

开　　本	710×1000　1/16
印　　张	20
字　　数	270千字
定　　价	99.00元

凡购买中国社会科学出版社图书，如有质量问题请与本社营销中心联系调换
电话：010-84083683
版权所有　侵权必究

中国社会科学院经济研究所
学术委员会

主　任　高培勇

委　员　（按姓氏笔画排序）
　　　　龙登高　朱　玲　刘树成　刘霞辉
　　　　杨春学　张　平　张晓晶　陈彦斌
　　　　赵学军　胡乐明　胡家勇　徐建生
　　　　高培勇　常　欣　裴长洪　魏　众

总　　序

作为中国近代以来最早成立的国家级经济研究机构,中国社会科学院经济研究所的历史,至少可上溯至1929年于北平组建的社会调查所。1934年,社会调查所与中央研究院社会科学研究所合并,称社会科学研究所,所址分居南京、北平两地。1937年,随着抗战全面爆发,社会科学研究所辗转于广西桂林、四川李庄等地,抗战胜利后返回南京。1950年,社会科学研究所由中国科学院接收,更名为中国科学院社会研究所。1952年,所址迁往北京。1953年,更名为中国科学院经济研究所,简称"经济所"。1977年,作为中国社会科学院成立之初的14家研究单位之一,更名为中国社会科学院经济研究所,仍沿用"经济所"简称。

从1929年算起,迄今经济所已经走过了90年的风雨历程,先后跨越了中央研究院、中国科学院、中国社会科学院三个发展时期。经过90年的探索和实践,今天的经济所,已经发展成为以重大经济理论和现实问题为主攻方向、以"两学—两史"(理论经济学、应用经济学和经济史、经济思想史)为主要研究领域的综合性经济学研究机构。

90年来,我们一直最为看重并引为自豪的一点是,几代经济所人孜孜以求、薪火相传,在为国家经济建设和经济理论发展作出了杰出贡献的同时,也涌现出一大批富有重要影响力的著名学者。他们始终坚持为人民做学问的坚定立场,始终坚持求真务实、脚踏实地的优良学风,始终坚持慎独自励、言必有据的学术品格。他们是经济所人的突出代表,他们的学术成就和治学经验是经济所最宝贵的财富。

抚今怀昔，述往思来，在经济所迎来建所90周年之际，我们编选出版《经济所人文库》（以下简称《文库》），既是对历代经济所人的纪念和致敬，也是对当代经济所人的鞭策和勉励。

《文库》的编选，由中国社会科学院经济研究所学术委员会负总责，在多方征求意见、反复讨论的基础上，最终确定入选作者和编选方案。

《文库》第一辑凡40种，所选作者包括历史上的中央研究院院士，中华人民共和国成立后的中国科学院学部委员、中国社会科学院学部委员、中国社会科学院荣誉学部委员、历任经济所所长以及其他学界公认的学术泰斗和资深学者。在坚持学术标准的前提下，同时考虑他们与经济所的关联。入选作者中的绝大部分，都在经济所度过了其学术生涯最重要的阶段。

《文库》所选文章，皆为入选作者最具代表性的论著。选文以论文为主，适当兼顾个人专著中的重要篇章。选文尽量侧重作者在经济所工作期间发表的学术成果，对于少数在中华人民共和国成立之前已成名的学者，以及调离经济所后又有大量论著发表的学者，选择范围适度放宽。为好中选优，每部文集控制在30万字以内。此外，考虑到编选体例的统一和阅读的便利，所选文章皆为中文著述，未收入以外文发表的作品。

《文库》每部文集的编选者，大部分为经济所各学科领域的中青年学者，其中很多都是作者的学生或再传弟子，也有部分系作者本人。这样的安排，有助于确保所选文章更准确地体现作者的理论贡献和学术观点。对编选者而言，这既是一次重温经济所所史、领略前辈学人风范的宝贵机会，也是激励自己踵武先贤、在学术研究道路上砥砺前行的强大动力。

《文库》选文涉及多个历史时期，时间跨度较大，因而立意、观点、视野等难免具有时代烙印和历史局限性。以现在的眼光来看，某些文章的理论观点或许已经过时，研究范式和研究方法或许已经陈旧，但为尊重作者、尊重历史起见，选入《文库》时仍保持原貌而未加改动。

《文库》的编选工作还将继续。随着时间的推移，我们还会将更多经济所人的优秀成果呈现给读者。

尽管我们为《文库》的编选付出了巨大努力，但由于时间紧迫，工作量浩繁，加之编选者个人的学术旨趣、偏好各不相同，《文库》在选文取舍上难免存在不妥之处，敬祈读者见谅。

入选《文库》的作者，有不少都曾出版过个人文集、选集甚至全集，这为我们此次编选提供了重要的选文来源和参考资料。《文库》能够顺利出版，离不开中国社会科学出版社领导和编辑人员的鼎力襄助。在此一并致谢！

一部经济所史，就是一部经济所人以自己的研究成果报效祖国和人民的历史，也是一部中国经济学人和中国经济学成长与发展历史的缩影。《文库》标示着经济所90年来曾经达到的学术高度。站在巨人的肩膀上，才能看得更远，走得更稳。借此机会，希望每一位经济所人在感受经济所90年荣光的同时，将《文库》作为继续前行的新起点和铺路石，为新时代的中国经济建设和中国经济学发展作出新的更大的贡献！

是为序。

于2019年元月

编者说明

《经济所人文库》所选文章时间跨度较大,其间,由于我国的语言文字发展变化较大,致使不同历史时期作者发表的文章,在语言文字规范方面存在较大差异。为了尽可能地保持作者个人的语言习惯、尊重历史,因此有必要声明以下几点编辑原则:

一、除对明显的错别字加以改正外,异形字、通假字等尽量保持原貌。

二、引文与原文不完全相符者,保持作者引文原貌。

三、原文引用的参考文献版本、年份等不详者,除能够明确考证的版本、年份予以补全外,其他文献保持原貌。

四、对外文译名与今译名不同者,保持原文用法。

五、对原文中数据可能有误的,除明显的错误且能够考证或重新计算者予以改正外,一律保持原貌。

六、对个别文字因原书刊印刷原因,无法辨认者,以方围号□表示。

作者小传

项启源,男,笔名汪洋、唯实、方辛,1925年5月生于浙江杭州,1959年进入经济所工作。

1943—1948年,项启源就读于北京辅仁大学经济系;1956—1959年,就读于中国人民大学经济系研究班,毕业后到中国科学院经济研究所工作。1978—1982年,项启源任经济所《经济研究》编辑部副主任、主任;1982—1985年,任经济研究所副所长,1985年离休。1979年评定为副研究员、副编审;1983年评定为研究员。1991年开始享受政府特殊津贴,2011年获选中国社会科学院荣誉学部委员。项启源曾先后担任中国经济规律研究会会长、中国生产力经济学会副会长、中国城市发展研究会秘书长、中国地方志指导小组成员、中国大百科全书经济学卷编委、孙冶方经济科学奖励基金评奖委员会委员、北京师范大学经济系教授、山东大学经济系教授、中国社会科学院马克思主义研究院顾问、中国经济规律研究会顾问等职务。

在数十年的学术生涯中,项启源先后出版《论生产关系一定要适合生产力性质的规律》(与余少波合著,山东人民出版社1980年版)、《认识和运用社会主义经济规律的问题》(与余少波合著,河北人民出版社1981年版)、《社会主义经济理论的回顾与反思——中国社会主义政治经济学学说史概要》(与他人合著,江苏人民出版社1988年版)、《论我国社会主义初级阶段的历史定位》(经济科学出版社2011年版)等著作,并在《经济研究》《经济学动态》《哲学研究》《马克思主义研究》《毛泽东邓小平理论研究》

《中国工业经济》《当代经济研究》《经济纵横》《学术月刊》等刊物上发表论文近百篇。与张朝尊、黄振奇合作,发表在1979年第4期《经济研究》上的文章《社会主义全民所有制和商品生产》获得1979年第一届孙冶方经济科学奖。

项启源是一位具有坚定的马克思主义学术信念和鲜明治学风格的经济学家。他是我国经济学界主张从经济规律系统角度研究社会经济问题的倡导者和代表人物之一。20世纪80年代初,项启源在《认识和运用经济规律的一个关键问题》一文中,第一次提出了经济规律体系这一范畴。他认为,认识和运用经济规律,不仅要研究每个经济规律各自的客观要求,而且要全面研究各经济规律在同时起作用中的相互关系,要按照经济规律之间客观存在的相互关系来认识和运用经济规律。项启源还是我国经济学界较早提出要重视生产力研究的经济学家之一,1980年,由项启源与余少波合著的《论生产关系一定要适合生产力性质的规律》,将生产力与生产关系交互作用的原理具体化,对于学术界长期没有解决好的生产力究竟怎样决定生产关系、生产关系究竟怎样反作用于生产力的问题进行深入地探讨,认为马克思主义经济学要在实践中发展,新中国成立以来的社会主义建设实践表明,把生产力看作单纯的技术问题,不去研究生产力的客观规律,把生产力诸要素的合理组织和最优结合排斥在经济科学的视野之外,已经给经济工作造成损失,这些教训应当吸取。

项启源在社会主义初级阶段历史定位理论研究方面,同样做出了卓越贡献。2001年,项启源出版著作《论我国社会主义初级阶段的历史定位》,提出应当从学术角度更深入地探讨初级阶段历史定位的理论基础和思想渊源。该论著对马克思、恩格斯、列宁、毛泽东关于社会形态发展演进客观规律进行深入研读,并在此基础上,用大量篇幅具体、深刻地说明社会主义初级阶段理论是对马克思主义的继承、运用和发展,强调在建设中国特色社会主义过程中,"难度最高、最需要进行创造性思考的,是社会主义公有制与商品经济如何结合的问题","这也正是用五形态论与三形态论的统一来衡量当代中国的发展阶段,指导有中国特色的社会主义建设的关键所在"。该论著提出,公有制与市场经济相结合既不是前者服从于后者,也不是后者服从于前者,而是相互适应、相互交织,形成新的优势。如果能够做到这一点,就标志着我们找到了建设中国特色社会主义的正确道路。

除此之外,项启源还在中国特色社会主义理论问题方面进行了有益的探索。在收入分配的问题上,早在1962年,项启源即在《关于按劳分配规律的一点想法》一文中,提出按劳分配规律要经历一个从作用不充分到作用比较充分的发展过程,社会主义劳动报酬的差距要经历一个小—大—小的历史演变过程。在后来的研究中,他进一步提出,要在我国成功地建立同市场经济相适应的、以按劳分配为主体、多种分配方式并存的分配制度,是一个在理论上存在分歧、在实践上颇有难度的问题。社会主义初级阶段以公有制为主体,实行按劳分配的基本条件还存在,但由于多种经济成分和商品货币关系,按劳分配的实现形式必将发生不同于马克思设想的重大变化。这种现实使社会主义市场经济条件下的个人收入分配更为复杂。1996年,项启源发表《社会主义市场经济与按劳分配》一文,运用价值规律、按劳分配规律和按劳动力价值分配规律及其相互作用的理论,论述了社会主义市场经济条件下,在个人收入分配领域的诸经济规律中,按劳分配规律始终起着主要作用。他还认为,在社会主义市场经济条件下,向劳动者个人进行分配的主体,已由国家转变为企业;按劳分配所要求的同工同酬,也首先体现在以企业为单位的集体劳动贡献上。

2018年6月,项启源先生在北京去世,享年93岁。

目　　录

关于按劳分配规律的一点想法 ………………………………… 1
社会主义全民所有制和商品生产 ……………………………… 9
认识和运用经济规律的一个关键问题 ………………………… 16
生产关系一定要适合生产力性质规律的客观要求(节选) …… 30
经济规律的不同的作用形式(节选) …………………………… 36
经济发展战略与经济规律体系 ………………………………… 47
商品经济·按劳分配·工资改革 ……………………………… 64
在社会主义商品经济条件下必须坚持按劳分配 ……………… 74
社会基本矛盾学说的新发展
　　——学习邓小平同志"改革也是解放生产力"的体会 …… 89
劳动力市场与"劳动力商品论" ………………………………… 98
新技术革命与劳动价值论 ……………………………………… 110
科技进步与劳动价值论的继承和发展 ………………………… 123
国有经济体制改革的政治经济学思考(一) …………………… 134
国有经济体制改革的政治经济学思考(二) …………………… 140
国有经济体制改革的政治经济学思考(三)
　　——社会主义基本经济制度与市场经济相结合 ………… 147
社会主义市场经济与按劳分配 ………………………………… 151
马克思关于五种社会形态和三种社会形态的论述(节选) …… 160
不能把股份制等同于公有制
　　——兼与厉以宁教授商榷 …………………………………… 166
对国有资产法的经济理论思考 ………………………………… 183

社会主义社会基本矛盾理论与我国的经济体制改革……192
发展中国特色社会主义与壮大国有经济……207
对"国进民退"争论的深入思考 ……226
关于科学地判断公有经济主体地位的探讨……239
科学理解和积极发展混合所有制经济
　　——关于改革和加强国有企业的对话……257
进一步领会马克思主义"生产资料公有制"理论及其
　　现实意义……276
如何正确对待民族资产阶级
　　——重新学习毛泽东1956年的重要论述 ……289
编选者手记……302

关于按劳分配规律的一点想法[*]

按劳分配是社会主义社会一个重要的经济规律。①近几年来我国经济学界对这一问题展开了热烈的讨论。在这篇短文里，我只想对其中的一个问题——劳动差别与劳动报酬的差距之间的关系问题——提出一些很不成熟的看法，向学术界的同志们请教。

一

在社会主义社会，要按照人们劳动的数量与质量给予报酬，这是没有争论的。但是，劳动报酬的差距究竟应在何等程度上符合劳动的差别，却有不同的意见。有些同志认为，按劳分配只是要求劳动报酬的差距在一定程度上反映出劳动差别就够了，不可能也不应该使报酬的差距在严格意义上符合劳动差别，否则就会产生劳动者收入悬殊的情况，不利于人民内部的团结，等等。我认为这种观点是值得商榷的。

根据马克思在《哥达纲领批判》中的论述，按劳分配的要求

---

　　* 本文系作者以笔名（汪洋）发表于《经济学动态》1962年第22期。
　　① 前些时候经济学界会有按劳分配是"规律"还是"原则"的争论。我觉得说按劳分配是"规律"是以它在社会主义阶段的客观必然性为主要依据的。说按劳分配是"原则"也不能否定它的客观必然性。从一方面说，规律是客观经济过程运动的规律性，而原则总是人们自己规定的，它们之间有区别；从另一方面说，正确的原则必须建立在自觉认为客观规律的基础上，所以这两者的区别似乎并没有特别重要的意义。我在这篇短文里，多数场合是用按劳分配规律，在有些地方，也用按劳分配原则。

是，每个人取得的消费品应当同他提供给社会的劳动的数量和质量相符合（在作了各种扣除之后）。当然，我们对于马克思所说的劳动报酬与劳动贡献"相符合"，不能作绝对化的理解。恩格斯在论经济规律时着重指出过，它们（指经济规律——引者）的现实意义，不在于它们是直接现实，而仅在于它们是近似数，是趋势，是平均数。① 这一点如果再结合到现实生活中千万个不同的劳动者在劳动能力上、劳动条件上千差万别的情况，我觉得是容易理解的。但是，我们不能从这一点出发去否定按劳分配规律的客观要求，似乎按劳分配规律本身并不要求劳动报酬与劳动差别相一致。

我们应该看到，影响劳动报酬差距的，除按劳分配外还有许多复杂的因素，例如，一国的历史情况，特别是社会主义革命胜利前人民的生活水平和劳动者的工资差距；在社会主义发展的不同阶段上生产力已达到的水平，等等。这些因素也都是客观存在的，在合理地规定劳动报酬差距的时候，都必须加以全面的考察。在这里需要注意的是，对各种因素作全面的考察，并不是对于按劳分配规律的否定。以我国现阶段的情况为例，由于一些因素的影响，特别是由于生产力发展水平还不够高，我们还不能不把个人消费基金的很大一部分用来保证人民最基本的生活，实行合理的低工资制。这是符合从六亿人口出发，统筹兼顾、适当安排的方针的，从政治上和经济上看，都是必要的。但是，实行合理的低工资制并没有否定按劳分配的作用：第一，在现阶段条件许可的情况下，我们仍然尽可能地使劳动报酬的差距体现劳动的差别，按劳分配仍然是现阶段确定劳动报酬差距的客观基础；第二，现阶段按劳分配没有充分实现的状况并不是一成不变的，随着我国从不发达的社会主义向发达的社会主义前进，按劳分配规律将进一步发挥作用（这一点后面还要谈到）。这些情况说明，尽管在规定劳动报酬方面，不仅要根据按劳分配规律，而且要全面考虑到其他的因素；尽管在社会主义发

---

① 恩格斯给康拉·施密特的一封信。译文见《光明日报》1962 年 7 月 2 日。

展的不同阶段，按劳分配规律的作用范围也会有所不同；但是，在整个社会主义时期，按劳分配规律在个人消费品分配方面，却始终起着主要的、决定性的作用。因此，我们在分析社会主义的劳动报酬问题时，不能不分主次地把按劳分配规律的作用同影响劳动报酬差距的其他因素等同起来。

我觉得明确这一点是有重要意义的。我们在有关按劳分配问题的著述中常常可以看到这样的话：劳动报酬的差距既不应过大，也不应过小；既要反对人民内部在劳动报酬上发生悬殊的现象，又要反对平均主义。这些话在原则上无疑是正确的。但是，究竟什么叫过大，什么叫过小？客观的衡量标准是什么？却有待于进一步研究。我认为，衡量劳动报酬的差距是否恰当，还是应该把按劳分配规律本身的要求作为客观的经济上的依据，在此基础上，考虑到一定时期应该全面考查的各种因素。这也就是说，劳动报酬的差距还是应当接近于劳动者为社会提供的劳动的数量与质量的差别。有的同志不同意这个看法。他们认为，如果这样来规定劳动报酬，必然会产生报酬差距过大的现象，不利于劳动人民内部的团结。我觉得这种说法如果是指社会主义社会劳动报酬差距与劳动差别的关系的基本趋势，而不是指某些个别时期，那么，这无异于一方面肯定按劳分配是社会主义的原则，但另一方面认为这一原则不可能也不应该得到真正的贯彻，这在逻辑上是自相矛盾的。

主张劳动报酬的差距不应在严格意义上符合劳动差别的同志，往往引证恩格斯在《反杜林论》中所说的，对新社会培养出来的复杂劳动者，由于训练费用由社会负担而不应要求特殊报酬的那一段话。我认为，对经典作家的这一指示还需要作具体的分析。

第一，恩格斯在这里所说的，据我领会，并不是指把共产主义明确划分为两个阶段中的初级阶段，即我们目前的社会主义社会。

这一点可以在恩格斯上述观点的前后段文中得到证明。①

第二，恩格斯所说的培养熟练劳动的费用完全由社会来偿付，也只有到共产主义才能实现。在整个社会主义阶段，总会有一部分教育费用由私人负担。否则，马克思在《哥达纲领批判》中所说的，由于劳动者的家庭负担不同，有的子女多些，有的少些，因而按劳分配的结果还会产生事实上的不平等的问题也就不存在了。如果结合我国现阶段的实际情况来看，那么，训练复杂劳动的费用还有很大一部分是由家庭负担的。②

第三，既然恩格斯在这段话里所指的并不是目前的社会主义社会，因此，他所说的"工人自身，不能要求任何额外报酬"也就不能像有些同志所理解的那样，似乎是说在社会主义阶段复杂劳动者也不应该要求符合于其劳动贡献的较高的工资。我体会，恩格斯所说的复杂劳动者不能要求任何额外报酬，只是相对于把复杂劳动的训练费用包括在劳动力价值之内、因而得到额外报酬的资本主义社会而言的，他并没有具体论及未来社会的个人消费品分配将采取什么原则，当然更不能从这里得出否定按劳分配的结论。

应该看到，恩格斯的这一指示对于我们当前的社会主义建设，也是有现实意义的。既然在社会主义阶段复杂劳动的训练费用已有相当部分由社会负担，而且这一部分在比重上还有逐渐扩大的趋势，那么，我们在规定劳动者劳动报酬差距的时候（特别是知识

---

① 例如，恩格斯在反驳杜林时说过：杜林先生"……不得不惊奇，怎么在将来会达到这样的时候，那时，不会再有职业的拉车者和建筑师，而在半点钟内作为建筑师来发号施令的人，过一下子就可以推车，……"（《马克思　恩格斯　列宁　斯大林论共产主义社会》，人民出版社1958年版，第99页）显然，恩格斯在这里说的是共产主义社会，至少是非常接近共产主义的社会主义的最后阶段。

② 在这里顺便提出，我觉得有些同志在分析复杂劳动的训练费用由谁负担的问题时，考虑的因素不够全面。即使除开小学教育还没有普及于全民这个情况不说，一个初中毕业的学生，如果他不再继续升学，那么至少可以自己坚持自己的生活，因而可以减轻家庭的负担；如果他继续升学，就反而要加重家庭的负担，因为基本的生活费用——衣食和必不可少的文具费、零用等，总是有相当一部分（甚至全部）是由家庭负担的。这些因素在分析教育费用由谁负担的问题时，似乎不应该忽略。

分子与工人、农民之间的劳动报酬的差距），就应该考虑到这个因素。需要说明的是：第一，这是一个同按劳分配在相反方向上起作用的因素，考虑这一因素，将使复杂劳动者与简单劳动者在劳动报酬上的差距小于他们在劳动贡献上的差别。第二，考虑这一因素并不是对按劳分配规律的否定。如前所述，全面地考察影响劳动报酬差距的各方面的因素，并不能改变每个劳动者的劳动报酬应该接近于他向社会提供的劳动的数量与质量这一基本趋势。

主张劳动报酬的差距只能在一定程度上反映劳动差别的同志，还往往举出马克思和列宁强调指出过的巴黎公社原则（即在无产阶级专政的国家里，政府工作人员的工资不得超过熟练工人的平均工资）作为理论根据。对于这个问题又应该怎样理解呢？列宁在《国家与革命》一书中引用恩格斯的话说"为了不让国家和国家机关由社会公仆变为社会的主人，……公社采取了两个正确的办法：……第二，不分职位高低，所有公职人员的工资同其他工人的工资相等。……这样就可靠地防止了人们去追求升官发财"[①]。可见，巴黎公社原则是从改造国家机构，防止政府工作人员脱离群众这个意义出发的。列宁在《国家与革命》这本书中指出的这一原期，与他在同一书中作了深刻论证的社会主义按劳分配和在社会主义阶段还需要由国家来保卫劳动的平等和分配的平等的原理，当然不会是矛盾的。我体会，巴黎公社原则与按劳分配是两个不同的问题，不能根据前者来否定后者，也不能根据后者来否定前者。当然，由于国家机关中的复杂劳动者的劳动，同物质生产部门以及社会上其他方面的复杂劳动者的劳动具有可比性，既然在规定国家工作人员的薪金时要注意实现巴黎公社原则，[②] 也就不能不间接地影响到整个社会。但是，我们同样应该肯定，这只是影响劳动报酬差

[①] 《列宁全集》第25卷，人民出版社1958年版，第438页。
[②] 对于国家工作人员的工资不能超过其他工人的工资，也应该从它的实质上来理解。例如，我国目前国家机关中比较负责的干部的工资是超过了工人的最高工资的，但差距并不悬殊。因此，不能说我们目前的做法，不符合巴黎公社原则。

距的一个因素，它同样不能改变每个劳动者的劳动报酬应该接近于他向社会提供的劳动的数量与质量这一客观趋势。

二

关于劳动报酬差距在社会主义建设过程中的变化趋势，也是一个值得研究的问题。有些同志认为，今后劳动者劳动报酬的差距将在现有的基础上逐步缩小，通过这一途径，按劳分配逐步向按需分配过渡。如果劳动报酬的差距还要扩大，那么就会人为地扩大这一部分劳动者同那一部分劳动者之间的距离，不利于社会主义建设，更不利于向共产主义过渡，我觉得上述观点也有值得商榷的地方。要从按劳分配过渡到按需分配，必然有一个劳动报酬差距逐步缩小的过程，这是可以预见的。问题在于，在从资本主义到共产主义的整个过渡时期中，劳动报酬的差距是不是像一条下降的直线一样，总是在社会主义建设初期的基础上愈来愈缩小，会不会在社会主义发展的一定阶段上出现差距比原来有所扩大的趋势？我认为对这个问题必须作进一步的分析，至少我们应该注意到，在社会主义经济发展过程中，固然包含着使劳动报酬差距缩小的因素，但也包含着使差距扩大的因素。全面考察这些因素的消长变化，才能比较科学地判断劳动报酬差距的变化趋势。下面我仅举可能影响劳动报酬差距扩大的一个因素，作为我的上述看法的例证。

我认为，在我国的具体条件下，按劳分配规律可能会经历一个从作用不够充分到作用比较充分的过程。在社会主义建设初期，由于我国原有的经济、文化十分落后，为了迅速改变我国的面貌，我们必须把国民收入的很大一部分用于建设，人民生活的提高只能是逐步的；同时，在分配给劳动者个人消费的那一部分国民收入中，又必须按照有饭大家吃的精神，首先保证所有的劳动人民都能够得到基本的生活资料。这种分配方法，从一方面来看，是社会主义生产关系的本质所决定的，是社会主义制度优越性的表现，决不能同平均主义混为一谈。从另一方面看，目前这种状况还不能比较充分地体现不同劳动者在劳动贡献上的差别，也就是说，按劳分配规律还受到生产力发展水平较低的限制而不能充分发挥作用。社会主义是从资本主义到共产主义的一个过渡的阶段，社会主义生产关系（包括分配关系）经历着从量变、局部质变到根本质变的辩证发展过程。但是，过渡时期又是一个很长的历史时期，社会主义生产关系（包括分配关系）又是相对稳定的，而且总要经过一个从建立到巩固的阶段。我国从不发达的社会主义到发达的社会主义，生产力必将有巨大的发展。在这种情况下，限制按劳分配规律充分作用的客观条件将逐步发生根本的变化，按照人们劳动的数量和质量分配个人消费品，将作为客观的必然趋势在现实生活中得到贯彻。这是同社会主义生产关系的巩固、发展相适应的，是不以人们的意志为转移的。当然，按劳分配规律的作用范围并不是一成不变的，在社会主义建成以后向共产主义过渡的阶段，由于各种条件的进一步变化，按劳分配规律的作用将逐步缩小直至退出历史舞台。

考虑到按劳分配规律在个人消费品分配领域所起的作用，我认为在劳动报酬差距的变化趋势上可能出现这样的情况：在社会主义建成以前，随着生产力的发展，在人们的生活水平普遍有了很大提高的情况下，劳动报酬的差距比现有的差距从总的方面来看有扩大的趋势；而在社会主义建成以后向共产主义过渡阶段，劳动报酬差距则将出现逐渐缩小的趋势。①

有的同志把我国现阶段实行的合理的低工资制说成是反映社会主义向共产主义过渡，按劳分配向按需分配过渡的客观要求；说成是有利于工农之间、城乡之间、脑力劳动和体力劳动之间差别的逐步消灭；等等。我觉得这些同志是把社会主义建设时期（特别是建设开始后的一定阶段），在生产力不够发达的条件下实行的低工资制，同社会主义建成之后，在生产力有了巨大发展，社会产品已

---

① 我在这仅仅对按劳分配这一个因素作了一些分析。如前所述，影响劳动报酬差距的变化趋势的因素是很复杂的，只分析其中的一个因素当然不能对这种变化趋势提出肯定的看法。

相当丰富的基础上逐步缩小劳动报酬的差距混为一谈了。他们没有注意到劳动者的劳动报酬差距的扩大或缩小，应该以客观经济规律的作用为依据，而不是凭人们的主观愿望任意决定的。

三

我们在肯定按劳分配的客观必然性的同时，必须注意到按劳分配仍然保留着资产阶级法权，它并不是我们的最高理想，随着社会主义向共产主义过渡，它将逐步地为按需分配所代替。如果我们只看到按劳分配的历史进步性而看不到它的历史局限性；只看到它在社会主义阶段的相对稳定性而看不到它的过渡性；那当然是非常片面、非常错误的。为要正确地实行按劳分配原则，就必须既反对企图过早否定按劳分配的"左"的倾向，又反对把按劳分配凝固化的右的倾向；既同平均主义划清界线，又同修正主义划清界线。

正确实行按劳分配原则的关键问题是政治挂帅与物质保证相结合，政治思想教育与按劳分配制度相结合。只有在按劳分配问题上坚持不断革命论与革命发展阶段论相结合的原则，才能充分调动人民的集体主义的劳动积极性，有力地推进社会主义建设事业，并且在建设社会主义的过程中，逐步地为在将来向共产主义过渡准备条件。

现代修正主义在按劳分配问题上的集中表现，就是否定政治挂帅，单纯强调物资刺激，并且极端夸大物质刺激的作用，把用单纯的物质刺激所诱发出来的个人主义的积极性，说成是推进社会生产发展的根本动力。他们这些做法并不是尊重按劳分配规律的客观性，而恰恰是违反这个规律。他们这样做的后果必然是：大大助长唯利是图的资产阶级个人主义思想的发展，使人们逐渐忘掉无产阶级的根本利益和长远利益，丧失为共产主义而奋斗的革命意志，并且成为在社会主义制度下产生高薪阶层的温床。这同无产阶级建设社会主义和共产主义道路是背道而驰的。

（原载《经济学动态》1962 年第 22 期）

社会主义全民所有制和商品生产[*]

社会主义全民所有制内部是否存在实质上的商品关系，是我国经济学界长期争论的一个重要问题。党的十一届三中全会号召，要坚决实行按经济规律办事，重视价值规律的作用。在当前形势下，从理论上进一步探讨全民所有制内部的商品关系问题，对于更好地利用价值规律，实现经济管理体制的改革，具有重要的现实意义。

在过去的讨论中，凡是主张全民所有制内部只存在形式上的商品关系的同志，一般都认为，马克思主义经典作家已经指出，社会分工和不同所有者是商品生产存在的条件。而在社会主义全民所有制内部，虽然存在社会分工，却不存在不同所有者，因此，不可能有实质上的商品关系。这种观点过去占多数。但经过多年的实践检验，它是不符合社会主义经济发展的实际的，依据这种观点制定的经济政策，给现实的经济生活带来了不少问题。

在过去的讨论中，也有少数同志主张社会主义全民所有制内部存在着实质上的商品关系，但他们的论据却不尽相同。有的同志认为，按照经典作家的论述，凡是为交换而生产的产品，或者进入交换过程的产品，都是商品，根据这个定义，社会主义全民所有制内部各经济单位之间的交换，虽然不存在所有权的转移，也是实质上的商品；有的同志则认为，按劳分配是社会主义全民所有制内部存在商品关系的原因；等等。在过去的讨论中，我们也认为社会主义全民所有制内部存在着实质上的商品关系，但所持的理由和上述观

---

[*] 本文作者为张朝尊、项启源、黄振奇。

点有所不同。我们的看法是，全民所有制内部之所以存在实质上的商品关系，是由社会主义全民所有制的特点所决定的，是社会主义全民所有制经济发展的内在需要。①

在考察商品生产存在的原因时，我们主张不能离开经典作家论述的社会分工和不同所有者的存在这两个最一般的条件。否则，劳动产品就不会成为商品，也不可能有等价交换。但是，对于作为商品生产存在的基本条件之一的"不同所有者"，不应只从表面上看物的所有权的转移。这是马克思历来所反对的。他在批判普鲁东时指出："在每个历史时代中所有权以各种不同的方式、在完全不同的社会关系下面发展着。因此，给资产阶级的所有权下定义不外是把资产阶级生产的全部社会关系描述一番。"② 我们知道，商品在现象上是物，但本质上并不是物，而是一定的人与人之间的生产关系。试问，在存在社会分工的条件下，不同所有者为什么必须通过其产品的商品交换来互通有无、互相交换其活动呢？原因就在于他们各自的经济利益是不一致的。一方面，各自的经济利益不一致，另一方面彼此间又必须发生经济联系，这就决定了他们之间互相交换活动，必须通过商品交换来进行，因为只有这样，才能调节他们相互间的经济利益，从而使社会生产得以继续进行。

那么，商品交换又是怎样调节商品生产者相互间的经济利益的呢？各个商品生产者由于他们的生产条件好坏、经营管理好坏、劳动态度好坏和劳动技能好坏等不同，耗费在产品中的劳动量也不可能相等。在这种情况下，他们相互交换活动就不可能按照个别劳动耗费进行，而只能按照社会必要劳动耗费进行，即必须实行等价交换的原则，才能调节他们之间经济利益上的矛盾。这个社会经济过程，只要在社会中还存在社会分工和不同经济利益的私人或集体，它就为社会经济发展所必需，而不能任意地取消。

---

① 参见张朝尊《社会主义全民所有制内部商品生产的必要性及其特点》，《教学与研究》1959 年第 6 期。

② 《马克思恩格斯选集》第一卷，人民出版社 1972 年版，第 144 页。

下面我们就来具体分析社会主义全民所有制内部为什么存在实质上的商品关系。

在社会主义制度下,由于实现了生产资料社会主义公有制,消灭了剥削,社会生产的目的是为了满足劳动者日益增长的物质和文化需要。因此,劳动人民之间的根本经济利益是一致的。这是社会主义制度的优越性之一。但是,社会主义社会毕竟还不是在自身基础上发展起来的共产主义社会。生产力发展的水平和生产资料公有制成熟的程度决定了劳动者个人或由劳动者所组成的集体,虽然在根本经济利益上是一致的,但彼此间还不能不存在着经济利益上的非对抗性矛盾。这种矛盾,不但在两种公有制之间,在集体所有制各经济单位之间,明显地存在着;而且在全民所有制内部各经济单位之间也存在着。

人们的社会生产关系受生产力的制约。在社会主义全民所有制企业里,一方面,劳动者完全摆脱了被奴役的地位,成为国家和企业的主人。但另一方面,由于生产力的发展还没有达到产品极大丰富的程度,旧的社会分工的残余还存在,科学技术水平还不能使劳动从一种负担变成"乐生"的要素,因而在社会主义社会,劳动仍然是一种谋生的手段,劳动者对自己的劳动成果仍然保持着一定的物质兴趣。劳动者个人如此,由劳动者所组成的集体也是如此。上述的经济条件,决定了全民所有制所属的企业具有如下特点:

由于劳动者还不能像共产主义社会那样完全自觉地进行工作,所以,并不是每一个企业都能尽自己的全部能力很好地进行生产。有的企业经营得好,善于调动职工的积极性,挖掘潜力,增产节约,讲求经济效果,在单位时间里能够创造出较多较好的产品。有的企业经营得不好,其结果则相反。同时,企业对自己的生产成果有物质利益要求,即经营管理搞得好,生产成果多,经济效果好的企业,要求得到较多的经济利益,以便用于企业的扩大再生产,进行技术革新和技术革命,增加职工的集体福利和个人收入,等等。

以上特点,决定了全民所有制内部各企业间客观上还存在不同的经济利益，它们互通有无还不可能是无偿的，而必须是有偿的，并且应当是等价交换的。因为只有这样才能使工作好的企业得到较多的盈利，使这些企业的职工得到较多的物质利益，以鼓励他们更好地生产，才能使工作差的企业只得到较少的盈利，甚至亏损，以督促这些企业改进工作。由此可见，在社会主义条件下，全民所有制内部各企业之间相互交换其活动，还必须通过商品交换，而不能通过其他形式，比如说，通过产品的直接分配，还必须承认企业是相对独立的商品生产者，给它们以进行商品生产和商品交换的相对独立性，这是不以人的意志为转移的客观必然。违反了这种必然性，就不能有效地调节国营企业之间经济利益上的矛盾，从而给生产带来不利的影响，甚至使生产遭到严重破坏。

总之，我们必须全面地分析全民所有制内部的商品关系。一方面要看到，所有国营企业都是全民所有制性质的，把社会主义全民所有制经济作为一个整体来观察，企业之间的交换不发生所有权的转移；但另一方面也要看到，各国营企业之间还存在着经济利益上的非对抗性矛盾，它们还是相对独立的商品生产者。从这个意义上说，它们之间的交换同不同所有者之间的交换具有共同性，因此，还是实质上的商品关系。全民所有制内部商品关系的这种两重性，反映了社会主义全民所有制的特点。这个特点就在于，它所属的企业必须具有相对独立的商品生产者的地位。

当然，我们说全民所有制内部存在着实质上的商品关系，并不否认这种商品关系同两种公有制之间的商品关系有一定的差别，但不能因此而否认国营企业之间的交换，是实质上的商品交换。

综上所述，在社会主义全民所有制内部之所以必然存在商品生产和商品交换，是由于全民所有制经济发展的内在需要，是由社会主义全民所有制的特点所决定的。因此，即使将来两种公有制并存的局面结束了，商品生产和商品交换也仍然会作为发展社会主义经济的必要条件，而长期存在下去，直到共产主义才能完全消亡。

在理论上进一步明确全民所有制内部存在实质上的商品关系，

对社会主义经济建设有重大的意义。特别在当前，关系到经济管理体制如何改革，关系到四个现代化能否顺利实现。这一点，只要回顾一下中华人民共和国成立三十年来，由于我们实际上不承认全民所有制内部存在商品，因而给经济建设带来的不良影响，就很清楚了。

例如，在我国社会主义建设中，为什么长时间内不重视价值规律的作用，以致做了不少违反价值规律的事情呢？一个很重要的原因，是不承认价值规律在生产领域里有调节作用，尤其不承认它对全民所有制经济有调节作用。其主要论据是：价值规律是商品经济的规律，全民所有制内部既然不存在商品，当然就没有价值规律的容身之地。如果说还有一些影响作用的话，那只是因为两种公有制之间的交换是商品，国家销售给职工个人的消费品是商品。由此，像光线的"折射"一样，使全民所有制内部的交换，不得不带上商品的"外壳"，不得不利用价值的形式，仅此而已。但是，过去广为流传的这种观点，在理论上是不正确的，在实践上是有害的。以我国的某些工业部门为例。近几年，有的机械工业产品，年计划生产几万台，但每年生产的结果都是十几万台，大大超过计划，造成浪费。相反，有些采掘工业增长速度就不够快，甚至有时完不成国家计划。为什么一些部门总是超过计划，而另一些部门完成计划却困难得多呢？一个重要原因是价格不合理，前者价格高于价值，后者价格低于价值。像这种由于不尊重价值规律而带来的损失，可以说不胜枚举。近几年来，国民经济出现严重的比例失调，原因之一，也在于制订和执行计划中违反价值规律，因而受到规律的惩罚。当前，全党正在实现工作重点的转移。在历史的转折关头，坚决抛弃那些为实践所否定了的陈旧观点，已经是刻不容缓了。我们应当理直气壮地确认全民所有制内部存在着实质上的商品，确认价值规律对生产领域也起调节作用。当然，我们这里说的调节作用，是指价值规律同其他经济规律共同起调节作用，而不是指价值规律孤立地起调节作用。在社会主义条件下，价值规律同社会主义基本经济规律、国民经济有计划按比例发展的规律在作用方向上是基本一致的（当然也有矛盾的一面）。因此，在制订国民经济计划时，应当十分重视上述几个规律的作用。

社会主义全民所有制的企业应当居于什么地位，它们同国家应当是什么样的关系，也和是否承认国营企业是相对独立的商品生产者直接有关。长期以来我们不承认国营企业是相对独立的商品生产者。一个时期以来，国家对企业一直采取统收统支的办法，企业利润完全上缴国家，企业的扩大再生产完全依靠国家投资，甚至企业维持简单再生产所必需的折旧基金，也大部分上缴国家了。企业在产供销、人财物等方面没有独立自主的权利，企业经营好坏同企业的物质利益和职工个人的物质利益几乎没有任何关联，这实质上是把国营企业看作某一级行政机关的附属品。这样做的结果，严重束缚了企业的主动性，严重挫伤了职工的积极性。当前要求改革经济管理体制的呼声很高，有些改革措施已在试行。大多数同志都认为，扩大企业权限，尊重企业的物质利益，是经济管理体制改革中一个根本性的问题。我们也这样认识。不过，我们觉得不但应当一般地承认国营企业有相对独立性，而且应当进一步明确国营企业是相对独立的商品生产者。只有这样，扩大企业权限、尊重企业的物质利益，以及随之而来的严格经济核算、自负盈亏等一系列具体措施，才有坚实的理论基础。

我国的物资管理工作问题较多，也同是否承认生产资料是商品有密切的关系。当前，物资管理混乱。一方面，计划内需要的若干重要生产资料不能保证供应，甚至重点建设项目所需物资也不能很好地满足；另一方面，有不少物资又大量积压，而且层层设库，货到地头死，造成物资利用率低，周转缓慢，消耗升高，浪费严重。以上问题使物资管理工作不能很好地适应社会主义现代化建设的需要。这些问题由来已久，有关部门早有察觉，而且进行过几次改革。但是过去的改革，中心内容始终是围绕物资管理体制上的集权或分权。也就是说，对于各类物资管理的权限，集中多了，又强调下放；下放多了，又强调集中；总是在中央与地方的关系、"条条"与"块块"的关系上兜圈子，而没有解决物资管理的根本问题——国营企业生产和交换的生产资料，究竟是商品，还是产品？正因为在指导思想上，一直误把商品生产和商品交换，当成了产品生产和产品分配，因而物资管理只能依靠单纯的行政手段，企业向谁买，向谁卖，数量多少，价格高低，等等，都由行政机关决定，企业自身没有相对的独立自主权。这种违反客观事物的本来面目的理论观点和做法，是造成物资管理工作问题成堆的一个关键性的原因。我们认为，当前必须从理论上明确生产资料也是商品，国营企业之间的交换也是商品交换。以此为依据，采取有力措施，逐步把目前的物资管理体制转到商品流通的轨道上，才能适应现代化建设的需要。

此外，还应当谈谈全民所有制内部工商关系问题。我们长期以来采取商业对工业的"统购包销"办法。这种办法造成生产和需要脱节，市场需要的商品得不到满足，市场不需要的商品，继续生产，大量积压等一系列问题，既影响工业企业的积极性和主动性，也影响商业企业的积极性和主动性，而且使工商之间产生不少矛盾。值得指出的是，这种办法的实质，就是认为全民所有制内部工商之间的交换只是形式上的商品交换，其作用不过是作作价、算算账而已。这同国家对企业实行统收统支，在指导思想上是一回事。可见，如果不从理论上确认国营企业是相对独立的商品生产者，全民所有制内部工业同商业之间的交换关系是实质上的商品交换，从而改变"统购包销"的做法，生产和需要的矛盾就很难解决好。

最后，要着重申明：以上我们提出了一些不成熟的理论观点，即使这些观点是对的，如何应用于实际生活，也必须认真研究，采取适当措施和切实可行的步骤。尤其牵涉经济管理体制的改革，更需通盘考虑，慎重对待，而决不能草率从事。

（原载《经济研究》1979 年第 4 期）

认识和运用经济规律的一个关键问题

一

党的十一届三中全会指出：保持必要的社会政治安定，按照客观经济规律办事，我们的国民经济就高速度地、稳定地向前发展，反之，国民经济就发展缓慢，甚至停滞倒退。这是对我国三十年基本经验的科学总结，同时也指明了今后在实现四个现代化的过程中，认识和运用经济规律的重要性。

在社会主义建设中，怎样才能真正做到按客观经济规律办事呢？实践证明，我们在运用经济规律的时候，不能孤立地只考虑某一个经济规律的作用，而必须充分注意到，每一个经济规律总是同有关的其他经济规律同时起作用。要按照经济规律之间客观存在的相互关系来运用经济规律，这一点对于能否真正做到按客观经济规律办事，具有关键性。

斯大林说："马克思主义把科学规律——无论指自然科学规律或政治经济学规律都是一样——了解为不以人们的意志为转移的客观过程的反映。"[①] 这就是说，经济规律是反映客观经济运动发展的规律性的。客观经济过程不可能孤立地存在，因此，经济规律也不可能孤立地起作用。人类历史上五种社会经济形态的依次更替，是生产关系一定要适合生产力性质的规律和其他有关的经济规律同

---

① 斯大林：《苏联社会主义经济问题》，人民出版社1961年版，第2页。

时起作用的结果。在新的生产关系代替旧的生产关系的过程中，不可避免地存在多种经济成分。即使新的生产关系占了统治地位，也往往还有旧生产关系的残余长期存在。不同的生产关系，有不同的经济规律。因此，在多种经济成分并存的条件下，无疑有多种经济规律在同时起作用。还应当看到，即使在同一生产关系内部，也存在着生产、交换、分配、消费各个方面。这些不同的方面，也各有自己的规律性。一个社会经济形态的运动和发展，就是受这些经济规律支配的。

在我国现阶段起作用的许多经济规律可以大体上分为四种情况：

第一种情况，在整个人类社会起作用的普遍规律。如生产关系一定要适合生产力性质的规律。

第二种情况，在几个社会起作用的规律，如价值规律。

第三种情况，在社会主义、共产主义两个阶段起作用的规律，如社会主义基本经济规律、国民经济有计划按比例发展的规律。

第四种情况，社会主义阶段特有的经济规律，如按劳分配规律。

在无产阶级夺取政权以后，我们的国家从多种经济成分并存的过渡时期，进入不发达的社会主义，将来还要从不发达的社会主义进到发达的社会主义，最终实现共产主义，就是上述这几种情况的经济规律同时起作用的结果。

当然，这许多经济规律在社会经济发展中的重要性不可能是相同的。它们有的在整个人类社会始终起作用，有的只在某一特定的社会经济形态起作用；在某一特定的社会经济形态起作用的经济规律中，有的对整个社会经济的发展起作用，有的只在经济生活的某一方面起作用。总之，在一定的经济条件下，有哪些经济规律在起作用，这些经济规律相互间是什么关系，也都是客观存在而不以人的意志为转移的。

上述情况告诉我们，对于任何经济规律，决不能孤立地去看。

事实上，任何经济规律的作用总是同其他有关经济规律的作用相互交错在一起的。因此，我们所说的认识和运用经济规律，就不仅要一个一个地研究经济规律各自的客观要求，而且更要全面研究各经济规律在同时起作用中的相互关系。只有这样，才能真正做到按客观经济规律办事。

也许有的同志会说，这些并不是什么新问题。的确，马克思主义经典作家在运用唯物辩证法分析经济过程的运动、发展时，从来都是把经济规律的客观性以及经济规律之间的相互作用，放在重要的位置上，而且作过许多精辟的论述。我国经济学界对这些问题也比较注意。中华人民共和国成立以来，对经济规律问题的讨论，出现过三次高潮。一次是在1955年前后，生产资料所有制的社会主义改造取得很大胜利的时候；一次是在1962年以后的三年调整时期；一次是在粉碎"四人帮"以后。过去，在探讨经济规律的客观性的时候，也往往涉及经济规律之间的相互关系。例如，1955年前后我国理论界讨论过过渡时期的经济规律问题，当时发表了几十篇文章。讨论的主要问题之一，就是在存在多种经济成分、从而有多种经济规律同时起作用的情况下，社会主义基本经济规律的地位和作用问题。那时提出的一些正确反映了规律之间客观存在的相互关系的观点，直到今天仍有现实意义。打倒"四人帮"以后，针对林彪、"四人帮"大肆鼓吹唯心论和形而上学，否定经济规律的客观存在，在思想、理论上引起的混乱；也为了认真总结社会主义建设正反两方面的经验，搞好四个现代化；我国经济学界又一次掀起讨论社会主义经济规律问题的高潮。有些文章也对经济规律同时起作用的问题发表了很好的意见。例如，于光远同志在《哲学研究》1979年第一、第二期《关于规律客观性质的几个问题》一文中就提出：在社会主义经济建设的实践当中，我们也可以看到各种经济规律是共同起作用的。我们在社会主义建设中每一个重大的政策措施，都对社会物质关系引起这种那种变化。改变的结果，使得各种规律共同起作用的状况也有了改变。人对于经济规律的自觉利用，就是预见到作某种改变会产生某种结果，使得我们作了这样的改变之后，让各种规律共同起作用的结果，符合于我们的要求，等等。于光远同志的这些见解是很有启发的。但是，从我国理论研究的情况来看，对于规律之间的相互关系问题还没有给予普遍的和足够的重视，还有不少问题有待于进一步探讨。我写这篇文章的目的就是希望能引起更多人的注意，大家来共同探讨这方面的问题。

二

为什么在各经济规律之间客观上存在着一定的相互关系？为什么各经济规律的作用总是相互交错在一起？这是我们首先需要弄清楚的问题。对于这个问题，我认为应当从社会生产关系的本质及其运动的特点来加以说明。

历史唯物主义告诉我们，生产关系是人们在生产过程中形成的相互联系和关系，是生产的社会形式。每个社会经济形态中的生产关系，都是一个统一的整体，它包括生产、交换、分配、消费各个方面的人与人之间的关系。这些方面的人与人之间的关系的总和，就构成生产关系的总体系。生产、交换、分配、消费诸方面之间存在着相互依存、相互促进的辩证统一关系。一方面，一定的生产决定着一定的交换、分配、消费以及这些不同要素相互间的一定关系。另一方面，生产就其片面形式来说，也取决于交换、分配、消费。马克思说："不同要素之间存在着相互作用。每一个有机整体都是这样。"①

如前所述，经济规律是反映客观经济过程运动发展的规律性的。既然社会生产关系是一个有机的整体，它所包含的生产、交换、分配、消费诸方面是存在着内在联系和相互作用的，那么，无论是反映生产关系运动发展的总过程的规律，还是反映生产、交

---

① 《马克思恩格斯选集》第二卷，人民出版社1972年版，第102页。

换、分配、消费各个方面的运动发展的规律，也都不可能是孤立存在、互不相关的。我们既要看到，每个经济规律都在客观地起作用，只要经济条件不发生根本的变化，规律的客观要求也不会改变；又要看到，经济规律相互间存在着一定的关系，这种相互关系也具有客观性，形成一个经济规律的体系。而且，在不同的社会经济形态里，由于生产关系的性质不同，经济规律的体系也各不相同。

为了进一步探讨经济规律体系的内部联系，即各经济规律之间客观存在的相互关系，我们必须弄清楚以下两个问题：第一，在经济规律体系中有没有一个对整个体系起主导作用的规律？第二，在生产、交换、分配、消费诸领域中，经济规律的相互关系和同时起作用的情况是怎样的？

对于第一个问题，我的回答是肯定的。为了说明这个问题，我认为应当从生产资料所有制的性质谈起，进而研究社会的生产目的。

大家都知道，不同的社会经济形态，各有不同的生产资料所有制。生产资料所有制是通过人们对于生产资料的占有关系而表现出来的人和人之间的经济关系。它贯串于生产、交换、分配、消费诸方面，成为生产关系总体系的标志。同时，每一个社会经济形态又都有自己特定的生产目的。生产目的是由生产资料所有制的性质决定的，它体现着占有生产资料的阶级或集团的根本的物质利益。在原始共产主义社会，人们共同占有极少量、极简陋的生产资料，共同劳动，平均分配，生产是为了维持人们最起码的生活需要。社会生产的目的，体现着氏族、部落、村社全体成员吃、穿、住等最基本的物质利益。人类进入文明时代，出现了私有制和阶级。生产资料主要掌握在剥削阶级手里，他们通过对生产资料的占有，从劳动者身上榨取剩余产品，以满足剥削者的物质利益。恩格斯说过，"卑劣的贪欲是文明时代从它存在的第一日起直至今日的动力；财富，财富，第三还是财富，——不是社会的财富，而是这个微不足道的单个的个人的财富,这就是文明时代唯一的、具有决定意义的目的。"① 马克思深刻揭露了资本主义的生产目的。他说:"资本主义生产的直接目的不是生产商品,而是生产剩余价值或利润(在其发展的形式上);不是产品,而是剩余产品"。② 又说:"对别人劳动(剩余劳动)的贪欲,并不是机器所有主的独特本性,它是推动整个资本主义生产的动机。"③ 可见,在生产资料资本主义私有制的基础上,社会的生产目的只能是追求剩余价值,即满足资产阶级的私欲。马克思的巨著——《资本论》就是从分析剩余价值为中心,揭示了资本主义的生产目的是怎样通过生产、交换、分配、消费诸环节而得到实现的。当然,生产资料的资本主义私有制一旦为社会主义公有制所代替,生产资料所有制的性质发生了质变,社会的生产目的也一定会发生根本的变化。生产资料既然归全社会公有,生产目的必然是为了满足全体社会成员的物质和文化需要,保证全体社会成员过最幸福、最美好的生活。这个生产目的也将通过社会主义社会的生产、交流、分配、消费诸环节而得到实现。

总之,不同性质的生产资料所有制决定了不同的社会生产目的。生产目的是各个社会经济形态增加生产、提高社会生产力的直接的推动力,是社会有机体运转的轴心,各个社会的生产、交换、分配、消费诸方面的运动,都是围绕着各自的生产目的而进行的。以上这一切是一个不以人的意志为转移的客观过程。因此,反映这一客观过程的科学规律,即我们通常所说的基本经济规律,在整个规律体系中,也就居于主导的地位。斯大林在《苏联社会主义经济问题》一书中,论证了社会生产目的的客观性,并且第一次明确提出了基本经济规律的理论。他所表述的现代资本主义基本经济

---

① 《马克思恩格斯选集》第四卷,人民出版社 1972 年版,第 173 页。
② 马克思:《剩余价值理论》,《马克思恩格斯全集》第 26 卷(Ⅱ),人民出版社 1973 年版,第 624 页。
③ 马克思:《机器。自然力和科学的应用》,人民出版社 1978 年版,第 16 页。

规律和社会主义基本经济规律，都包括了生产目的和达到这一目的的手段。因此，它不是决定生产发展的某一个别方面或某些个别过程，而是决定生产发展的一切主要方面和一切主要过程。当然，我们对于基本经济规律在规律体系中的主导作用，或者如斯大林所说：决定一切主要方面和一切主要过程。也不应作绝对化、简单化的理解。斯大林在讲到社会主义基本经济规律和国民经济有计划按比例发展规律的关系时就说过："国民经济有计划发展的规律，只是在具有国民经济的计划发展所要实现的任务时，才能产生应有的效果。国民经济有计划发展的规律本身并不能提供这个任务。国民经济计划化尤其不能提供这个任务。这个任务是包含在社会主义的基本经济规律中，即表现于这一规律的上述要求内。因此，国民经济有计划发展的规律的作用，只是在它以社会主义基本经济规律为依据时，才能充分发挥起来。"① 这就是社会主义基本经济规律在同计划规律的关系上表现出来的主导作用。社会主义基本经济规律在同价值规律、按劳分配规律、生产资料生产优先增长规律、劳动时间节约规律等经济规律的关系上如何表现其主导作用，需要一一作具体的分析。所谓基本经济规律的作用可以决定另外的经济规律的作用，基本经济规律的作用可以通过另外的经济规律的作用表现出来等说法，我认为是不科学的。

关于第二个问题，我是这样认识的。在生产、交换、分配、消费各个领域，都有各自的运动规律。它们在各自的领域里，起着重要作用。但是在这些领域里起作用的，还有其他经济规律。我们必须认真研究在上述各个领域里经济规律的相互关系和同时起作用的情况。下面以社会主义制度下个人消费品的分配为例。

在社会主义的个人消费品分配领域里，按劳分配规律起着重要作用。这个规律要求个人消费品的分配应以劳动者向社会提供的劳动的数量和质量为依据，劳动报酬的差别应当尽可能符合劳动的差

---

① 斯大林：《苏联社会主义经济问题》，人民出版社1961年版，第32页。

别，多劳多得，少劳少得。但是，必须看到，在消费品分配领域，和按劳分配规律同时起作用的，还有其他经济规律。例如：

生产关系一定要适合生产力性质的规律。分配关系是生产诸关系中的重要方面，直接受生产力发展水平的制约。恩格斯说："分配方式本质上毕竟要取决于可分配的产品的数量，而这个数量当然随着生产和社会组织的进步而改变，从而分配方式也应当改变。"①这就是说，在按劳分配规律发生作用的整个历史时期，随着生产力的发展，生产资料公有化程度的提高，个人消费品的分配方式也是有变化的。例如，马克思所设想的按劳分配，是以生产资料归全社会所有为前提的。社会的每一个成员，劳动报酬的多少，完全以他付出的劳动数量和质量为依据，同各个劳动者由于所在单位拥有的生产资料的数量和质量不同，因而带来的劳动生产率的差别完全无关。但是，我国现阶段还存在着两种公有制。个人消费品的分配方式在农村集体所有制经济中和在全民所有制经济中有明显的不同。目前，作为农村人民公社基本核算单位的生产队，大体上只有几十户的规模。每个生产队以收抵支，自负盈亏。在生产队内部基本上实行按劳分配。但是，在各基本核算单位之间，则承认差别（包括由于自然条件不同、拥有的劳动资料多少优劣不同等因素造成的差别）。这样，在不同基本核算单位之间，劳动者付出相同的劳动，得到的报酬就不同。在两种公有制之间也有这种情况。工人的收入高于农民，原因之一是工人拥有的技术装备高于农民。这些都不符合按劳分配规律的要求。可见，两种公有制并存和农村集体经济公有化程度较低等情况限制着按劳分配规律的作用范围。要彻底改变这种状况，必须有生产力的大发展和实现生产资料的全社会公有。②

社会主义基本经济规律。这个规律包括社会主义生产目的和达

---

① 《马克思恩格斯选集》第四卷，人民出版社 1972 年版，第 475 页。
② 关于按劳分配在农村集体所有制经济中的特点，参见薛暮桥《论社会主义集体所有制》，《经济研究》1978 年第 10 期。

到这一目的的手段。斯大林说，保证最大限度地满足整个社会经常增长的物质和文化需要，就是社会主义生产的目的，在高度技术基础上使社会主义生产不断增长和不断完善，就是达到这一目的的手段。目的和手段是统一的，但手段毕竟要服从目的。这里就包含着正确处理长远利益同当前利益、整体利益同个人利益的关系。社会生产力发展的水平越低，越应当把保证人民最基本的生活需要放在第一位。而随着生产的不断发展和劳动生产率的不断提高，人民的消费水平也应当有相应的提高。社会主义基本经济规律的这些要求对于国家建设和人民生活的关系，积累和消费的关系，农业、轻工业和重工业的关系都有非常重要的作用，从而在多方面影响着按劳分配规律的实现。

国民经济有计划按比例发展规律。它要求社会按照客观上存在的最恰当的比例关系，有计划地分配社会总劳动时间，以保证社会主义经济的健康发展。根据这一规律的要求，社会主义国家实行计划经济，发展生产和改善人民生活都是有计划地进行的，在新创造的国民收入中有多少用于积累和扩大再生产，有多少用于提高人民生活，也都包括在国家的统一计划之中。因此，当我们考虑个人消费品分配的时候，如果只看到按劳分配规律的要求，而看不到在一定经济发展水平下，由计划规律所决定的同个人消费品分配有关的各种比例关系，那就是片面的和脱离实际的。

总起来看，我们在全民所有制经济中实行工资制，在农村集体所有制经济中实行工分制，都必须以按劳分配规律和其他有关经济规律同时起作用为依据。在我国现阶段，由于经济文化比较落后，人民生活还有困难，在这样的经济条件下，根据社会主义基本经济规律和国民经济有计划按比例发展规律的要求，个人消费品的分配，只能在保证全体人民最基本的生活需要的前提下，体现劳动差别。这样，按劳分配规律的作用就不能充分实现。在认识上明确这一点有重要的现实意义。首先，这告诉我们，实行按劳分配，现阶段还只是开始。今后，要努力创造条件，为按劳分配规律开辟广阔的作用场所。其次，这有助于进一步划清按劳分配同绝对平均主义的界限。在我国目前的经济条件下，按劳分配规律不能充分实现，这是一个客观存在，是按劳分配规律同其他有关的经济规律同时起作用的结果，这绝不是说，我们可以不去努力实现按劳分配原则。而绝对平均主义，从指导思想上就否定按劳分配规律，对于应当体现、也可能体现的劳动差别不去体现，因此是违背客观经济规律的。

三

通过对经济规律体系的分析，我们在如何运用经济规律问题上，可以进一步得出以下几点认识：

第一，对于任何经济规律，都不应把它绝对化。恩格斯在1895年致康·施米特的信中，批评施米特在利润率问题上走上了岔路，以致错误地把价值规律贬为一种"必要的虚构"。恩格斯指出："一般利润率的情况不就是这样吗？它在每一个瞬间都只是近似地存在着。如果利润率有一次在两个企业中分毫不差地实现了，如果两个企业在某一年内得出的利润率完全相同，那末这是纯粹的偶然性，在现实中，利润率是根据各行各业、各个年度的各种不同情况而变化的，一般利润率只是作为许多行业和许多年度的平均数而存在。但是，如果我们竟想要求利润率（比如说是14.876934……）在每一个行业和每一个年度直到第一百位小数都完全一样，不然就把它贬低为虚构，那我们对利润率和经济规律的本质就误解得太不象话了，——它们没有任何其他的现实性，而只是一种近似值，一种倾向，一种平均数，但不是直接的现实。其所以如此，部分地是由于它们所起的作用和其他规律同时起的作用相互交错在一起，而部分地也由于它们作为概念的特性"，"或者您可以举工资规律即劳动力价值的实现为例，这个规律也只是作为平均数实现的，而且就连这一点也不是经常的现象，它在每一个地区，甚至在每一个部门，都随着通常的生活水平而有所变化。"① 恩格斯的这封信很值得我们认真学习。他指出经济规律并不是直接的现实，而只是平均数、近似值、长期发展的趋势。之所以如此，原因之一是各经济规律的作用相互交错在一起。这对于防止有些人把规律绝对化有十分重要的意义。例如，对于生产资料生产优先增长规律就应当看到它是一种长期发展趋势。在技术进步引起有机构成不断提高的条件下，生产资料生产优先增长是一种客观必然性。但是在再生产过程中起作用的，还有其他经济规律，因此，不能把生产资料生产优先增长的规律绝对化，它并不排除在某一时期内，消费资料的生产比生产资料的生产增长更快。这种发展过程中的曲折和波动，同经济规律的客观性并不矛盾。按劳分配规律也是这样。这个规律要求，每个劳动者给予社会的劳动，在作了各项扣除之后，全部由劳动者取回来。这里所说的"全部"，也只能是平均数、近似值，而不可能做到百分之百的绝对准确，但这并不否定按劳分配规律的客观性。

我国社会主义建设的经验教训之一，恰恰就在于把经济规律绝对化。例如，误认为按国民经济有计划按比例发展规律办事，对国民经济的领导就越集中越好，计划管得面越宽越好，计划订得越细越好；误认为按生产资料生产优先增长规律办事，就是年年、月月、时时都要保持重工业的发展速度高于轻工业，甚至不惜在一定程度上牺牲农业、轻工业来保证重工业的优先增长。这些经验教训是我们今后在认识和运用经济规律时应当牢牢记住的。

第二，我们在认识和运用经济规律的时候，不能只看到某一个规律的作用，而不考虑其他有关规律的作用。孤立地单打一地运用经济规律，往往事与愿违。即使对于国民经济有计划按比例发展的规律，也不能单打一地只考虑这一个规律的作用。例如，在我国的社会主义建设中，曾经长期流行着这样的观点：认为计划规律同价值规律是相互排斥的，凡是计划规律起作用的场合，价值规律就不

---

① 《马克思恩格斯选集》第四卷，人民出版社 1972 年版，第 515—516 页。

起作用。其实，社会主义经济就是公有制下的商品经济。计划规律与价值规律在作用方向上基本是一致的，当然，在某种情况下也有矛盾。把两者看成是绝对排斥的，在制订国民经济计划时，不考虑价值规律的作用，实践已经证明，效果很不好。值得注意的是，现在又出现了完全相反的观点，即认为目前我国还没有实行计划经济的条件，甚至否认国民经济有计划发展规律的存在，把价值规律说成是社会主义经济中最重要的经济规律。可以肯定，只考虑价值规律的作用，不考虑计划规律的作用，就达不到国民经济的综合平衡，因而不可避免地出现生产无政府状态，后果将更严重。

第三，从前面的分析中可以得知，同一经济规律，在不同的情况下，有不同的作用形式。之所以如此，归根到底是因为经济条件有了某种程度的变化，从而使得这一经济规律同其他经济规律的相互关系发生了某种程度的变化。除了前面举的按劳分配规律外，在人类社会各经济形态普遍起作用的规律表现得更为明显。马克思说过："要想得到和各种不同的需要量相适应的产品量，就要付出各种不同的和一定数量的社会总劳动量。这种按一定比例分配社会劳动的必要性，决不可能被社会生产的一定形式所取消，而可能改变的只是它的表现形式，这是不言而喻的。自然规律是根本不能取消的。在不同历史条件下能够发生变化的，只是这些规律借以实现的形式。"[①] 社会劳动按比例分配的规律，是人类社会的普遍规律。它在资本主义社会同剩余价值规律、竞争和生产无政府状态规律等经济规律同时起作用，国民经济是在全社会生产无政府状态下，经过比例的不断破坏而维持大体上的比例。在社会主义社会，这一规律同社会主义基本经济规律国民经济有计划按比例发展规律等许多规律同时起作用，使社会主义经济各方面的比例基本上是通过计划调节而实现的。所以，在运用经济规律时，必须充分注意到同某一规律有关的经济条件，必须结合当时、当地的具体情况，估计到同

---

① 《马克思恩格斯选集》第四卷，人民出版社1972年版，第368页。

一经济规律由于经济条件的某些变化，引起它同其他经济规律的相互关系的变化，从而在作用形式上会出现什么特点。如果千篇一律，照搬照套，同样不会收到预期的效果。

第四，斯大林在《苏联社会主义经济问题》中提出："人们能发现这些规律，认识它们，依靠它们，利用它们以利于社会，把某些规律的破坏作用引导到另一方向，限制它们发生作用的范围，给予其他正在为自己开辟道路的规律以发生作用的广阔场所。"① 斯大林在这里提出的基本思想是很精辟的，对于我们认识和运用经济规律有重要的指导意义。下面我想着重谈谈限制经济规律的作用范围问题。

多年来在报刊上常常看到限制经济规律的说法。如果把"限制"说成是人类可以缩小、减弱客观经济规律的作用，那就是完全错误的，也不符合斯大林的原意。我们所说的"限制"，其一，决不是限制规律作用的本身。只要有一定的经济条件，就必然有某一经济规律在客观地发生作用。在这一点上，人的主观能动作用是不可能加以改变的。其二，有时，我们确实采取了一些限制性的措施。这些措施之所以能够成功，主要是因为它们符合经济规律之间的相互关系。只有在尊重经济规律的客观性，而不是违反经济规律客观性的前提下来谈"限制"，才是正确的、科学的。其三，我们可以在某种程度上改变经济规律依以发生作用的那些经济条件，从而部分地改变某一经济规律同其他有关经济规律的相互关系，使某一经济规律在客观上受到制约。甚至我们还可以根本改变某一经济规律依以发生作用的经济条件，从而使这个规律退出历史舞台。但是，我们千万不能忘记，无论是部分地改变经济条件，还是根本改变经济条件，都必须以客观经济规律为依据，决不能随心所欲。例如，在我国过渡时期，人们可以根本改变资本主义工商业的存在条件，从而使剩余价值规律退出历史舞台。但是我们之所以能够成功

---

① 斯大林：《苏联社会主义经济问题》，人民出版社1961年版，第3页。

地实现对资本主义工商业的社会主义改造,首先就是依靠生产关系一定要适合生产力性质的规律。所以,归根结底,限制某些经济规律的作用范围,也必须使人的主观能动性与规律的客观性很好地结合起来,才能成功。

(原载《东岳论丛》1980年第1期)

生产关系一定要适合生产力性质规律的客观要求(节选)

依据马克思主义经典作家的论述,可以把生产关系一定要适合生产力性质规律的基本内容概述如下:

1. 生产关系一定要适合生产力性质规律揭示了生产力对生产关系的决定作用和生产关系对生产力的依存性

在物质资料生产方式中,生产力不仅是最活跃、最革命的因素,而且是决定性的因素。人类社会的发展史表明,有什么样的生产力,最终就形成什么样的生产关系;生产力的发展变化,迟早要引起生产关系的发展和变化。生产力是由生产力诸要素构成的整体。所谓生产力的性质①,一般地说,是指生产力始终处在不断运动、变化和发展之中的特性。社会生产永远不会中断,永远不会停留在一点上。由于劳动者生产经验、劳动技能不断地积累和增长,逐渐改进生产工具,创造和发明新的生产工具;由于分工、协作以及劳动的各种社会结合形式的日益发展,逐渐提高了劳动的社会性质;由于科学技术的发展和它在生产上的应用,更加促进了生产工具的变革,提高了劳动者的生产经验、劳动技能并把劳动的组织和管理提高到新的水平,从而把生产力推进到新的阶段。生产力这种不停顿地向前发展的客观要求,是一种历史的必然性。

生产力的性质,还包括生产力发展在不同的历史阶段有不同的

---

① 在马克思主义经典作家的著作中,关于生产力的性质,有时用"生产力发展要求",有时用"生产力发展水平""生产力发展程度""生产力发展状况",有时还用"生产力发展性质"等术语。我们采用斯大林提出的这个概括性的术语。

质和量的规定性。生产力的质的规定性，以生产工具为主要标志，例如，石器工具、金属手工工具（青铜器、铁器）、蒸汽机、发电机和电动机、原子能利用装置和电子计算机等。在人类历史上，生产工具的每一次重大改革，都是生产力提高到新质阶段的标志。生产力这种质的飞跃，既是先前量的积累的结果，又表现为新的量的规定性。我们通常分析某个国家的生产力发展水平，必然要考察该国的社会生产总量（国民经济总产值）、国民收入总量、工农业增长速度、劳动生产率提高速度等。这些方面都是生产力量的规定性的具体表现。

在生产方式中，生产力是物质内容，生产关系是社会形式。辩证唯物主义告诉我们，在内容和形式的相互关系中，内容决定形式，形式依存于内容。有什么样的内容就要求有什么样的形式，随着内容的变化，形式也就必然要发生相应的变化。这就是说，在生产过程中，人们建立什么性质的社会形式，这种社会形式具有什么特点，都是由当时生产力的性质和水平所决定的。由于生产力处在不断运动、变化和发展的状态，而生产关系又具有相对稳定性，原来适合生产力性质的生产关系，逐渐变成不适合生产力性质的生产关系。这种不适合生产力性质的生产关系迟早要被适合生产力性质的新的生产关系所代替。

那么，为什么旧的生产关系迟早要被新的生产关系所代替呢？

马克思说："为了不致丧失已经取得的成果，为了不致失掉文明的果实，人们在他们的交往方式不再适合于既得的生产力时，就不得不改变他们继承下来的一切社会形式。"① 只有把适合既得生产力的新的生产关系建立起来，生产才能继续向前发展，文明的果实才不致丧失。斯大林也说过："先是社会生产力变化和发展，然后，人们的生产关系、人们的经济关系依赖这些变化、与这些变化相适应地发生变化。""生产关系不能过分长久地落后于生产力的

---

① 《马克思恩格斯选集》第四卷，人民出版社1972年版，第321页。

增长并和这一增长相矛盾,因为只有当生产关系适合于生产力的性质和状况,并且给生产力以发展余地的时候,生产力才能充分地发展。因此,无论生产关系怎样落后于生产力的发展,但是它们迟早必须适合——也确实在适合——生产力的发展水平,适合生产力的性质。不然,生产体系中的生产力和生产关系的统一就会根本破坏,整个生产就会破裂,生产就会发生危机,生产力就会遭到破坏。"① 生产力对生产关系的决定作用和生产关系对生产力的依存性,就是不适合生产力性质的生产关系迟早要被适合于生产力性质的新生产关系所代替的原因。

2. 生产关系一定要适合生产力性质规律还包括生产关系的相对独立性及其对生产力的反作用

我们说生产力决定生产关系,生产关系依存于生产力,当然不是说生产关系完全是消极被动的。恰恰相反,生产关系对生产力有相对独立性,有积极能动的反作用。辩证唯物主义告诉我们,形式作为内容诸要素的结构方式、组织形式,有它的相对独立性和反作用。因为,内容之所以需要一定的形式,就是需要一定的结构方式、组织形式来把内容诸要素很好地结合起来,使内容得以不断地发展。人们在生产过程中,在同自然发生关系的时候,相互间也要发生一定的关系。这种生产关系的建立,归根到底,是为了保证人们同自然界的斗争能够顺利进行、不断发展。所以,生产关系在一定生产力基础上形成之后,它就不是消极被动的,而有其积极能动作用。生产关系的反作用表现为两种情况,当生产关系基本上适合生产力性质的时候,它促进生产力迅速地发展起来;当生产关系变得同生产力性质基本上不相适应的时候,它就会阻碍生产力的迅速发展。

生产力总是在它的社会形式——生产关系中发展的。生产关系作为生产的物质内容的结构方式、作为生产力诸要素的结合方式,

---

① 斯大林:《列宁主义问题》,人民出版社1964年版,第648页。

对生产力的发展规定着一定的界限和范围。在生产关系适合生产力性质的限度内,生产关系的相对稳定性对生产力的发展起积极的促进作用,它有利于生产力的不断发展。如果新的生产关系在一定时间内不稳定下来,那么它促进生产力发展的作用就无法显示出来。然而,事物的辩证法在于,随着时间的推移,随着在这种形式内存在的生产力的进一步发展,原来的生产关系逐渐不适合生产力发展的要求了。当原来的生产关系再也容纳不了生产力发展的时候,生产力和生产关系的矛盾尖锐化了。旧生产关系导致生产力的停滞,甚至出现衰退。这种生产关系便由生产力的发展形式变成生产力的桎梏。那时社会革命的时代就到来了。

生产力决定生产关系,生产关系又反作用于生产力,它们的这种交互作用,构成了生产方式的矛盾运动。生产关系由适合生产力性质到不适合生产力性质,经过社会革命又在新的基础上适合生产力性质,这是一个不断向前发展的过程。在这种社会经济运动过程中,生产关系或迟或早一定要适合生产力性质,乃是生产力和生产关系之间内在的、本质的、必然的联系。马克思主义把这种社会经济运动过程中,生产力和生产关系之间内在的、本质的、必然的联系,称做生产关系一定要适合生产力性质的规律。

在阐明了生产关系一定要适合生产力性质规律的基本内容之后,关于这个规律的客观性也就十分清楚了。马克思主义哲学认为,社会经济规律同自然规律一样,具有客观性。所谓规律的客观性,就是指物质世界的运动规律,客观事物内在的、本质的、必然的联系,是存在于人的意识之外,不以人的意识、意志、愿望等主观的东西为转移的。自然规律、社会经济规律,不管人们认识不认识、喜欢不喜欢,只要它存在的条件具备,它就要发生作用。人们只能通过实践,逐步认识规律,利用规律,而不能违反它的客观要求,更不能创造、消灭或者"改造"规律。生产关系一定要适合生产力性质规律就是普遍存在于人类社会经济运动过程中的客观规律。

一方面，生产力的发展有它自身的规律性和进一步发展的客观要求，这是不以人们的意志和意识为转移的。生产力是人们改造自然、征服自然的能力，是人们过去活动的产物。任何人都不能自由地选择生产力。任何人都是在现成的生产条件基础上开始生活，进行生产。人们可以提高技术、改进生产工具，可以创造新的生产工具，从而把生产力提到新的水平。然而，在一定的历史阶段，究竟人们能前进多远、提高多快，也离不开当时已经形成的社会经济条件。例如，在原始社会，人们所遇到的只是非常低下的生产力，生产工具是很粗陋的石器、弓箭、木棒等。在这种基础上，不知经过多少万年的努力，人们才发现、创造了金属手工工具（青铜器、铁器）。当然，不可能一下子跳跃到现代化的机器。马克思指出："人们不能自由地选择自己的生产力——这是他们的全部历史的基础，因为任何生产力都是一种既得的力量，以往的活动的产物。所以生产力是人们的实践能力的结果，但是这种能力本身决定于人们所处的条件，决定于先前已经获得的生产力，决定于在他们以前已经存在、不是由他们创立而是由前一代人创立的社会形式。单是由于后来的每一代人所得到的生产力都是前一代人已经取得而被他们当作原料来为新生产服务这一事实，就形成人们的历史中的联系，就形成人类的历史。"①

另一方面，人们也不能随心所欲地选择自己的生产关系。人类的社会生活需要、物质利益推动人们去劳动，生产产品，进行交换，进行分配和消费。然而，在不断的生产和再生产过程中形成的经济关系并不是他们有意识的选择的结果，而是取决于他们已达到的社会生产发展阶段，取决于生产力的性质和水平。列宁曾经说过："所谓客观的，并不是指有意识的生物的社会（即人的社会）能够不依赖于有意识的生物的存在而存在和发展……，而是指社会存在不依赖于人们的社会意识。你们过日子、经营事业、生儿育

---

① 《马克思恩格斯选集》第四卷，人民出版社1972年版，第321页。

女、生产物品、交换产品等等，这些事实形成事件的客观必然的链条、发展的链条，这个链条不依赖于你们的社会意识，永远也不会为社会意识所完全把握。"[1] 列宁在这里非常深刻地阐明了人们的生产关系不取决于人们的社会意识，也永远不会完全为社会意识所反映。生产关系只能取决于生产力的性质和水平，这也是不以任何人的意志和意识为转移的客观必然性。

（原载《论生产关系一定要适合生产力性质的规律》，山东人民出版社1980年版）

---

[1]《列宁选集》第二卷，人民出版社1972年版，第331—332页。

经济规律的不同的作用形式(节选)

一 经济规律的不同作用形式

社会经济规律是多种多样的,有存在于人类社会各个经济形态或几个经济形态的共有经济规律,也有存在于某个经济形态的特有经济规律。不同的经济规律,其客观要求是各不相同的。而且,在经济规律依以起作用的经济条件没有根本的改变以前,它的基本要求也是不变的。然而,由于经济运动错综复杂、千变万化,经济条件常常会发生某种程度的变化,在这种情况下,同时起作用的诸经济规律之间的相互关系也会随之发生一定的变化,从而使经济规律的作用形式也发生变化而具有某些特点。[①] 这是我们认识和运用经济规律所必须重视的一个问题。

马克思在谈到社会劳动按比例分配规律的时候指出:"要想得到和各种不同的需要量相适应的产品量,就要付出各种不同的和一定数量的社会总劳动量。这种按一定比例分配社会劳动的必要性,决不可能被社会生产的一定形式所取消,而可能改变的只是它的表现形式,这是不言而喻的。自然规律是根本不能取消的。在不同的历史条件下能够发生变化的,只是这些规律借以实现的形式。"[②]

[①] 关于经济规律的作用形式问题,在我国国内的文献中其含义不尽相同。本书在比较广泛的意义上使用这个概念。所谓经济规律的作用形式,包括规律的表现形式(借以实现的形式),规律的作用范围,规律作用的程度以及规律作用的后果等。

[②] 《马克思恩格斯选集》第四卷,人民出版社 1972 年版,第 368 页。

马克思在这里所阐述的思想非常重要。社会劳动按比例分配规律是一切社会经济形态共有的经济规律。无论在哪个经济形态，例如资本主义社会或者社会主义社会，它都存在并发生作用。人们必须按照一定的比例来分配社会劳动于不同的生产部门，以生产各种产品满足社会需要，就是这个规律的基本要求。不过，这个规律借以实现的形式，由于具体经济条件不同而有很大的变化。在资本主义社会，商品生产成为占统治地位的普遍形态，不仅任何劳动产品都是商品，连劳动力本身也成为商品。在生产资料资本主义私有制的基础上，各种商品成为资本家的私人产品。生产这些产品的私人劳动的总和形成社会总劳动。然而，私人劳动并不是在任何情况下都能够构成社会总劳动的一部分。资本家只有在市场上卖出了他的商品，包含在商品中的价值得以实现，私人劳动才能够转化为社会劳动。资本主义商品生产是处在无政府状态和激烈的竞争之中。如果商品卖不出去，那就意味着商品生产者的私人劳动没有被社会所承认。它并不构成社会总劳动的一部分。因此，正如马克思所指出的："劳动按比例分配所借以实现的形式，正是这些产品的交换价值。"[①] 可见，社会劳动按比例分配规律在资本主义私有制的条件下，是通过商品交换，通过激烈的竞争，作为一种盲目起作用的必然趋势来实现的。社会劳动按比例分配规律与价值规律、剩余价值规律、自由竞争和生产无政府状态规律等同时起作用，结果使国民经济处于无政府状态，经过比例的不断破坏而自发地维持大体上的比例关系。

那么，在社会主义社会的经济条件下，社会劳动按比例分配规律的实现形式又是怎样的呢？马克思告诉我们："如果共同生产已成为前提，时间的规定当然仍有重要意义。社会为生产小麦、牲畜等等所需要的时间越少，它所赢得的从事其他生产，物质的或精神的生产的时间就越多。正象单个人的情况一样，社会发展、社会享

[①] 《马克思恩格斯选集》第四卷，人民出版社1972年版，第368页。

用和社会活动的全面性，都取决于时间的节省。一切节约归根到底都是时间的节约。正象单个人必须正确地分配自己的时间，才能以适当的比例获得知识或满足对他的活动所提出的各种要求，社会必须合理地分配自己的时间，才能实现符合社会全部需要的生产。因此，时间的节约，以及劳动时间在不同的生产部门之间有计划的分配，在共同生产的基础上仍然是首要的经济规律。这甚至在更加高得多的程度上成为规律。然而，这同用劳动时间计量交换价值（劳动或劳动产品）有本质区别。"① 这里，马克思所设想的社会主义社会，生产力比资本主义社会发达得多；社会已共同占有生产资料（就是说，生产资料公有制不是采取国家和集体两种所有制的形式）；已不存在商品生产和商品交换了。在这样的经济条件下，社会劳动按比例分配就不再通过商品交换和交换价值的形式来实现，而是由社会中心自觉地合理地在国民经济各部门分配劳动的形式来实现。这也就是说，社会劳动按比例分配规律是同社会主义基本经济规律、国民经济有计划按比例发展规律等社会主义经济规律同时起作用的。

不但共有经济规律在不同的历史条件下有不同的实现形式，而且特有的经济规律在其经济条件发生某种变化时，它的实现形式也有自己的特点。以资本主义基本经济规律——剩余价值规律为例，在资本主义经济的不同发展阶段，由于经济条件发生一定程度的变化，其实现形式是有变化的。剩余价值规律反映了资本主义生产关系的本质，即资本家通过购买工人的劳动力而对工人榨取剩余价值的剥削关系。在资本主义制度下，资本家生产什么、生产多少，都以剩余价值规律为转移。资本家获得剩余价值是通过榨取绝对剩余价值和相对剩余价值两种方法。在资本主义发展的初期阶段，榨取绝对剩余价值是主要的方法。随着资本主义经济的发展，榨取相对剩余价值的方法越来越重要了。由于在同一生产部门的各个企业

---

① 《马克思恩格斯全集》第46卷（上），人民出版社1979年版，第120页。

中，首先采用新技术的资本家，其商品耗费的个别劳动时间低于社会必要劳动时间，可以获得超额剩余价值，这样，追求超额剩余价值就成为刺激资本家发展技术的直接动力。而新技术的普遍采用，劳动生产率的普遍提高，导致工人的生活资料价值降低，从而使劳动力的价值降低，相对剩余价值增加。

剩余价值的表现形态是利润。剩余价值率又表现为利润率。利润率的高低虽然直接取决于剩余价值率的高低，但还受其他因素的影响。资本家追逐高的利润率，大量的资本流入利润率较高的部门，使生产增加，出现供过于求，价格下降，利润率也随之下降。反之，原来利润率较低的部门，由于投资减少，求过于供，引起价格上涨，利润率又会提高。资本在各部门的流动，使不同部门的利润率趋向平均化。剩余价值规律的实现形式的这种变化，也是随着资本主义经济的发展而产生的。因为只有到了资本主义经济比较成熟的时期，平均利润率才会出现。

在帝国主义阶段，剩余价值规律又以新的形式表现出来。垄断阻碍资本在不同部门自由流动，垄断资本凭借对市场、原料产地、投资场所、殖民地等的独占，形成了垄断价格，攫取高额垄断利润。垄断利润大大超过了平均利润，从而加剧了资本主义的矛盾。可见，剩余价值规律在资本主义经济发展的不同时期，其借以实现的形式各有自己的特点，必须作具体的分析，不可忽略这些差别。

综上所述，无论是共有的经济规律还是特有的经济规律，当它们依以发生作用的经济条件没有根本改变时，这些规律的基本要求是始终不变的。但是，当具体的经济条件发生某些变化时，经济规律借以实现的形式就会发生变化。同时，规律作用的程度和范围、规律作用的后果也会随之而有所不同。正确地把握各种经济规律的客观要求和实质，研究各种经济规律在同时起作用时的客观的相互关系以及它们作用形式的特点，对于我们正确地认识和运用经济规律，是很重要的。

二 社会主义制度下经济规律作用形式的特点

在社会主义制度下,经济规律作用形式有什么特点?这是我们认识和运用社会主义经济规律所必须充分重视的问题。为了把握社会主义制度下经济规律作用形式的特点,首先让我们简要地作一点历史的回顾。

经济规律以及其他社会规律,是"人们自己的社会行动的规律",① 当然只有通过人们的活动才能实现。在原始社会中,原始人还处在蒙昧和野蛮状态。由于生产力水平极其低下,且文化科学知识刚刚萌发,因此,原始人不但受到强大的自然力的统治,而且受到盲目的社会力量的统治,谈不到通过自觉的活动来实现经济规律。进入文明时期后,由于社会生产力不断提高,科学文化也迅速发展起来,特别是到了近代和现代,人类对自然规律已经有了越来越深刻的认识,并且在相当大的程度上自觉地运用自然规律来为社会谋福利。但是,由于在生产资料私有制基础上形成了阶级和阶级对抗,几千年来,在这样的社会经济条件下,人们还是盲目地受着经济规律的支配。社会经济规律好像异己的力量同人们相对立,并强制地统治着人们的经济活动。在奴隶社会、封建社会、资本主义社会,经济规律都是作为自发的力量,基本上是通过人们盲目的活动,通过无数的对抗和冲突来为自己开辟道路的。

恩格斯在分析商品生产的经济规律在资本主义社会作用特点时指出:"资本主义生产方式渗入了商品生产者即通过自己产品的交换来实现社会联系的个体生产者的社会。但是,每个以商品生产为基础的社会都有一个特点:这里的生产者丧失了对他们自己的社会关系的支配权。……商品生产同任何其他生产形式一样,有其特殊的、固有的、和它分不开的规律,这些规律不顾无政府状态、在无

---

① 《马克思恩格斯选集》第三卷,人民出版社 1972 年版,第 441 页。

政府状态中，通过无政府状态来为自己开辟道路。这些规律在唯一保留下来的社会联系形式即交换中表现出来，并且作为强制性的竞争规律作用于各个生产者。所以，这些规律起初连这些生产者也不知道，只是由于长期的经验才逐渐被他们揭示出来。所以，这些规律是在不经过生产者并且和生产者对立的情况下，作为他们的生产形式的盲目起作用的自然规律为自己开辟道路的。"① 除了价值规律，还有剩余价值规律、竞争和生产无政府状态规律……一系列的资本主义经济规律，也都是像异己的力量一样，盲目地发生作用，对人们起着强制的、支配的作用。

马克思也指出：在资本主义社会"全部生产的联系是作为盲目的规律强加于生产当事人，而不是作为由他们的集体的理性所把握、从而受他们支配的规律来使生产过程服从于他们的共同的控制。"② 这里，马克思不但指明了资本主义经济规律是盲目起作用的，而且已经天才地预见到在未来的社会主义、共产主义社会中，经济规律作用的新的特点了。

事实正是如此，在无产阶级夺取了政权并建立了社会主义制度之后，情况发生了根本的变化。从总体上来观察，在社会主义制度下，经济规律已经不再是通过人们的盲目活动和在无数的对抗和冲突中实现了。客观经济规律通过人们的自觉活动来实现，这是社会主义社会经济规律作用形式的一个最突出的特点。

为什么社会主义社会经济规律的作用形式具有这样的特点呢？

第一，在生产资料社会主义公有制的基础上，消灭了剥削制度和剥削阶级，全体人民的根本利益是一致的。工人、农民、知识分子和其他劳动者、爱国者都是国家和社会的主人，他们之间不存在根本利益的冲突。尽管在人民内部还有各种各样的矛盾，不过，这是在根本利益一致基础上的矛盾，其性质是非对抗性的。因此，在

---

① 《马克思恩格斯选集》第三卷，人民出版社 1972 年版，第 429 页。
② 《资本论》第三卷，人民出版社 1975 年版，第 286 页。

社会主义社会，全体人民可以在无产阶级政党和人民民主专政的国家政权的集中领导下，形成统一的社会力量，为着全社会的利益、为着共同的目标而斗争。

第二，社会主义社会整个国民经济是有计划地进行的。无论是发展社会生产力，还是对那些已经不适合生产力性质的生产关系的调整和改革，都是在党和政府的领导下，有计划、有步骤地进行的。在进入共产主义社会之前，只要还存在着国家，它就是社会经济活动的组织者、领导者、计划者。国家是整个社会的利益和意志的集中表现。根据整个社会的实际需要，根据国民经济有计划按比例发展规律以及其他经济规律的要求，由国家代表人民来组织和管理国民经济。

第三，以马克思列宁主义为指导的社会主义意识形态逐步形成和完善。辩证唯物主义、历史唯物主义的科学世界观，马克思列宁主义政治经济学和其他经济科学关于经济规律的理论知识，武装了广大群众和干部，教育、动员、组织全体社会成员，为着实现共同的目标而努力奋斗。随着科学文化的普及和发展，越来越多的工人、农民、技术人员、科学工作者、经济管理干部，懂得社会发展规律和经济规律，不但在各自的工作岗位上力求按照客观规律办事，而且监督党和国家的领导机关，尊重客观规律，按照客观规律办事。

以上这些条件提供了人们自觉运用经济规律的客观可能性。在社会主义社会和将来的共产主义社会，经济规律通过人们自觉的活动来实现，不再像以私有制为基础的阶级对抗的社会那样，通过人们盲目的活动来实现，这就意味着人类开始从必然王国向自由王国的飞跃。

早在一百多年前，马克思和恩格斯就预见到人类社会发展的这一光辉远景。马克思认为，实现从必然王国到自由王国的飞跃，关键在于生产力的高度发展。他指出，"自由王国只是在由必需和外在目的规定要做的劳动终止的地方才开始；因而按照事物的本性来说，它存在于真正物质生产领域的彼岸。"① 在未来的共产主义社会中，自由在于："社会化的人，联合起来的生产者，将合理地调节他们和自然之间的物质变换，把它置于他们的共同控制之下，而不让它作为盲目的力量来统治自己；靠消耗最小的力量，在最无愧于和最适合于他们的人类本性的条件下来进行这种物质变换。"② 显然，只有在生产力的极大提高，人类征服自然的能力极大发展的基础上，真正的自由王国才能实现。

恩格斯也指出，在生产力高度发展的情况下，社会占有了生产资料，产品对生产者的统治也将随之消除，而社会生产的无政府状态将为有计划的组织所代替。阶级对抗终止了。"于是，人才在一定意义上最终地脱离了动物界，从动物的生存条件进入真正人的生存条件。""人们第一次成为自然界的自觉的和真正的主人。因为他们已经成为自己的社会结合的主人了。"③ 过去，社会规律像自然规律那样，好像是异己的力量统治着人们；现在，人们将熟练地运用自然规律和社会规律，并使之服从于他们的统治。因而，"只是从这时起，人们才完全自觉地自己创造自己的历史；只是从这时起，由人们使之起作用的社会原因才在主要的方面和日益增长的程度上达到他们所预期的结果。这是人类从必然王国进入自由王国的飞跃。"④

国际共产主义运动的历史经验告诉我们，"人类从必然王国进入自由王国的飞跃"乃是一个很长的历史过程。在无产阶级夺取政权并建立起社会主义制度的国家里，虽然已经开始了这个飞跃的过程，但是，人们还不可能完全摆脱盲目性，还不可能很快摆脱社会（以及自然界）的异己力量的支配。也就是说，不能以为，只要建立起社会主义制度，就立即实现了从必然王国到自由王国的飞

---

① 《资本论》第三卷，人民出版社 1975 年版，第 926 页。
② 同上书，第 926—927 页。
③ 《马克思恩格斯选集》第三卷，人民出版社 1972 年版，第 323 页。
④ 同上。

跃。之所以如此，也是一系列客观条件和主观条件所决定的。

由于历史发展的曲折，社会主义革命并没有像马克思和恩格斯原来所设想的那样，在社会生产力高度发达的资本主义国家中首先取得胜利，而是在俄国和中国等不发达的国家首先取得了胜利。这些国家的共同点是生产力发展水平都比较低，原有的经济和技术比较落后。除了拥有社会化的大工业以及产业无产阶级外，还存在着分散落后的个体农业和众多的农民群众。生产力发展的这种状况，决定了无产阶级革命取得胜利之后，生产资料不能马上归全社会所占有。在建立了掌握全国经济命脉的国营经济之后，还必须建立集体经济，以至仍然存在少量的个体经济。这样，虽然已经在生产社会化和生产资料公有制的基础上，开始对全国实行计划管理，但是，这种计划经济还很不成熟，很不完善。由于保留着商品生产和商品交换，而且它们将得到进一步的发展，因而，计划经济中必然包含着市场机制。这些情况显然同马克思恩格斯的设想有所不同。

还要看到，在社会主义阶段，虽然已经消灭了剥削制度和剥削阶级，但仍然存在剥削阶级的残余势力，存在少数阶级敌人，他们的敌对活动对社会主义计划经济也会起破坏作用。在人民内部，由于旧社会的传统、封建主义和资本主义的思想影响；由于官僚主义、主观主义的存在，也会妨碍计划经济的有效实施从党和国家的领导以及广大群众来看，要做到正确地掌握和熟练地运用社会主义经济规律，也需要不断地积累经验，需要经历一个比较长的过程。正是基于以上种种条件，社会主义制度的建立，只是"人类从必然王国进入自由王国的飞跃"的开端。

必须强调指出，在社会主义制度下，人们的自觉活动并没有也根本不可能改变社会主义经济规律的客观性质。恰恰相反，人们的自觉活动是以尊重经济规律的客观性，按照经济规律的客观要求办事为前提的。党和国家的干部和广大人民群众，对社会主义经济规律的认识越正确、越深刻，并且严格地按照客观规律办事，才能越充分地发挥全体社会成员的主观能动性。

社会主义经济规律的客观性，如同任何其他社会形态的经济规律一样，表现为人们的行动不能违反经济规律的要求。如果违反了，就会引起经济生活的混乱，使社会生产停滞不前，甚至导致整个国民经济的破坏。形象地说，经济规律就会"教训"我们、"惩罚"我们。这一点是肯定无疑的。但是，由于实际生活中常常出现违背经济规律客观要求的现象，于是，有的同志就认为，社会主义经济规律并没有强制性和必然性。这种看法当然是不正确的。我们认为，上面那种情况就是社会主义经济规律的强制性、必然性的一种表现。所谓规律"惩罚"我们，就是强制我们按照它的客观要求办事，就是迫使人们非顺从它的必然趋势走不可。

　　此外，还应指出，社会主义经济规律的强制性和必然性也表现在，只要它依以发生作用的经济条件存在，人们违反经济规律的决策和行动是不可能完全得到实现的。大家知道，社会主义国家的国民经济是由国家来实行组织和管理的。实践经验告诉我们，如果它的决策（包括路线、政策、法令、计划等）发生失误，违反了客观经济规律，那么，这些错误的决策，一方面会在一定程度上得到贯彻，造成损失，但另一方面又不可能完全得到贯彻。这是因为，社会主义经济规律的客观要求同社会主义经济的主体——广大的工人、农民、知识分子的根本利益是一致的。按照社会主义经济规律办事，社会主义经济顺利发展，人民群众的经济利益才有保证；反之，违反了经济规律，社会主义经济事业遭到了破坏，人民群众就成了直接的受害者。所以，广大群众从他们所处的经济地位以及他们的切身利益出发，必然会以各种形式来抵制领导机关的种种错误。例如，在农业还是以手工劳动为主的生产力状况下，我国大部分地区必须实行以生产队为基本核算单位的集体所有制。谁想超越这个发展阶段，谁就违反了客观经济条件的许可，就直接损害了农民群众的利益，客观经济条件以及生活在其中的农民群众都是不会答应的。我国农村生产关系的变革过程，曾发生过几次失误。然而，广大农民群众和基层干部对"共产风""穷过渡"等都进行了不同程度的抵制。这也是社会主义经济规律的客观必然性和强制性的一种表现。由此可见,领导机关必须努力防止盲目性,尽可能避免违背客观经济规律的情况发生。这是正确地发挥人民群众主观能动性的一个重要的条件。

(原载《认识和运用社会主义经济规律的问题》,河北人民出版社1981年版)

经济发展战略与经济规律体系[*]

经济发展战略所涉及的是我国社会主义现代化建设中带有全局性、根本性和长期性的问题。制定正确的经济发展战略必须从我国的实际情况出发，以经济规律为依据。党的十一届三中全会以来经济建设的实践经验证明，作为经济发展战略抉择的依据的，主要应该包括五个方面的规律：自然规律、生产力规律、生产关系规律、生产力与生产关系相互作用的规律、上层建筑领域的规律；其中生产力规律、生产关系规律、生产力与生产关系相互作用的规律，包括在经济规律体系之中，①属于经济科学研究的范围。

党的十二大制定了我国到 20 世纪末的战略目标、战略重点和战略步骤。这些从总体上看，符合我国的基本国情，符合经济规律的客观要求。不过，也要看到，近几年来我国的国民经济发生了很大的变化，世界的经济形势也在不断变化，尤其是新技术革命的迅猛发展，给发达国家和发展中国家、资本主义国家和社会主义国家，都带来很大的冲击。因此，我国的经济发展战略也需要适应国内外形势，进一步具体化或者作局部的调整。

对于如何迎接世界新技术革命，我们的态度是明确的、坚定的。当前，国际上正在出现一场新的技术革命。这对于我国的经济

---

* 本文作者为项启源、程礼泽。

① 关于生产力规律是否是经济规律，应不应该包括在经济规律体系之中，学术界长期以来有不同的意见。我们认为生产力规律不同于自然规律，它们是经济规律，应包括在经济规律体系之中。所谓经济规律体系就是在一定社会经济形态中，支配着整个国民经济运动发展的，相互联系、相互交错的经济规律整体。

发展，既是一个机会，也是一场挑战。我们应该抓住时机，有选择地应用新的科技成果，加快我国现代化建设的进程，缩小同发达国家在经济、技术上的差距。这里的关键，是要从我国实际情况出发，正确制定我们的技术发展战略，既不能亦步亦趋，一切都照人家走过的路子从头走起；也不能脱离实际，急于求成，一哄而起。这一思想对于进一步完善我国的经济发展战略，具有重要的指导意义。

生产力的发展具有延续性和顺序性的特点。所谓延续性，就是说在连续不断的生产过程中，人类改造自然的物质力量是一代一代地积累起来的。所谓顺序性，就是说社会生产力从总体上考察，是按照一定顺序从低到高地向前发展的。因此，从一个国家总的经济技术发展水平来看，只能循序渐进，不能超越大的发展阶段。近代和现代，世界上已经发生了三次技术革命。当前的新技术革命大体上是第二次世界大战前后开始的。以电子工业、宇航工业、生物工程、核工业、光通信、新材料等尖端技术为主要内容。我国目前的经济实力、产业结构、科技水平，大体上还处在第二次技术革命阶段，同经济发达的国家相比，整整落后了一个时代。一方面，这说明了加速现代化建设的必要性和迫切性；另一方面，又告诉我们不能脱离实际，急于求成。

生产力的运动还有另外一个特点，即加速发展的趋势。社会生产力从远古到古代发展一直很缓慢。自资本主义生产方式诞生始，生产力的发展大大加快了。马克思、恩格斯说："资产阶级在它的不到一百年的阶级统治中所创造的生产力，比过去一切世代创造的全部生产力还要多，还要大。"[①] 马克思逝世后的一百年里，特别是第三次技术革命开始以后，生产力的发展进一步加快，而且越来越快。这主要是由于科学技术的发展越来越快，它在生产力系统中的作用越来越重要，科学转化为物质生产力的过程越来越短，从而

---

① 《马克思恩格斯选集》第一卷，人民出版社1972年版，第256页。

促进了整个社会生产力的加速前进。生产力加速发展的趋势向我们提出了在制定经济发展战略时需要注意的几个问题。首先，生产力的发展不能超越大的阶段，那是从总的经济技术水平来说的，并不意味着每个部门、每项产品都得跟在发达国家后面一步步地爬行。目前先进技术在生产中的应用大大加快，从发明国向全世界的传播也越来越快。蒸汽机从发明到实际应用经过了80年，而原子弹是6年，晶体管是3年，激光只有1年。日本的电子工业在20世纪50年代是落后的，他们主要依靠引进先进技术加以消化，很快赶上了世界先进水平。我国也应当选择有条件的部门和产品，直接采用高技术，加快发展。其次，即使从各个国家来看，也并不是先进的总先进，落后的总落后。特别在近代和现代，原来较为落后的国家可以利用先进国家的某些尖端技术，使自己在较短时间里走过别国用较长时间走过的道路，从而赶上或超过原来较为先进的国家。19世纪末美国超过了英法；第二次世界大战后日本、联邦德国迅速赶上了其他发达国家。当然，这取决于许多因素，并且不可能脱离原有的经济、文化水平和物质技术基础。我国也有自己的有利条件。只要我们采取的战略正确，措施得当，扬长避短，符合生产力的延续性、顺序性和加速发展的规律[1]，就有可能迎头赶上，缩短同发达国家在经济、技术上的差距。

世界新技术革命对我国经济发展战略的影响是多方面的。下面仅就其中几个问题谈一点意见。

电子工业的战略地位问题

我们主张应该把电子工业明确列为从现在到20世纪末的战略重点，即大体上放在同农业、能源、交通、科学教育相当的地位。根据如下：

---

[1] 参见项启源、余少波《试论生产力的运动规律》，《南开大学学报》1978年第6期。

社会生产力运动的历史表明，在生产力发生质的飞跃的过程中，必然出现带动整个国民经济发展的战略性产业。第一次技术革命（产业革命）的战略性产业是纺织业。由于生产扩大和改进纺织机的需要，使蒸汽机在纺织业中得到广泛的应用，并逐步成为整个工业的主要动力，对国民经济的发展起了巨大的推动作用。

　　第二次技术革命是以电的发明和应用为先导的。电的广泛利用，促进了第二次产业的兴起，机械工业、冶金工业、汽车工业、石油工业等都曾在不同国家、不同时期起过带动国民经济发展的作用。

　　第三次技术革命的战略性产业是电子工业。

　　1. 电子工业是新技术革命的核心。第三次技术革命的一个重要特点是科学技术在比过去更广泛得多的领域里取得突破性的进展，从而引起一系列新兴产业的建立。有人把电子、生物工程、新材料和新能源作为新兴产业群，其中起核心作用的是电子工业。苏联学者巴托金认为，微处理技术、机器人和生物工艺学这三个科技进步方向之间有着密切的相互影响和相互渗透作用。随着功能大、精确可靠的微处理机的出现，机器人技术和生物工艺学才有实际的进展。

　　2. 电子工业不但本身发展迅猛，而且具有极强的渗透性，它的波及效应正在向经济社会的各个方面扩展。据美、日、西欧的统计，电子工业发展速度一直很高，1980年电子工业总产值已超过钢铁、纺织、造船，仅次于化学工业和汽车工业。预计电子工业在20世纪90年代仍将持续高速发展，并将成为最强大的工业部门。更重要的是，电子工业同其他工业技术相结合，开发出一系列新产品，引起整个工业的深刻变化；具有人工智能的机器人，目前已广泛用于工业，起了很大作用，它实际上是借助于各种编制程序、能够使用专门装置的多功能的操纵机。电子技术与机械技术相结合，引起了机械工业的变革。日本"机电一体化"发展迅速，1981年日本的数控机床已占机床总量的50%。微电子技术对工业的革命性作用远远超出机械加工领域，目前在向钢铁、汽车、石油、化学、食品、住宅建设等广阔的领域渗透。日本1981年集成电路的产值近7000亿日元，但应用集成电路产品的产值却超过了十万亿日元，两者的比例是1∶10强。

3. 电子工业对提高劳动生产率，加快经济发展有显著作用。例如，苏联用电子计算机管理企业，全员劳动生产率普遍提高5%。据日本20世纪80年代初的调查，过去五年间有36%的企业采用了微电子技术，使生产率提高了11%。第二产业、第三产业应用电子技术都大大提高了效率。

4. 电子工业是信息化社会的物质技术基础。第三次技术革命已导致信息化社会的到来，这是西方的经济学者、社会学者、未来学者比较一致的看法。他们认为现在美、日等最发达的资本主义国家已开始进入信息化社会，其他发达国家信息化已露端倪。有人估算现在全世界每年产生的科技情报文献约达450万篇；还有人提出，人类的科学知识，在19世纪是每50年增加一倍，20世纪中叶是每10年增加一倍，70年代后是每5年增加一倍，有效地处理如此大量的信息，没有电子技术是不可能的。美国1982年拥有大、中、小各类电子计算机70万台，微型机1000万台，它们在当年完成的工作量达到4000亿人·年。至于美、日等国正在兴起的所谓"三A"革命，将使人们有可能在家里办公、学习、娱乐和享受生活服务等，则更是以电子工业高度发达为前提的。

上述几点说明电子工业是第三次技术革命中的战略性产业，这是生产力发展的规律决定的。

再从我国的现状来看，经过三十多年的建设，电子工业从无到有，发展较快，已经初具规模，并且已经有了一支有相当实力的电子工业和电子科研队伍。党的十一届三中全会以来，电子工业发展速度加快，电子产品的数量、品种和质量都有较大的提高，对社会主义现代化建设作出了明显的贡献。但是，我国的电子工业同发达国家相比，还有很大差距。目前我国电子工业的年产值大约相当于美国20世纪50年代初期和日本60年代中期的水平。电子工业在国民生产总值中的比重，美国、日本均占3%左在，我国大约占1%强。[①] 电子工业职工人均年产值，我国大约相当于美国的1/18，日本的1/13。1970—1980年，美国人均产值增长1.7倍，日本增长2.6倍，而我国基本上在原地踏步。电子产品结构，按1980年统计，投资类产品所占比重，美国为68.6%，日本为35.4%，而我国不到20%。集成电路是整个电子工业的基础。美、日两国都是在集成电路增加到6亿块以上时，出现了电子工业的高速发展。这个转折点决不是偶然，而是因为形成了大规模生产，成本和价格才能降低，应用面才能扩大，电子工业的大发展才有牢固的基础。可见大规模工业化生产是科学技术转化为物质生产力的关键性环节。这也是生产力发展的一条规律。

以上情况说明，电子工业是当前世界新技术革命中的战略性产业，同时又是我国国民经济中的薄弱环节。因此，列为我国经济发展的战略重点是有根据的。

有些同志不赞成把电子工业作为战略重点。他们认为电子工业固然重要，但还不像能源、交通那样紧迫。而且我国目前主要还是解决第二次技术革命过程中的问题，实现工业化。把交通、能源作为战略重点也正说明了这一点。电子工业是第三次技术革命中的战略性产业，在我国现阶段还不能与能源、交通等量齐观。我们认为这些说法值得商榷。如前所述，生产力发展规律决定，一个国家的经济技术总水平不可能跳过大的发展阶段，但某些部门、产品有可能采用尖端技术，加快发展的步伐。我国电子工业既有一定基础，又有相当差距，优先发展是必要的，也是可能的。而且列为战略重点，主要是为了突出它的重要地位，表现战略意图，并不等于完全均等地使用力量。还要看到，我国当前的社会生产力呈现出多层次的状况。第一次技术革命中的问题还未完全解决，第二次技术革命

[①] 我国与西方对总产值的计算方法不同，这里只是作近似的比较。

中的问题早已提上日程，现在又面临第三次技术革命的挑战。从我国的实际情况出发，产业结构和技术结构必然是纷繁交错的，不能设想，一个发展阶段的问题解决完了，再去抓下一个发展阶段的问题。事实上，我国国民经济中存在的许多困难也迫切需要发展电子工业来解决。电子工业对整个国民经济的带动作用并不是将来才有的事情，不过，随着现代化的进展，这种带动作用会越来越明显而已。

还有些同志认为，把电子工业作为战略重点不是不可以，但我国建设资金有限，重点多了势必使力量分散，结果什么都上不去。这一看法仔细分析起来，也是不全面的。首先应该肯定对电子工业的投资必须增加。目前世界上许多发达国家和一些发展中国家都在大幅度增加对电子工业的投资。我国从1949年到1982年电子工业投资累计数仅占国家投资总额的1%。我国电子工业底子薄，差距大，目前不但在投资的绝对量上与发达用家相差甚远，而且投资所占的比重也过低。还要看到，电子工业的一个重要特点是更新换代很快。电子计算机从诞生到现在不过三十多年，已跨越了四代，第五代电子计算机不久也将问世。集成电路和微处理机每三四年更新一代。在这种情况下，如果不增加投资，缩短同发达国家之间的差距就很难实现。至于究竟增加多少，要受多种因素的制约，要尊重社会主义基本经济规律和一系列社会主义经济规律，寻找出客观存在的最优的投资比例。

至于有的同志怕把电子工业作为战略重点会削弱其他战略重点，那是因为对电子工业的波及效应估计不足，特别是对电子工业在节约能源和提高运输效率方面的显著作用重视不够。例如，我国现有工业锅炉近20万台，每年耗煤约二亿吨，占我国原煤总产量的1/3。根据国外数据，采用微处理机控制燃烧，可节煤5%。仅此一项，即可节煤上千万吨。我国有汽车200万辆，每年耗油一千万吨以上，如采用微处理机，根据国内外经验，可节油10%，每年即上百万吨。在铁路运输中采用电子计算机运营管理，国外经验可提高效率25%—30%。我们按提高10%计算，全国一年即可多运1.2亿吨货物。所以，把电子工业作为战略重点，同把能源交通作为战略重点对立起来的观点是不恰当的。

还要看到，把电子工业作为战略重点包括多方面的内容，例如，加强国民经济各部门对电子工业的支援，在税收、信贷、价格等方面给予优惠待遇，抓紧电子工业的体制改革，处理好引进先进技术同保护民族工业的关系等，并不单纯是增加投资。

总之，我们决不能只对发展能源、交通有紧迫感，而对于发展电子工业缺乏紧迫感。应该估计到，如果不把电子工业放在应有的战略地位，采取切实的措施，真正做到缩短同发达国家的差距，必将造成不可挽回的损失。

产业结构的变化问题

这里所说的产业结构，指的是物化劳动、活劳动和其他资源在各产业之间的分配，以及作为这种分配结果的各产业的产量、产值的比重构成。随着科学技术的新发展和生产力的质的飞跃，产业结构将相应地发生重大变化，这已为许多国家的历史所证明。西方一般用第一、第二、第三次产业来说明这种变化。[①] 日本从1955年到1981年，第一次产业在国民生产总值中的比重，从19.8%下降到8.4%；第二次产业从32.8%增加到38.8%；第三次产业从47.4%上升到57.8%。变化趋势是明显的。另据日本通产省预测，1980年到1990年，在国民生产总值的构成中，尖端技术产业将从2%增加到20%，基础产业维持在20%不变，其他产业从80%下降

---

① 第一、第二、第三次产业，在西方各国是通用的，但具体分析起来，各国的解释又有所不同。从统计上说，第一、第二、第三次产业各包括些什么内容，各国也有区别。特别是第三次产业，有些国家列入其中的部分内容，用马克思主义的观点来衡量，是不应该称之为产业的。我国目前也用第一、第二、第三次产业这样的概念，从科学研究上和统计比较上，都应该作出我们自己的规定，明确三次产业各包括什么内容。

到 60%。

产业结构的变化必将引起就业结构的相应变化。日本从 1951 年到 1981 年，第一次产业的就业人数占就业总人数的比重，从 48.5% 下降到 10.9%；第二次产业的就业人数从 21.8% 增加到 33.5%；第三次产业的就业人数从 29.6% 上升到 55.4%，其变化趋势比产业结构更为明显。

再以美、日两国 1900 年到 1980 年农业、制造业和信息业的就业结构变化为例。美国大约在 1910 年制造业使用的劳动力就超过了农业使用的劳动力，而 1956 年信息业又超过了制造业。日本大约在 20 世纪 60 年代初，制造业使用的劳动力超过了农业，在 70 年代中期，信息业使用的劳动力又超过了制造业。在这 80 年里，两个国家就业结构的变化趋势基本相同。

以上情况说明，一个国家的科学技术和经济总水平发展到一定程度，就不可避免地导致产业结构的重大变化，而产业结构的变化又将引起就业结构的变化，这是生产力发展的一条规律。

我国目前的产业结构和就业结构同发达国家的现状相比有很大不同。以经济最发达的上海市为例，1983 年从产业结构看，第一次产业占 6.3%，第二次产业占 71.8%，第三次产业占 21.9%。从就业结构看，第一次产业占 24%，第二次产业占 52%，第三次产业占 24%。从全国来看，第一次产业的比重会比上海市高得多，而第三次产业的比重将比上海市低得多。但是必须看到，今后十几年，随着工农业总产值翻两番，人均国民收入达到小康水平和科学技术总水平的较迅速的提高，我国的产业结构和就业结构也将发生同总形势相适应的变化，其变化趋势大体上与发达国家走过的道路相同。这就给我国经济发展战略的制定提出了一系列问题。例如：

①产业结构与就业结构的变化有它自身的规律性。不过，在市场商品经济的条件下，第一、第二、第三次产业的形成和演变，是自发地实现的。而在有计划的商品经济的条件下，应该预见到产业结构和就业结构的变化趋势，并采取适当的措施，促进这种变化的

实现。以第三次产业为例。首先，我们不能照搬任何一个西方国家对第三次产业的内涵的解说，而必须从我国的实际出发，以马克思主义经济理论为指导，对第三次产业作出我们自己的阐述。目前把第三次产业单纯看作服务业的流行观点是片面的，应当明确信息部门在第三次产业中的重要地位。其次，第三次产业的发展同一个国家（包括一个地区）的经济技术和文化水平密切相关。目前我国的第三次产业比重过低，人们已经处处感觉到由于第三次产业落后而带来的矛盾。但也要防止拔苗助长。如果照搬照抄西方的做法，脱离我国国民经济发展和人民生活提高的实际需要，也会遭到失败。这就需要有全国的、各地区的总体规划和具体指导。

②对于产业结构变化的研究，不能再仅仅停留在农轻重的关系上，必须把注意力转移到新兴产业的建立、发展以及新兴产业与传统产业的关系上。美国有一位学者提出，信息部门应分为第一次信息部门（包括教育、医疗、通信、出版、计算机软件、其他信息机械等）和第二次信息部门（包括电子计算机和微电子技术在传统产业中的应用，即钢铁、重化工、机械制造等传统产业的信息化）。据日本有关部门预测，1960—2000年，日本的第一次信息部门将从占总产值的14%上升到18%，而第二次信息部门将从15%上升到21%，信息部门合计将从30%上升到40%。这就说明，即使像日本这样经济高度发达的国家，第二次信息部门的增长仍然快于第一次，也就是说尖端技术在传统产业中的应用，仍然具有广阔的前景和巨大的作用。我国的新兴产业目前还处在萌芽状态，在今后一个相当长的时间里，传统产业（在这里主要指冶金、机械、石油、化工等第二次产业）还是国民经济的主体。"七五"计划确定把对原有企业进行全面的技术改造作为经济建设的重点，体现了我国现阶段新兴产业与传统产业的正确关系。从未来的发展看，传统产业将在新技术的带动下获得强大的生命力，而新兴产业将在传统产业发展壮大的基础上崛起。

③与产业结构和就业结构相联系的，还有技术结构、智力结构

等一系列问题。从我国技术发展的战略目标来看，要缩短同发达国家在技术水平上的差距，必须引进尖端技术，发展新兴产业。但引进尖端技术要很好地考虑我国的经济力量和国内消化、配套能力。从我国当前的实际情况出发，在对原有企业的技术改造中，如果必须引进技术的话，更多的企业、部门应该引进适用的先进技术。这样，可以利用发达国家产业结构变化和技术更新换代的机会较易引进，价格低廉而又比较容易消化，见效较快，在提高经济效益增加国民收入上会得到更多的实惠。有人顾虑引进适用的先进技术将使我国同发达国家在技术上的差距永远保持下去。其实，这种顾虑是不必要的。一方面，这并不排斥在既有必要又有可能的地方有重点有选择地引进尖端技术；另一方面，通过引进适用先进技术，可改变传统产业的落后面貌，积累建设资金，培养人才，能为更快地提高我国的技术总水平创造条件。

关于农业现代化问题

党的十一届三中全会以来，我国农村在生产力和生产关系两个方面都取得了重大进展。农业大发展已成为我国经济形势大好的基础条件。从发展战略的高度来看，近几年对农业有两项重大决策是十分正确的。

其一，坚持把农业作为到 20 世纪末的战略重点。这一条在前几年是很容易为人们所理解的。一方面，农业是国民经济发展的基础；另一方面，农业又是我国国民经济的薄弱环节，作为战略重点是很自然的。但近来有一部分人看到农业生产发展很快，产量和产值大幅度增加，农民收入大幅度提高，农村的商品经济也有了较快的发展，因此，对于农业的战略地位有所忽视。这是不应该的。

农业是国民经济发展的基础，是马克思揭示的一条普遍规律。农业是基础规律的主要内容，是揭示农业劳动生产率同整个国民经济发展的内在联系。农业劳动生产率越低，它对国民经济的发展和社会分工的深化的约束力也就越大。我国三十年来正反两方面的经验，都证明了这一点。当前，我们固然应该充分肯定我国农村确实发生了可喜的变化，但也要清醒地估计到，我国农业同发达国家相比仍很落后，要实现农业现代化还得追一段很长的路程。有人把农业分为生产力低下的、自给自足的自然经济，以商品经济为基础的混合的多样化经济，由生产过程高度社会化和广泛应用高技术而形成的专业化、工厂化农业。我国农业大体上还处在第二个发展阶段的初期。1983年，我国农业劳动力为3.2亿人，占社会总劳力的70%，而一些发达国家，如美国农业人口只占就业总人数的3%，日本农业人口只占就业总人数的10%。1984年，我国粮食产量达到8100多亿斤，棉花1.2亿担，但我国人均占有农牧渔业产品的产量，除棉花外，均低于世界平均水平。例如，1983年我国人均粮食759斤，低于793斤的世界平均水平。1984年人均粮食785斤，接近于世界平均水平。以上情况说明，我国的农业劳动生产率还是不高的。这种局面如果不在二十年内加以扭转，我国的工业现代化、科学技术现代化和国防现代化都会受到影响，实现工农业总产值翻两番的战略目标就缺乏足够的保证。因此，把农业作为战略重点突出起来，是符合生产力发展规律的。

其二，采取了把农业劳动力尽可能就地消化、大力发展农村乡镇的战略方针。毛泽东早就指出过，如果中国需要建设强大的民族工业，建设很多的近代的大城市，就要有一个变农村人口为城市人口的长过程。中华人民共和国成立三十多年来，随着社会主义经济建设的发展，这种变化早已发生了。但是这个变化也带来了新问题。由于农业劳动生产率的不断提高，农业生产占用的劳动力势必逐渐减少。假定将来我国的农业劳动力由占总劳动力的70%下降到10%左右（大体相当于日本目前的水平），那就还可以节省出大约2.8亿的农业劳动力来。是不是这些人连同他们的家庭都由农村人口转变为城市人口呢？这是必须给予正确回答的一个战略性问题。

从历史上看，自古以来就有城市。但出现全世界范围的"城市化"，则是伴随着机器大工业的产生和工业化的进展而到来的。大城市人口密集、资金密集、技术密集，逐渐成为产业中心、贸易中心、金融中心、运输中心、信息中心。中小城市也在较低层次上起着类似的作用，并同大城市联结在一起，形成城市网。这是社会经济发展的需要，是农业是基础的规律和生产力诸要素在空间上合理结合规律共同作用的结果。因此，"城市化"总的说来起了进步的作用。不过，在资本主义制度下，"城市化"的实现过程带有盲目性，许多国家在不同程度上出现城市过分臃肿，患了"城市病"；而农村则劳动力过少，患了"偏枯病"，直到近年，随着信息化社会逐渐来临，又自发地出现某种分散化的趋向。在社会主义制度下，城市的发展也是有计划的。我们要以西方国家走过的道路为借鉴，尽量避免城市臃肿而农村偏枯的现象。中央决定调整农村经济结构，不但包括农业内部（农、林、牧、副、渔）的结构，也包括农村的农、工、商、运输、服务等各行各业的结构。今后随着商品经济的发展，农业劳动生产率的提高，从农业中节省出来的劳动力将基本上留在农村，从事工业、商业、交通运输业、服务业等多种多样的经济活动，同时发展县及县以下的乡镇，使之成为当地的经济、文化中心。这种"离土不离乡"的方针，既符合我国的国情，又符合生产力发展的规律，是一项高瞻远瞩、影响深远的战略抉择。

在农业方面需要进一步研究的一个战略性问题是，采取怎样的技术政策，逐步实现我国的农业现代化？实践已经证明，由于国情不同，我们对于美国、日本、苏联发展农业的路子，都不能照搬照抄。目前生物工程及其在农业中的应用，在发达国家已取得显著成效，在我国也已开始，并且在某些项目上走在世界的前列。同世界新技术革命相适应，我国农村将发生什么变化呢？在这方面，我们认为钱学森同志的见解是很有启发的。他提出要创建农业型的知识密集产业。[①] 即以太阳光为直接能源，充分利用生物资源和现代科学技术，进行高效益的综合生产。具体又分为农业产业、林业产业、草业产业、海业产业、沙业产业。农业产业以种植粮食作物和经济作物为基础，它包括的不只是种植业的农，也有绿化的林，养畜的牧，养家禽的禽，养鱼的渔，也有养蜜蜂、蚯蚓等虫业，还有菌业、微生物（沼气）业，当然也必然有工副业，所以是十业并举的农业产业体系。一方面，充分利用生物资源，另一方面，可以利用工业技术和新产业革命的成果。这已经不是传统的农业，而是高效益的综合生产体系。另外，他还主张，农业产业的据点是集镇，有万人左右，其中搞种植业的只是少数，也可以住在集镇，早出晚归。工业生产，农产品的深加工，也都在集镇。集镇是经济和文化教育中心。这当然只是一种设想。钱学森同志自己也认为要花很大力气才能实现。需要集中自然科学家、社会科学家"攻关"，要有交通运输、通讯情报、生活服务、商品流通等环节的配套，估计全国总投资要几万亿到几十万亿，大约在下个世纪才能完成。

我们认为上述意见作为一个战略设想，有三个优点：第一，它符合我国的国情，特别是在还不具备高技术的情况下，也可以起步，促进从传统农业向现代化农业的转变。上面提到的某些内容，事实上在我国农村已经开始。第二，它突出了生态平衡，是用生物圈的良性循环，在更高的程度上利用自然生产力，取得经济效益。这有利于避免资本主义国家农业现代化过程中带来的某些弊病。第三，它是一个社会系统工程的设计。不仅包括农业，也包括工业、商业、交通运输业、第三次产业；不仅包括物质生产，也包括精神生产；不仅着眼于生产力的大发展，也包括生产关系和上层建筑的变革。不足之处是，在农村如何迎接新技术革命，在农业生产体系中如何运用生物工程，尚无具体规划。国外已经在开发、利用的生物工程，如植物基因工程、生物固氮、植物组织培养及快速繁殖、

[①] 钱学森：《创建农业型的知识密集产业》，《世界经济导报》1984年9月17日。

畜用生长激素、兽用疫苗、家畜胚胎移植及卵分割技术等，我们应采取什么对策；对国内已获得明显进展的项目，如花药培养和单倍体育种、原生质体培养、鱼类细胞育种、口蹄疫基因工程疫苗等，应采取什么措施加速发展，特别是如何改变我国在农业中应用生物工程的总的落后状态尚未具体谈到。因此，上述设想如果作为我国农业现代化的一种模式，似还待进一步充实和具体化。

以上我们只是谈到经济发展战略中的几个问题，但已涉及生产力运动的延续性、顺序性和加速发展规律；生产力质变过程中战略性产业转移的规律；产业结构的变化必然导致就业结构、技术结构、智力结构相应变化的规律；农业是国民经济发展基础的规律；生产力诸要素在空间上合理结合的规律，等等。这就说明，要制定正确的经济发展战略，首先要以一系列生产力规律为依据，而不能孤立地以某一个规律为依据。

当然，作为经济发展战略的依据的，除了生产力规律，还有生产关系规律，生产力与生产关系辩证关系的规律。例如，社会主义基本经济规律仍然是对整个发展战略起着制约全局作用的规律。我们讲的现代化是社会主义现代化而不是资本主义现代化。我们所说的符合国情的正确的发展战略，它的出发点和归宿必然是不断地提高人民的物质和文化生活。违背社会主义生产目的去搞现代化，人民不拥护，因而也没有生命力。从这个意义上说，发展以电子工业为核心的新兴产业也好，用新技术改造传统产业也好，都是达到社会主义生产目的的手段。具体地说，制定经济发展战略在几个方面要受社会主义基本经济规律的制约；首先，在积累和消费的比例的确定上，一要吃饭，二要建设，不断改善人民生活是必须保证的，这就从建设资金方面制约着生产和建设的速度与规模。另外，在消费资料的数量、品种和质量上也要尊重社会主义基本经济规律。比如，我国的电子工业，固然应该努力扩大投资性电子产品的比重，为进一步发展打下牢固的基础，但也要考虑到提高人民生活和积累建设资金的需要。因此，发展消费性电子产品也要放在适当的位置。总之,对于社会主义国家来说,无论是处在工业化社会,还是处在信息化社会,整个国民经济的运转,还是要以实现社会主义生产目的为轴心。这是在制定经济发展战略时必须首先要考虑的。

又如,在社会主义有计划的商品经济的条件下,处理好发展新兴产业与改造传统产业的关系,涉及建设资金及人力、物力和资源如何合理分配的问题。这方面的最优比例,不但要受生产力规律和自然规律的制约,而且要受国民经济有计划发展规律的制约。

在制定我国的经济发展战略中,不断提高经济效益是至关重要的。为了搞好重点建设,理顺经济关系,实现20世纪末的战略目标,我们要有为长远发展所需的投资,又要有为近期经济增长所需的投资,还要使人民生活不断得到提高,要办的事很多,而国家财力有限,这就需要挖掘潜力,提高效益,广开财源,善于运筹。那么怎样才能真正达到不断提高经济效益的目的呢?这取决于多种因素,也就是说,要受多种经济规律的制约。除自然规律、生产力规律外,价值规律和社会主义物质利益多层次规律①起着重要的作用。要提高微观经济效益,必须尊重价值规律,利用市场机制,允许价格浮动和有一定的竞争。扩大企业自主权如果不同市场机制相结合,就达不到预期的目的。过去我们用人为的办法限制价值规律,结果受到规律的惩罚。要提高宏观经济效益,也必须尊重价值规律。马克思早就指出,价值规律调节社会总劳动时间的按比例分配。如果我们不能自觉地运用国民经济有计划发展规律和价值规律对社会主义商品经济进行有计划的调节,宏观经济效益的提高是不可能的。至于正确处理国家、集体、个人之间的物质利益关系,提高地方、企业、个人的积极性和创造性,对于提高经济效益当然是

---

① 在社会主义社会,作为物质利益关系的主体来说本质上只有一个,即全体人民。但在全民所有制经济、集体所有制经济和个体所有制经济之间存在着根本利益一致前提下的非对抗性矛盾;在全民所有制经济中,还存在着国家、集体、个人之间的在物质利益根本一致前提下的多层次的物质利益关系。在社会主义计划经济条件下,各层次的经济利益客观上存在着一种合理的相互关系(包括数量界限),体现这种多层次的物质利益之间内在的、本质的必然联系的,就是社会主义物质利益多层次规律。

必不可少的。

在制定经济发展战略时,对生产关系一定要适合生产力状况规律必须给予足够的重视。党的十一届三中全会以来,人们对这一规律有了不少新的认识。例如,社会主义基本经济制度同它的具体环节是既有联系又有区别的。应该看到社会主义生产关系的主要方面(或社会主义基本经济制度)是同生产力相适应的,因此,我们应该巩固它、完善它,使它保持相对稳定以发挥先进生产关系对生产力的促进作用。但是不能忽视,社会主义生产关系的某些次要方面(或社会主义生产关系的具体环节)又常常同生产力相矛盾。有时是因为社会主义生产关系的不成熟、不完善;有时是因为生产力向前发展了,而生产关系的具体环节本来是适合生产力的,现在变得不适合生产力了。对这些不适合生产力的生产关系的具体环节就需要经常加以调整。这样才能及时地和不断地解决社会主义生产关系同生产力的矛盾,使社会主义生产关系得到发展和完善。[①] 上述认识是对社会主义条件下自觉进行经济体制改革的理论根据之一。世界新技术革命是生产力的质的飞跃,它必然会引起生产关系的相应变化。在我国,无论是发展新兴产业还是在传统产业中运用先进技术,都应该认真解决生产力同生产关系的某些具体环节的矛盾。我国电子工业的发展就涉及体制改革。我们必须对那些不适合生产力进一步发展要求的不合理的规章制度和经济关系坚决加以改变,对于生产单位、科研单位都要扩权松绑。否则,即使电子工业的发展战略正确,也不能实现。

(原载《学术月刊》1985 年第 5 期)

---

① 关于社会主义基本经济制度与生产关系具体环节既有联系又有区别,要把基本经济制度的相对稳定同具体环节的经常调整结合起来的观点,比较详细的论述,参见余少波、项启源《论生产关系一定要适合生产力性质的规律》,山东人民出版社 1980 年版,第 176—179 页。

商品经济·按劳分配·工资改革

马克思在提出按劳分配原则时曾经设想，社会主义社会已经不存在商品、货币。但实践证明，社会主义经济仍然是公有制基础上的有计划的商品经济。因此，按劳分配理论必须在新经验的基础上向前发展。这一点已经成为我国经济学界的共同认识。另外，在社会主义商品经济条件下，即使是全民所有制企业，劳动者付出的劳动也必须经过迂回曲折的途径得到社会的承认，才能作为分配个人消费品的依据。这一点也已为经济学界越来越多的人所认识。但是，马克思的按劳分配理论应当怎样发展，则存在种种不同的看法。这些看法归纳起来可以分为两大派。一派认为，在商品经济条件下应该是"两级按劳分配"。先是国家对全民所有制企业实行按劳分配，然后是企业对劳动者实行按劳分配。国家对企业的按劳分配以企业向社会提供的商品中包含的社会必要劳动时间总量为尺度。在这里，按劳分配的"劳"是价值。[1] 而另一派则坚持按劳分配规律的主要内容并不因存在商品经济而改变。他们既不同意国家与全民所有制企业之间是按劳分配关系，也不同意按劳分配的"劳"是价值。[2]

我认为两大派学术观点的分歧，首先来自方法论的不同。主张

---

[1] 参见蒋一苇《关于按劳分配的几个问题》，《工人日报》1980年3月21日；张泽荣：《实行两级按劳分配的理论基础》，《经济体制改革》1984年第2期。

[2] 参见苑茜《论国营企业在按劳分配中的地位》，载《两级按劳分配探讨》，重庆出版社1985年版；张问敏、曹宪章：《全民所有制企业工资制度的改革与按劳分配原则》，《经济研究》1983年第3期。

"两级按劳分配"的同志，一般只强调按劳分配规律在社会主义分配领域的决定作用，只用这一条规律来分析当前曲折复杂的分配过程。而不赞成"两级按劳分配"的同志，一般认为支配社会主义个人消费品分配的，并不只是按劳分配一条规律。对当前曲折复杂的分配过程，应该以分配领域中同时起作用的诸经济规律及其相互关系为理论依据作出说明。[①]

我一直不赞成"两级按劳分配"论。除了在方法论上不同意孤立地只强调按劳分配这一条规律外，还有以下几点原因：

第一，在社会主义商品经济条件下，按劳分配的实际过程比马克思的设想的确要复杂得多。但是从本质上看，仍然是社会中心（或国家），以劳动数量为尺度，把个人消费品分配给劳动者。全民所有制企业，从一定意义上说，也是国家的代表。在许多场合，是全民所有制企业执行国家的意志，实现对劳动者的按劳分配，而不是企业自身接受国家的按劳分配。

第二，按劳分配作为马克思主义政治经济学范畴有严格的内涵。它的分配对象是劳动者个人，它的分配内容是消费资料。而我国现阶段国家与全民所有制企业之间的分配关系，内容则广泛得多。企业要按照国家规定上缴税利，剩下的部分主要用于生产，其次是集体福利，然后才用于补充职工的个人收入（如浮动工资、奖金等）。可见，主张"两级按劳分配"的同志把留给企业的部分说成国家对企业实行按劳分配，是不恰当的。

第三，说国家对企业实行按劳分配，也同国民收入分配再分配的过程不符。全民所有制企业新创造的价值的初次分配包括：（1）表现为工资收入的职工劳动报酬；（2）以税利形式上缴国家，成为财政收入；（3）企业税后留利形成的企业基金。国家能够支配的只是 m 中归于财政收入的部分。说国家先按劳分配给企业，似

---

① 参见佐牧《社会主义条件下个人消费基金的分配原则是不是只有一个?》，载《两级按劳分配探讨》，重庆出版社1985年版；李克华：《工资理论探索的新趋向》，《经济日报》1985年11月16日。

乎进入成本的那部分职工劳动报酬，也是由国家先给企业的了。这样说，至少是很不准确的，容易引起误解。

那么，究竟应该怎样认识社会主义商品经济下的按劳分配呢？我主张用经济规律系统的理论来论证。

在社会主义经济中，有众多的经济规律在同时起作用。它们的作用不是互不相干的，而是相互交错的。就个人消费品分配领域而言，由于在国民经济中全民所有制和集体所有制占据绝对优势，按劳分配规律仍然起着主要的作用。同时，商品经济的一系列规律，特别是价值规律，也起着重要作用。我认为，价值规律至少在两个方面制约着个人消费品的分配。首先，全民所有制企业职工的集体劳动必须按照等价交换原则，经过交换过程，得到社会承认，才能转化为社会劳动。这样，全民所有制企业职工的个人收入就不能不同所在单位的经营好坏联系起来。有的企业劳动生产率高，产品的个别劳动时间低于社会必要劳动时间；有的企业劳动生产率低，产品的个别劳动时间高于社会必要劳动时间。在前一种情况下，企业得到社会承认的劳动时间大于企业职工个人实际付出的个别劳动时间的总和。它的现象形态就是企业的盈利多，职工的个人收入和企业的集体福利也比较高。在后一种情况下，企业得到社会承认的劳动时间小于企业职工个人实际付出的个别劳动时间的总和。它的现象形态就是企业盈利少，甚至亏损，职工收入也比较低。显然，在上述经济过程中，价值规律起的作用是很重要的。其次，在社会主义阶段，劳动者得到的劳动报酬不是劳动券而是货币。劳动者必须用货币向市场购买消费品。这就产生了名义工资和实际工资的区别，以及工资与物价的关系问题。在这方面价值规律的作用更是显而易见的。总之，社会主义商品经济条件下的个人消费品分配，要受一系列经济规律的制约，其中主要是按劳分配规律和价值规律的综合作用的制约①。

不久前,我读了赵履宽、陆国泰同志写的《商品经济条件下的按劳分配与工资制度》一文②。文中提出,商品货币关系的存在,使按劳分配具有新的特征。其中之一是,国家对全民所有制企业劳动者的按劳分配,只有通过两个层次的劳动计量才能完成。第一个层次,国家根据企业的集体劳动贡献(主要表现为企业净产值),计量企业的集体劳动量,并以此为依据,确定企业的工资总额。第二个层次,企业根据个人的劳动量,在企业工资总额限度内,支付给每个劳动者以相应的工资。在这里并不是进行了两次按劳分配,而是通过两个层次的劳动计量来完成统一的按劳分配过程。我觉得两个层次的劳动计量完成统一的按劳分配过程这个提法很有启发,它比较准确地概括了商品经济条件下按劳分配的实现方式。不过,对上述论点,我认为有必要作一个重要的补充。文章说,作为第一个层次的劳动计量,即企业职工的集体劳动贡献表现为企业净产值,是不准确的。按劳分配规律的基本要求是以劳动作为分配个人消费品的尺度。因此,对集体劳动的计量,从理论原则上说,必须把影响劳动生产率的各种非劳动因素加以剔除。在价格合理的前提下,经常起作用的非劳动因素是自然条件的好坏和技术装备的高低。企业由于技术装备先进或自然条件优越而带来的劳动生产率较高,为社会承认的劳动时间较多,并不反映企业劳动者集体发挥的"合力"就好;相反,也不能表示企业劳动者集体发挥的"合力"就差③。因此,必须从企业得到社会承认的总劳动时间中剔除级差收益以及其他非劳动因素,才能作为按劳分配第一个层次的劳动计量的依据。我把这种经过净化的企业的集体劳动时间称

---

① 关于分配领域诸经济规律及其相互关系,参见拙作《认识和运用社会主义经济规律的问题》,河北人民出版社1981年版,第120—127页;《论我国工资制度的改革》,载《经济体制改革讲座》,经济科学出版社1986年版。

② 参见《经济科学》1986年第1期。

③ 企业的"合力",指在企业这个有机体里,工人、技术人员、科室人员和领导骨干在统一组织下分工合作发挥出来的集体力。

作"为社会承认的结合劳动时间",这是商品经济条件下按劳分配实现过程中一个新的经济范畴。净产值只是去掉了价值构成中的C,并没有剔除影响企业劳动生产率的诸客观因素,严格说来是不宜作为第一个层次劳动计量的依据的。

以上我着重分析了在社会主义商品经济条件下的按劳分配过程有哪些地方同马克思原来的设想有所不同。当然,这并不是说马克思揭示的按劳分配规律的基本内容已不适用于现代。马克思曾经说过:"自然规律是根本不能取消的。在不同的历史条件下能够发生变化的,只是这些规律借以实现的形式。"① 在商品经济中,由于按劳分配规律同商品经济一系列规律同时起作用,它们的作用相互交错,这就使按劳分配规律的实现方式出现了复杂的情况。但无论是第一个层次的劳动计量,还是第二个层次的劳动计量都体现着按劳分配规律的要求。

目前,我国正在进行工资制度的改革。要想取得改革的成功,必须探求符合我国特点的工资改革的目标模式②。根据我对商品经济条件下实现按劳分配的基本观点,我认为,这种模式的总原则应该是党的十二届三中全会关于经济体制改革的决定中提出的,使企业职工的个人收入同企业的经济效益直接联系起来。具体地说,它包括以下要点:第一,要经过反复实践,找到各类企业普遍适用而又简便易行的衡量企业经济效益高低的指标体系。第二,经过核算和试验,找到工资总额与经济效益挂钩的合理的系数。企业工资总额将按照这个系数随经济效益的变化而上下浮动。第三,各企业可根据各自的特点和实际情况,自行确定本企业的工资制度以及调整工资的时间、范围和幅度。第四,为便于各行各业及本行业内各企

---

① 《马克思恩格斯选集》第四卷,人民出版社1972年版,第368页。
② 目前理论界对"目标模式"一词应用很广,但内涵不尽相同。按照我的理解,"目标模式"是在一定理论指导下,对事物发展远景所做的科学的设想。正因为如此,它应该有一个时限,大概什么时候可以达到;它应该归纳为若干要点,但这些要点也是比较原则的,因此它不同于具体的实施方案;它应该具有普遍的适用性,但也不可能囊括一切。

业之间进行比较，国家可以在调查研究的基础上，提出几种不同的工资制度，供各企业参考。

我之所以坚决主张上述的目标模式，有以下几方面的考虑：

首先，企业工资与经济效益挂钩，是社会主义商品经济下实现按劳分配的必然结果，是按劳分配规律和价值规律的客观要求。统一的按劳分配过程，两个层次的劳动计量，就是企业工资与经济效益挂钩的理论根据。

其次，企业工资与经济效益挂钩符合宏观管好、微观放活的方针。从宏观上看，真正做到工资增长取决于企业经济效益的增长，一方面，可以保证工资增长的速度不会超过国民收入的增长速度和劳动生产率提高的速度，有助于防止消费基金失控；另一方面，可以保证企业职工的劳动报酬会随着生产的发展和经济效益的提高而相应地增加，有助于防止"为生产而生产""重生产，轻消费"的旧病复发。从微观上看，一方面扩大了企业在工资方面的自主权，纠正了过去工资管理过于集中的弊端，增强了企业的活力；另一方面企业从各自的实际情况出发决定具体的劳动报酬形式，并同各种形式的经济责任制结合起来，可以比较准确地计量每个劳动者的劳动贡献，更好地贯彻按劳分配原则。

再次，工资与经济效益挂钩，可以把企业职工的个人物质利益同企业经营好坏直接联系起来，经营好的企业职工收入就多，经营差的企业职工收入就少。这样，一方面能够有效地克服企业之间的平均主义，解决企业吃国家"大锅饭"的问题；另一方面能够促使职工更好地关心本企业的生产和经营，有利于调动企业和职工增加生产，提高经济效益的积极性。

近年来，对企业工资与经济效益直接挂钩这种模式，理论界有些同志提出了商榷的意见。就我所知，大概有以下三种看法：

部分同志提出，国务院 1985 年第 2 号文件的精神，就是企业工资与经济效益直接挂钩，但是在试点过程中发现了不少问题。因此，这个办法是否行得通尚待考虑。我不赞成这种看法。理由是：

第一，从全国试行工资与经济效益挂钩的企业来看，一般都能做到生产发展较快，上缴税利增长幅度较大，职工个人收入比不试行这个办法的企业提高得快。的确，试点也暴露出许多矛盾，但从全面衡量，还不能作出试点办法必须否定的判断。第二，要把工资改革的目标模式同它的实施方案区别开来。目前试行的办法只是工资与经济效益挂钩这一模式的实施方案之一。它本身确有一些不周密，甚至同工资与经济效益挂钩的总原则不一致的地方。例如，把上缴税利作为挂钩浮动的唯一的决定性指标，在许多情况下并不能真正反映企业的经营效果。一是价格不合理造成各行业、各企业之间苦乐不均，利润多的并不一定反映经营好，利润少的也不一定反映经营差，这是众所周知的。二是产品税在上缴税利中所占比重很大。产品税的特点是以产品销售收入为对象征税。所以，增产即能增税，增税即能增收（工资），并不是在所有情况下都能促进节约劳动消耗，提高经济效益。又如，上缴税利增长率只以本企业的历年情况作纵的比较。原来经营好的企业，上缴税利的水平已经比较高，一般说，继续增加税利的潜力比较小；而原来经营差的企业，再增加税利的潜力反而可能比较大。结果，有些经营差的企业，工资总额的增加反而快于经营好的企业。这同改革工资制度的出发点也是不符的。尽管有这些缺点，但是，一方面要看到，试点的目的就在于总结实践经验，不断加以改进。现在还不能说这些缺点是不可能克服的。另一方面，工资改革的具体方案同工资改革的目标模式是有区别的。目前试行办法存在的问题，并不说明工资与经济效益挂钩这个目标模式的基本点就不能成立。即使正在试点的方案将来证明是不合适的，我们还可以提出另外的具体方案来实现工资与经济效益挂钩的模式。还需指出，目前正在试点的实施方案所以遇到困难，除自身的原因外，还同外在条件不完全具备有关。工资制度的改革必须同整个改革配套，必须同我国商品经济发展的水平相适应。如果不顾这些条件"孤军深入"，即使是好的方案也很难圆满实现。

第二种意见认为，职工工资同所在企业经营效果直接挂钩，全面浮动，会产生全民所有制经济内部不同企业的劳动者，付出相同的劳动，却得到不同报酬的现象。这同全民所有制经济统一管理、统一核算、同工同酬的按劳分配基本原理不符，而且会造成全民所有制企业的分配制度与集体所有制企业的分配制度没有什么区别。应当说明，这个问题也是我自己思想上长期以来未能解决的问题。过去，我写的文章也曾持这样的观点。党的十一届三中全会后，我逐渐认识到，只要商品经济存在，局部劳动就得通过交换转化为社会劳动，价值规律在消费品分配过程中仍然起着重要作用，按劳分配必然要经过两个层次的劳动计量，不同企业的劳动者付出等量劳动得到不同报酬的情况是不可避免的。这有利于调动企业和职工的积极性而不是压抑这种积极性。现在的问题在于，在商品经济条件下，全民所有制经济的统一核算和同工同酬应当如何理解。首先，关于同工同酬。我认为，这个原则在第一个层次的劳动计量中已经体现了，在第二个层次的劳动计量中也进一步得到贯彻。第一个层次的劳动计量既然已经消除了级差收益Ⅰ和级差收益Ⅱ以及其他非劳动因素的影响，那么，"为社会承认的结合劳动时间"就能够近似地反映一个企业的劳动者集体的劳动贡献，社会将按照劳动者集体的劳动贡献给予承认，这就在企业这个层次上体现了同工同酬的原则。再加上在企业内部按照每个职工个人的劳动贡献，在社会承认的企业集体劳动的总报酬中取得相应的份额，使同工同酬进一步落实了。同时，为了防止企业之间工资水平差距悬殊，国家还征收工资税和奖金税，这也体现了同工同酬原则。总之，两个层次的劳动计量都没有背离以劳动为分配尺度的按劳分配的基本原理。当然，在这个过程里已经不单纯是按劳分配规律的作用，还包括价值规律以及其他经济规律的作用。其次，关于全民所有制经济的统一核算，统一管理。我认为，以经济效益来决定企业工资总额的浮动，是对消费基金进行宏观管理的有效手段。在我国，积累基金与消费基金的比例，是按照"一要吃饭，二要建设"的方针有计划地安排的。为了防止消费基金失控，必须做到消费基金的增长速度低于国民收入的增长速度和劳动生产率提高的速度。工资基金在消费基金中占有很大比重，工资总额与经济效益挂钩，恰恰保证了上述要求的实现。还要看到，企业工资与经济效益直接挂钩也体现出劳动者的主人翁地位。我们都知道，在资本主义制度下，劳动力是商品，工资是劳动力价值和价格的转化形态。在那里，劳动者不是按劳动贡献取得报酬，而是按劳动力的价值、价格出卖自己，当然也就不存在企业职工工资同所在企业经营效果直接挂钩这种内在联系。资本家可以大发横财，而劳动者的工资仍然取决于劳动力价值和劳动力市场的供求情况。在我国，全民所有制企业职工的工资同本企业的经营状况直接挂钩，生产发展了，经济效益提高了，职工收入也相应地按比例地增加，这完全符合全民所有制经济发展的规律性。以上两个方面，都体现了全民所有制经济统一核算、统一管理的基本精神，这也正是全民所有制企业同集体所有制企业在分配制度上的区别点。

第三种意见认为，使每个企业的工资总额按一定系数同经济效益直接挂钩，要对每个企业的工资总额进行核定，要准确反映经济效益的变动，要对每个企业确定挂钩系数。按现在试行的办法，企业工资与上缴税利的挂钩系数是 1∶0.3—1∶0.7，那么，究竟我这个企业是按什么系数，就必须根据具体情况加以确定。大量利用行政手段，人为的因素太多，工作太烦琐，操作起来太复杂。所以，这些同志主张一切放开，国家不再控制企业工资总额的增长，而是以税收为主要手段，作各种必要的扣除，包括级差收益的扣除，剩下的部分，由企业自己全权支配。这样做会自然而然地实现职工工资同企业经营效果挂钩。在这个方面，国家对全民所有制企业的关系，除税种、税率可能有所不同外，与集体所有制企业没有什么区别。对于上述观点，我是不赞成的。其一，我认为工资与经济效益挂钩的目标模式，其时限大体上到 20 世纪末。21 世纪可能有更新的模式，现在难于预测。但我认为，一切放开的模式，至少在 20

世纪末恐怕是很难实现的。工资改革不论采取什么模式，都不能削弱国家对消费基金的宏观管理。一方面，在社会主义有计划的商品经济中，无论是企业的地位、市场体系、经济杠杆的作用都会有自己的特点。其总的突出的特点，是计划机制与市场机制融为一体。全民所有制企业只能是相对独立的商品生产者，而不应该是像资本主义私有制那样的完全独立的商品生产者；市场体系要受计划的指导，也不可能起到像资本主义市场完全一样的作用。所以，在社会主义商品经济的运行机制中，国家除了运用税收杠杆外，对工资基金总额、工资增长速度、平均工资水平等完全不管，恐怕不能保证国家对消费基金进行有效的宏观管理。另一方面，商品经济是随着生产力的发展而发展的，并不是人们想让它发展多快就发展多快。我国目前国民经济商品化的程度还相当低，即使建立比较完善的社会主义商品经济的市场体系，做到比较熟练地运用各种经济杠杆，也需要经历一段比较长的时间。所以，我觉得对工资一切放开的模式，在可见的将来很难实现。其二，行政手段和经济手段本来就是相对而言的。用一个合理的系数把工资总额与经济效益联系起来，也可以说是经济手段。至于具体办法过于烦琐完全可以改进，这不是目标模式所固有的问题。我们要经过实践、认识、再实践、再认识的过程，找到科学的、简便易行的挂钩纽带，尽可能做到企业的工资总额按照统一的规定，随着经济效益的变化而自动地升降，尽量减少人为的因素和操作的复杂性。

（原载《学术月刊》1987 年第 3 期）

在社会主义商品经济条件下必须坚持按劳分配

党的十二届三中全会以来，对于商品经济与按劳分配的关系越来越受到经济学界的重视。随着工资改革的深入，研究这个问题的迫切性也越来越增强了。目前，理论界许多同志已经认识到，马克思设想的实行按劳分配的共产主义第一阶段，同我国当前所处的社会主义初级阶段，在经济条件上存在着若干重大差别。因此，不应该用教条主义的态度对待按劳分配理论，而必须针对新情况，概括新经验，发展按劳分配理论。至于如何发展，又有各种不同的观点，[①] 这是很自然的。1986年以来，理论界对按劳分配问题的讨论提出了一些新问题。有些文章直接地或间接地把社会主义商品经济同按劳分配对立起来，认为我国现阶段不可能实现按劳分配。这个问题关系到对社会主义基本特征的认识，关系到工资改革的依据和方向。本文主要是同社会主义商品经济条件下不能实行按劳分配的观点进行商榷。

一　按劳分配的基本点究竟是什么？

这本来是我国理论界早已讨论过，并已基本上取得一致意见的问题。现在重新提出来探讨，是有原因的。近年来有些文章认为，我们今天所说的按劳分配，应该就是马克思当年阐述的内容。如果作出新的解释，就不能称作马克思的按劳分配理论了。另一些文章

---

① 参见项启源《评按劳分配和工资改革问题的讨论》，《经济学文摘》1987年第4期。

则认为，在商品经济条件下，个人消费品只能按劳动力价值分配，而按劳动力价值分配同按劳分配有共同点。我觉得上述两种说法都有片面性。前者忽视了按劳分配理论是应该发展也可以发展的，后者则忽视了按劳分配的基本原理是必须坚持的。我们要遵循马列主义与中国实际相结合的原则，努力做到在坚持按劳分配基本原理的前提下，从当代现实出发，发展这一理论。因此，就有必要首先明确马克思按劳分配理论的基本点究竟是什么？

根据马克思在《资本论》《哥达纲领批判》等著作的一系列论述，我体会按劳分配理论的基本点可作如下的概括：

第一，按劳分配的前提条件是生产资料的公共占有和共同使用。马克思当时设想，已实现了生产资料的全社会公有。在生产关系体系中，生产决定分配。因此，不能离开生产资料所有制的性质来判断分配的性质。生产资料所有制的性质，体现在生产、交换、分配、消费诸环节，也就是说，不仅要看生产资料归谁所有，而且要看生产资料如何使用以及如何实现生产资料所有者的经济利益。马克思就是把分配关系放在生产关系体系中进行考察的。所以，作为按劳分配的经济条件，他不仅指出用公共的生产资料进行劳动，而且强调对社会总劳动时间的有计划的调节。

第二，从整个国民经济看，可以用于按劳分配的消费资料总量，是由社会中心有计划地加以确定的。社会主义，劳动者使用公有的生产资料进行联合劳动。他们的劳动产品不属于个人所有，而属于社会所有，成为社会总产品的一部分。社会中心对社会总产品进行统一分配。在做了马克思所说的六项扣除之后，才谈得到消费资料在劳动者个人之间的分配。

第三，消费资料在劳动者个人之间的分配，实行等量劳动相交换的原则，以劳动者向社会提供的劳动量为尺度，马克思当时设想，社会主义已不存在商品货币关系，劳动者的个别劳动直接成为社会总劳动的组成部分，具有直接的社会劳动的性质。因此，这里所说的劳动量，是个别劳动时间，而不是社会必要劳动时间；劳动者获取消费品的凭证也是劳动券而不是货币。

以上三点,我认为是马克思提出的按劳分配理论的主要内容。如果再作进一步的集中概括,那么,还可以说这一理论的最核心的部分是:在社会主义公有制下,以劳动贡献为尺度分配个人消费品。判断一种分配制度究竟是不是按劳分配,应该以上述三个基本点为主要标志。

马克思的按劳分配理论是科学社会主义的重要组成部分。但作为一种科学预见,毕竟是一百年前提出的。其中有一些论点显然已不符合当代现实,应该加以改正、完善和具体化。这都是发展这一理论所必要的。但新的解释必须符合三个基本点的精神实质。如果从根本上背离了按劳分配的精神实质,那就不是发展这个理论,而是否定这个理论了。

二 按劳分配与社会主义商品经济是互不相容的吗?

近年来,理论界有些文章提出,按劳分配是同商品经济不相适应的。其中,明确主张社会主义不能实行按劳分配,只能实行按劳动力价值分配的,是卓炯同志。[①] 他说:"在商品经济条件下,还把劳动者的工资说成是按劳分配看来是不现实的,因为按劳分配是在没有商品生产存在下的产物。"他又说:"马克思对按劳分配有一个具体说明,指出:'在社会公有的生产中,货币资本不再存在了。社会把劳动力和生产资料分配给不同的生产部门。生产者也许会得到纸的凭证,以此从社会的消费储备中,取走一个与他们的劳动时间相当的量,这些凭证不是货币,它们是不流通的。我之所以说在商品经济条件下不能实现按劳分配,正是从上述马克思的观点出发的。如果离开这个观点而另有新的理解,那么是另一回

---

① 见卓炯《商品经济存在按劳分配吗?》,《广州日报》1986年10月21日;卓炯《从按劳分配向劳动力价值过渡》,《北京日报》1987年2月2日。本文所引卓炯同志的话,均见上述两文,不再一一注明出处。

事情。"

我觉得卓炯同志用马克思有关劳动券的论述，想通过当今并没有实行劳动券，来证明在社会主义商品经济条件下不能实行按劳分配，是没有什么说服力的。因为，实行不实行劳动券，并不是实行不实行按劳分配的关键所在。马克思对社会主义实行按劳分配的客观必然性作过深刻的论述，其中最重要的是前述三个基本点的第一点，即生产资料公有制与按劳分配的内在联系。马克思说："消费资料的任何一种分配，都不过是生产条件本身分配的结果。而生产条件的分配，则表现生产方式本身的性质。例如，资本主义生产方式的基础就在于：物质的生产条件以资本和地产的形式掌握在非劳动者的手中，而人民大众则只有人身的生产条件，即劳动力。既然生产的要素是这样分配的，那末自然而然地就要产生消费资料的现在这样的分配。如果物质的生产条件是劳动者自己的集体财产，那末同样要产生一种和现在不同的消费资料的分配。"① 特别值得我们注意的是，马克思在这里说的"消费资料的现在这样的分配"就是指按劳动力价值给雇佣工人以劳动报酬，而"和现在不同的消费资料的分配"，恰恰是指按劳分配。所以，马克思关于生产资料所有制性质决定分配性质的思想是十分明确的。一方面，社会主义公有制是实行按劳分配的前提。只有消灭了人剥削人的经济制度，建立起社会主义公有制，全部社会产品才能归劳动人民所有，也才谈得到以劳动为尺度在全体社会成员中分配个人消费品。另一方面，按劳分配又是公有制在经济上的实现。在社会主义公有制下，劳动者成为生产资料的主人，体现在分配方面，必然要求劳动成果归劳动者共同占有，个人消费品按照劳动贡献进行分配。如果分配制度不能保证劳动人民的物质利益，那么，生产资料归劳动者共同占有也就成了一句空话。诚然，马克思没有预见到共产主义第一阶段还有商品经济，从而也没有预见到劳动报酬仍然采取货币形

---

① 《马克思恩格斯选集》第三卷，人民出版社1972年版，第13页。

式，通过商品交换来实现。但我们不能因此而否定马克思所指出的公有制与按劳分配的本质联系，不能得出在以公有制为基础的社会主义商品经济中，按劳分配不复存在的结论。

卓炯同志还说："我们的社会主义已经是在公有制基础上的有计划的商品经济，生活资料的分配必然要表现为劳动力价值。因为它属于商品价值的一个组成部分，即 V 的部分。"在这里，卓炯同志没有说清楚劳动力价值与商品价值中 V 的部分的价值之间的区别。劳动力价值说的是在劳动力成为商品的条件下，劳动者为了出卖自己的劳动力，必然会在劳动力市场上通过竞争，自发地形成劳动力价值。而商品价值中的 V 的部分的价值，说的是劳动者得到的归自己消费的那部分消费资料的价值，或者说是必要劳动所形成的必要产品的价值。至于劳动者是按照什么分配原则得到他的生活资料，那是有待进一步说明的问题了。例如，在资本主义制度下，劳动者只能实现自己的劳动力价值。V 的部分的价值受劳动力价值的制约。在社会主义制度下，实行按劳分配，V 的部分的价值受劳动者经由按劳分配取得的生活资料的价值的制约。中华人民共和国成立以来，我们实行的是按劳分配而不是按劳动力价值分配，实践证明，并没有因此而使商品不能交换，资金不能周转。可见，用商品经济下 V 属于商品价值的一个部分，来论证"生活资料的分配必然要表现为劳动力价值"，也是没有说服力的。

我不赞成把按劳分配同社会主义商品经济对立起来，但是社会主义商品经济的存在也的确给按劳分配的实践提出了许多新问题，并且汇集成相当复杂的理论难点。例如，社会主义初级阶段，存在着多种经济成分和多种经营方式。除了两种公有制，还有私营经济、个体经济、中外合营和外国独资经营等多种经济；即使是全民所有制经济，在改革中也出现了多种形式的经营承包制，而且同集体经济、个体经济发展着各种各样的横向联合；此外，政府和银行发行各种债券，有些企业还发行股票，等等。所有这些都会在不同程度上影响分配原则和个人收入。在这种情况下，按劳分配究竟适用于什么范围呢？又如，在社会主义商品经济中，全民所有制企业成为自负盈亏的经济实体；有经营自主权和相对独立的经济利益。每个职工提供的劳动首先成为所在企业的集体劳动的组成部分。要等到企业生产的商品在市场上得到实现，局部劳动才转化为社会劳动。所以，即使是全民所有制职工，他们所得到的劳动报酬还不是完全的、直接的社会劳动，他们的劳动也不可避免地要受到商品交换的影响。在这种情况下，按劳分配的实现方式有什么不同于马克思设想的地方呢？看来，对这些理论问题必须给予高度的重视，从实际出发，寻求答案，而决不能简单化地照搬马克思的词句。

  关于第一个问题，理论界已有不少议论。有的文章说，按劳分配并不是社会主义分配的唯一原则；有的文章提出，除了按劳分配，还应该有按经营成果分配和按资金分配。还有一种说法，社会主义的按资分配实际上是按劳分配的延伸，等等。我认为，不同的经济成分，生产关系性质不同，分配关系的性质当然也不同。按劳分配并非社会主义初级阶段个人消费品分配的唯一原则，这是很明显的。究竟在什么范围实行按劳分配，应该以本文第一个问题所说的三个基本点为标志。我们的劳动者在外资企业中工作，当然不能实行社会主义的按劳分配。就是私营经济、个体经济也不能实行按劳分配。因为不存在社会主义公有制这个前提。全民所有制企业实行各种形式的经营承包制，情况复杂，但只要不改变所有制的性质，那么，在企业与国家的关系上，应该不同程度地接受国家的宏观管理，在企业内部职工之间应该实行按劳分配，至少这两点是必须坚持的。至于投资分红、股息、债券利息等，即使它们的资金来自劳动报酬的长期积累，但在转化为股票、债券之后，是以资金投入多少计量所得，而不是以劳动贡献计量报酬，因而不属于按劳分配的范围。总之，应该明确，在社会主义初级阶段，尽管存在着各种经济成分和多种经营形式，但公有制始终占绝对优势，全民所有制经济始终居于主导地位，所以，按劳分配仍然是个人消费品分配的主要原则。

关于第二个问题，关键是要在理论上解决按劳分配与价值实现之间的矛盾。按劳分配要求以劳动者个人作出的劳动贡献为尺度分配消费品。但在商品经济中任何劳动成果首先表现为商品，必须经过等价交换实现其价值。这是劳动者个人获得劳动报酬的物质前提。那么怎样解决这个矛盾呢？我曾经以全民所有制工业企业为剖析的对象提出过一些不成熟的看法。[①] 扼要地说，在社会主义个人消费品分配领域，有众多的经济规律在同时起作用。其中特别重要的是按劳分配规律和价值规律。这两个规律的作用相互交错，共同决定着个人消费品的分配过程。在商品经济中，企业生产的商品，经过等价交换为社会所承认的，不是个别劳动时间而是社会必要劳动时间。有的企业，商品的个别劳动时间低于社会必要劳动时间；有的企业，商品的个别劳动时间高于社会必要劳动时间。在前一种情况下，企业得到社会承认的劳动时间大于企业职工个人实际付出的个别劳动的总和，它的表现形式就是企业的劳动生产率高，盈利多，职工的个人收入较高。在后一种情况则正好相反。因此，在社会主义商品经济条件下，要通过两个层次的劳动计量来完成统一的按劳分配过程。第一个层次，是企业按照社会必要劳动时间实现的净产值，再剔除级差收益和其他非劳动因素带来的收益之后余下的价值量，可以称做"为社会承认的结合劳动时间"，它体现着企业劳动者集体为社会做出的贡献。第二个层次的劳动计量是在企业内部进行的。每个劳动者按照他在企业里直接提供的劳动量，从企业"为社会承认的结合劳动时间"的总量中，分得同自己提供的劳动量相符的劳动报酬。

从以上的简要阐述中可以看出，社会主义商品经济下的按劳分配，同马克思原来设想的按劳分配有明显的差别。那么，为什么我们还说按劳分配规律仍然在客观地起作用，发生变化的主要是规律的实现方式呢？我认为还应以按劳分配的三个基本点来衡量。

---

① 参见项启源《商品经济·按劳分配·工资改革》，《学术月刊》1987 年第 3 期。

第一,全民所有制企业的职工仍然是使用公有的生产资料进行联合劳动。这一按劳分配的前提条件并没有质的变化。当前需要重申的是,全民所有制企业职工,不仅是所在企业的主人,而且是整个全民所有制经济的主人。他们进行着两个层次的联合劳动。一是从企业作为一个经济单位来看的联合劳动,一是从全民所有制经济作为一个整体来看的联合劳动。诚然,在商品经济中,企业是独立经营、自负盈亏的经济实体。但是,我们不能只看到企业之间经济利益矛盾的一面,而忽视了利益一致的一面;只看到扩大企业自主权的一面,而忽视了国家从全局出发,通过直接计划和间接计划,对全民所有制企业进行引导、组织和协调的一面。所以,笼统地说,社会主义公有制决定按劳分配还是不够确切的。应该明确,即使在社会主义初级阶段,生产资料的全民所有制仍然是实行按劳分配的决定性的条件。

第二,社会主义商品经济是以公有制为基础的有计划的商品经济。国民收入之分为积累基金和消费基金,是由国家通过国民经济计划统筹安排的。马克思所说的各项社会扣除,是由国家运用行政手段和经济手段,有计划地实现的。实践已经反复证明,社会对消费基金进行严格的宏观管理,从而在总体上控制消费基金总额、平均消费水平和消费基金增长幅度等,在社会主义商品经济下也不应该改变。

第三,在全民所有制企业内部,或者说在一个经济核算单位内部,不存在商品关系。职工提供的劳动时间直接成为该企业集体劳动的一部分。企业内部的分配也直接以每个劳动者提供的个别劳动时间为依据,职工之间劳动报酬的差距应该同劳动贡献的差距相一致。在企业内部这个层次同马克思设想的按劳分配相当接近。正因为如此,有些文章认为在商品经济条件下,按劳分配原则只适用于企业内部。但是,我认为,在国家与企业之间,企业与企业之间,除了商品交换和价值规律的作用,也不是完全没有按劳分配规律的作用。例如,在企业净产值中尽可能剔除级差收益和其他非劳动因素给企业带来的好处，目的仍在于计量企业劳动者集体为社会总劳动时间提供的劳动量。从理论上说，是把各企业放在平等的条件下比较他们的劳动贡献，仍然体现了以劳动为尺度分配消费资料的原则。所以，不能把第一个层次的劳动计量完全看作交换过程，单纯由价值规律支配，只把第二个层次的劳动计量看作分配过程，完全由按劳分配规律支配。

以上三方面的分析，不但可以说明社会主义商品经济条件下仍然实行按劳分配的依据，而且可以看出全民所有制企业在分配环节上同集体所有制企业的区别。

三　按劳分配与按劳动力价值分配区别何在？

有些文章主张社会主义社会劳动力仍然是商品。因此，个人消费品只能按劳动力价值分配。我不赞成社会主义社会（包括社会主义初级阶段）劳动力还是商品。但这是一个需要专门讨论的问题，在这里暂不论及。本文主要想对有些同志说的是，在商品经济条件下，按劳动力价值分配就是按劳分配；按劳动力价值分配与按劳分配都是为了解决劳动者的生活资料，有共同点说法，提出商榷。我认为，无论从马克思主义基本理论上看，还是从社会实践上看，按劳动力价值分配与按劳分配是原则上不同的两种分配制度。有的同志已就此发表了意见，[1] 我再作几点补充。

第一，两者体现的经济关系根本不同。按劳分配体现着在社会主义公有制下劳动者成为生产资料主人的经济关系。而劳动力价值只存在于劳动力成为商品的雇佣劳动制度下，它体现着资本家对工人阶级的剥削关系。

第二，两者所包含的内容不同。劳动力价值主要包括劳动者本

---

[1]　参见方恭温《对社会主义商品经济条件下按劳分配的几点认识》，《中国劳动科学》1987年第3期，信长星：《按劳分配与"劳动力价值"并无关系》，《北京日报》1987年4月27日。

人及其家属维持劳动力再生产和传宗接代所必需的生活资料。而按劳分配则包括生存资料、享受资料和发展资料，以保证劳动者的全面发展，并为向共产主义前进准备条件。它并不受维持劳动力再生产这个限度的制约。

第三，两者形成的途径不同。劳动力价值是在资本主义劳动力市场上，通过自由竞争和劳动力的自由买卖自发形成的。而按劳分配则同社会主义经济的计划性连在一起。国家（社会中心）根据全体劳动者的当前利益和长远利益，有计划地控制积累和消费的比例、公共消费和个人消费的比例等，这样就大体上确定了可用于个人消费的总量，然后再通过体现按劳分配原则的劳动报酬形式，形成劳动者的个人收入。

第四，两者的发展趋向不同。劳动力价值虽然如马克思所说，包含着历史的和道德的因素。因此，随着社会生产力的发展，雇佣工人得到的生活资料和实际消费水平还是逐步提高的。但由于在资本主义制度下，必要劳动和剩余劳动体现着对抗阶级的矛盾，工资增加就意味着利润减少。因此，资本家总是力图把工资压抑在劳动力价值以下。资本主义企业经营得再好，资本家腰缠万贯，同工人的收入并没有必然的联系。因为劳动力价值是由市场竞争决定的。按劳分配则是随着社会主义经济的发展和可供分配的物资日益丰富而不断提高人民的消费水平。因为在全民所有制经济中，劳动者创造的社会财富在作了各项必要的扣除之后，全部按照按劳分配原则分配给劳动者。而且，在社会主义制度下，V 和 M 不存在对抗性的矛盾。社会所做的各项扣除，归根结底仍然服务于劳动人民，而且，其中有相当部分仍然用于提高劳动者的消费水平。在社会主义商品经济条件下，一个全民所有制企业经营得好，利润增加，劳动者的报酬也相应提高。集体所有制企业更是如此。所以，无论从宏观上看，还是从微观上看，生产的发展同按劳分配的数量和方式总是存在着内在的联系。这是同按劳动力价值分配根本不同的。

总之，按劳分配与按劳动力价值分配性质不同，不容混淆。有些文章主张用劳动力价值取代按劳分配，认为在商品经济中按劳分配已经失效。这种说法在分清两种分配制度上，观点倒是鲜明的。也有些文章，在强调社会主义的劳动力商品不同于资本主义的劳动力商品的同时，也强调社会主义的劳动力价值不同于资本主义的劳动力价值，说在社会主义商品经济下，按劳动力价值分配同按劳分配是有相通的。这种说法反而容易引起迷误。因为归根到底，按劳分配是以劳动者的劳动贡献为尺度，而劳动力价值则以维持劳动力再生产的生活资料为基础。作为分配原则，是根本不存在相通之处的。

在这里我还想扼要谈一谈市场机制同工资的关系问题。有些文章并没有明确否定按劳分配，也没有明确提出要按劳动力价值分配。但强调全民所有制职工的工资应完全由市场机制来决定。他们认为只要有发育成熟的劳动力市场，那么通过供求变动、自由竞争和劳动力的自由流动，就可以自然而然地形成工资水平。这样，不但企业内部的工资制度及其变动完全由企业自己决定，而且企业的工资总额和全民所有制经济的工资水平，国家也不要直接控制，只需通过各种经济杠杆间接地加以引导就可以达到宏观管理的目的了。

我认为市场机制是一个被广泛应用而内涵并不太明确的概念。在商品经济条件下，社会主义经济的运转离不开市场，工资制度的改革也离不开市场。考虑到我国商品经济的发达和市场发育的成熟都需要有一个较长的过程，我认为把全民所有制企业的工资总额同经济效益挂钩浮动作为今后十几年工资改革的目标模式是比较稳妥的。[①] 在这种模式中，所谓第一个层次的劳动计量就离不开市场：经过两个层次的劳动计量，职工得到的劳动报酬转化为消费资料，也离不开市场。而且，当前的经济生活中有大量事实告诉我们，社

---

① 详见项启源《工资改革的目标模式和当前存在的问题》，《中国工业经济研究》1987年第1期。

会上对不同劳动的需求，已经在影响着不同劳动者的个人收入。所以，如果把按劳分配确定的工资作为基数，由于供求变动，使劳动者的实际收入围绕基数有一定的浮动，也是正常的。① 所有这些都可以说是市场机制对工资的影响。问题在于有些同志所主张的，不是市场机制影响工资，而是市场机制决定工资。我觉得，如果工资完全由市场机制来决定，实质上还是用劳动力价值取代按劳分配。试问在劳动力市场上，随着自由竞争和劳动力的自由流动而自发形成的工资水平，不是劳动力价值又是什么呢？

四 就研究分配问题的方法论所进行的商榷

有些文章之所以得出社会主义商品经济条件下按劳分配已不复存在的论断，我觉得在方法论上似乎也有一些值得进一步讨论的问题。

第一，关于普遍性与特殊性、共性与个性的关系问题。

辩证唯物主义告诉我们，这两者是有紧密联系的。一方面，普遍性不能离开特殊性而存在，共性即包含于一切个性之中，无个性即无共性。另一方面，特殊性也不能离开普遍性而存在，"个别一定与一般相联而存在"。② 人们认识事物的正常秩序总是从个性中抽象出共性，又以对共性的认识为指导，去进一步探索个性。问题在于，有些人对个性做了错误的抽象，把本来不属于共性的东西当作共性，然后又用错误的抽象去指导对个性的进一步研究，这当然只能错上加错。例如，机械唯物论的错误就在于，它把本来属于机械运动的特殊规律，视为事物发展的普遍规律，然后把机械运动规律简单地搬用于广泛的领域。对于分配问题的研究也有共性与个性的关系问题。马克思从不同社会制度的特殊分配关系中，抽象出必

---

① 参见马建堂《新时期的工资决定与均衡》，《经济学动态》1986 年第 6 期。
② 《列宁选集》第二卷，人民出版社 1972 年版，第 713 页。

要劳动范畴。这是完全正确的。但是有些文章却把本来只属于资本主义的特殊分配关系概括为各社会共有的分配关系,这当然不可能得出正确的结论。我认为卓炯同志对分配问题的研究就存在着这样的失误。例如,卓炯同志引用马克思如下一段话:"在任何社会生产(例如,自然形成的印度公社,或秘鲁人的较多是人为发展的共产主义)中,总是能区分出劳动的两个部分,一个部分的产品直接由生产者及其家属用于个人的消费,另一个部分即始终是剩余劳动的那个部分的产品,总是用来满足一般的社会需要。"① 然后卓炯同志解释说:"在商品经济条件下,前者叫做劳动力价值,后者叫做剩余价值。"众所周知,商品经济在奴隶社会、封建社会就存在,是不是那个时候直接由生产者及其家属用于个人消费的那部分产品也可以叫做"劳动力价值"呢? 显然不可以。马克思曾明确说过:"把剩余价值和劳动力价值表现为价值产品的两部分——这种表现方式其实是从资本主义生产方式本身中产生的。"②

卓炯同志还引用过马克思的另一段话:"工人在劳动过程的一段时间内,只是生产自己劳动力的价值,就是说,只是生产他必需的生活资料的价值。因为他是在以社会分工为基础的状态下进行生产,所以他不是直接生产自己的生活资料,而是在某种特殊的商品形式(如棉纱)上生产出同他的生活资料的价值相等的价值,或者说,同他用来购买生活资料的货币相等的价值。"③ 然后他又解释说:以上只说劳动力价值的一般性是由社会分工决定的,至于劳动力价值在资本主义条件下的特殊性,那是由资本主义所有制决定的。劳动力价值究竟有没有一般性,马克思也讲得很清楚。他说:"有了商品流通和货币流通,决不是就具备了资本存在的历史条件。只有当生活资料和生产资料的所有者在市场上找到出卖自己劳动力的自由工人的时候,资本才产生;而单是这一历史条件就包含

---

① 《马克思恩格斯全集》第 25 卷,人民出版社 1964 年版,第 992 页。
② 《马克思恩格斯全集》第 23 卷,人民出版社 1972 年版,第 582 页。
③ 同上书,第 242 页。

着一部世界史。因此，资本一出现，就标志着社会生产过程的一个新时代。""现在应该进一步考察这个特殊商品——劳动力。同一切其他商品一样，劳动力也具有价值。这个价值是怎样决定的呢？""同任何其他商品的价值一样，劳动力的价值也是由生产从而再生产这种特殊物品所必需的劳动时间决定的。"① 在这里马克思明确指出，货币所有者在市场上找到了出卖劳动力的自由工人（雇佣劳动者），货币才转化为资本。这种自由工人把自己的劳动力当作商品来出卖，所以才出现了劳动力价值这个范畴。劳动力所以有价值是资本主义生产关系决定的，而不是由社会分工决定的；劳动力价值并不是商品经济的一般范畴，而只是资本主义商品经济的特殊范畴。卓炯同志所引的马克思的那段话，只是说明维持劳动力再生产的生活资料为什么采取价值形态和货币形态，至于劳动力价值是雇佣劳动制度的产物，马克思已经作为前提在这段话以前就加以说明了。总之，事实上并不存在劳动力价值的一般性，它只是资本主义的特殊范畴。

以上两例说明，卓炯同志把资本主义商品经济的特殊，概括为商品经济一般，然后又当作商品经济一般移植到社会主义商品经济中来。这在方法论上是不妥的。

第二，关于用系统论的观点来研究社会主义商品经济的规律问题。

在社会主义经济中有许多经济规律在同时起作用，它们相互联系，相互制约，形成一个整体，即社会主义经济规律体系。党的十二届三中全会明确了社会主义经济是在公有制基础上的有计划的商品经济。这一理论上的重大突破和实践上的重大进展，要求我们更好地研究社会主义商品经济的规律体系。一方面，我们的商品经济是社会主义的商品经济，而不是任何别的商品经济。因此，社会主义的一系列经济规律，如社会主义基本经济规律，按劳分配规律等

---

① 《马克思恩格斯全集》第23卷，人民出版社1972年版，第193页。

等，都在客观地起作用。另一方面，我国的社会主义经济不可能逾越商品经济这个阶段，商品经济的一系列规律，如价值规律、竞争规律、供求规律、货币流通和纸币流通规律等，也在客观地起作用。社会主义商品经济既有计划性又有商品性，是一个有机的整体。社会主义的一系列规律同商品经济的一系列规律，其作用也是相互交错、相互渗透的。党的十一届三中全会前的30年，我们没有认识到社会主义经济还是商品经济，因而只强调社会主义的经济规律，贬低或无视商品经济的一系列规律，结果给国民经济的发展造成损失。党的十一届三中全会后，经济理论工作者普遍认识到按商品经济规律办事的极端重要性。这本来是一件好事。但有少数同志又忽视了社会主义经济的一系列规律，其结果同样会给国民经济的发展造成损失。我在1984年的一篇文章中曾同卓炯同志进行过商榷。[①] 我不赞成他把社会主义基本经济规律、国民经济有计划发展规律的要求，都包括在价值规律之中的观点。从方法论上说，这样孤立地强调价值规律而否定社会主义经济规律是不妥的。卓炯同志最近写的论述分配问题的两篇文章，提出中华人民共和国成立以来从未实现过按劳分配，在社会主义商品经济下应该用劳动力价值来取代按劳分配。从方法论上说，仍然是片面强调商品经济的规律（有的还不是商品经济的一般规律，而是资本主义商品经济的规律），而忽视甚至否定社会主义经济规律。这样，分配领域里的问题也不可能解决好。我认为工资改革的理论依据，在于把商品经济的规律同按劳分配规律相互作用的关系研究清楚。应该肯定，实行按劳分配不但不同社会主义商品经济相矛盾，而且是社会主义商品经济的应有之义。

（原载《中国工业经济研究》1987年第4期）

---

① 见项启源《社会主义社会经济规律体系研究中的若干问题》，载《社会主义经济规律体系探索》，江苏人民出版社1984年版。

社会基本矛盾学说的新发展

——学习邓小平同志"改革也是解放生产力"的体会

今年（1992年）年初邓小平同志在"南方谈话"中提出：革命是解放生产力，改革也是解放生产力。过去，只讲在社会主义条件下发展生产力，没有讲还要通过改革解放生产力，不完全。应该把解放生产力和发展生产力两个讲全了。邓小平同志的这一重要思想，发展了马克思主义的社会基本矛盾学说，进一步揭示了改革的性质、目的和意义，把人们对改革的认识提到一个新的高度，对我国的社会主义建设具有重大的指导意义，并将产生深远的影响。

社会基本矛盾学说是历史唯物主义的核心。生产力决定生产关系，生产关系反作用于生产力；经济基础决定上层建筑，上层建筑反作用于经济基础。上述基本矛盾的运动是人类社会不断前进的根本动力。在生产力与生产关系这一对矛盾中，生产力是最革命、最活跃的。随着生产力性质的变化，原来同生产力基本适应的生产关系逐渐地变得同生产力不相适应，以致成为生产力进一步发展的桎梏。生产力与生产关系的这一矛盾，在阶级社会中，只有经过社会革命，代表新生产力的先进阶级战胜了代表腐朽生产关系的统治阶级，才能得到解决。马克思主义创始人把社会基本矛盾学说用于剖析资本主义社会，揭示出资本主义生产方式发生、发展、衰落及其为社会主义所取代的客观规律，在这个基础上提出了无产阶级革命和无产阶级专政的理论和策略。列宁把马克思主义理论同俄国的实际结合起来，经过反复的、激烈复杂的阶级斗争，创建了第一个无产阶级专政的社会主义国家。"革命是历史的火车头"，早已为全世界广大劳动群众所熟知。但是也要看到，马克思、恩格斯由于其所处的时代还没有社会主义建设的实践经验，他们只是笼统地提出："'社会主义社会'不是一种一成不变的东西，而应当和任何其他社会制度一样，把它看成是经常变化和改革的社会。"① 列宁亲自领导了苏维埃俄国的社会主义建设，但由于时间太短，而且一再为帝国主义和俄国反动派发动的战争所打断，因此，他也很难指出社会基本矛盾在社会主义社会的具体表现形式和运动的特点。

第一个把社会基本矛盾学说应用于社会主义中国的是毛泽东。他在中国由新民主主义向社会主义转变的历史关头，结合中国的实际，汲取苏联社会主义建设正反两方面的经验，针对国内外一度出现的社会主义社会"无矛盾论"，系统地论述了社会主义社会的基本矛盾问题。他在《关于正确处理人民内部矛盾的问题》中提出：在社会主义社会中，基本的矛盾仍然是生产关系和生产力之间的矛盾，上层建筑和经济基础之间的矛盾。正是这些矛盾推动着社会主义社会向前发展。他还说，社会主义社会的矛盾同旧社会的矛盾具有根本不同的性质。旧社会的矛盾表现为剧烈的阶级斗争，而社会主义社会的矛盾不是对抗性的，它可以经过社会主义制度本身不断地得到解决。

在当前，为了进一步领会邓小平同志提出的"改革也是解放生产力"的科学论断，我们应该重新学习毛泽东对社会主义社会基本矛盾的论述，特别是关于生产关系和生产力之间、上层建筑和经济基础之间"又相适应，又相矛盾"的重要思想。他在《关于正确处理人民内部矛盾的问题》中指出："社会主义生产关系已经建立起来，它是和生产力的发展相适应的；但是，它又还很不完善，这些不完善的方面和生产力的发展又是相矛盾的。"所谓"相矛盾"，他根据当时的历史条件指出了以下几种情况：首先，社会主义生产关系还没有完全建立，如在公私合营企业中资本家还拿定

---

① 《马克思恩格斯全集》第37卷，人民出版社1971年版，第443页。

息，等等。其次，社会主义生产关系必然要经历一个逐步完善的发展过程。如各经济部门中的生产和交换的相互关系，还在按照社会主义的原则逐步找寻比较适当的形式，积累和消费的分配也不容易一下子解决得完全合理，等等。再次，旧的矛盾解决了，由于生产力不断地向前发展，还会出现新的矛盾，"矛盾不断出现，又不断解决，就是事物发展的辩证规律。"毛泽东的上述论述给了我们一个重要启示：为了正确解决社会主义社会的基本矛盾，有必要把社会主义的基本经济制度、基本政治制度，同它们的具体环节、具体形式恰当地区别开来。社会主义生产关系建立以后，基本经济制度是先进的，给生产力的发展开辟了广阔的场所。但与此同时，社会主义生产关系体系中的具体环节、具体形式，由于多种原因，又常常有同生产力相矛盾的地方，这些地方则阻碍着生产力的发展。因此，一方面对社会主义的基本经济制度，我们要下大力气去巩固它、完善它，使它保持相对的稳定（当然不是凝固不变），以利于发挥先进生产关系对生产力的促进作用。另一方面，对社会主义生产关系体系中确实存在的那些不适应生产力发展的地方，又必须采取有力措施，经常地、自觉地加以调整和变革，用新的东西取代旧的东西。只有这样，才能使社会主义生产关系与生产力的矛盾不断的得到解决，才能使社会主义基本经济制度在不断的自我调整中逐渐趋于完善和成熟。当然，毛泽东在1956年、1957年对社会主义社会基本矛盾的论述，大体上还处于提出问题、进行初步探索的阶段。后来，由于历史条件的限制，特别是由于"左"的思想的干扰，他并没有把基本矛盾学说贯彻下去，也没有触及在中国进行体制改革这一迫切的历史任务。

在中国，坚持和发展毛泽东关于社会主义社会基本矛盾的思想，第一个提出必须对原有的经济体制和政治体制进行全面改革的，是邓小平同志。邓小平同志在向中国工会第九次全国代表大会的致辞中提出：现在党中央、国务院要求加快实现四个现代化的步伐，并且为此而提出了一系列政策和组织措施。中央指出：这是一场根本改变我国经济和技术落后面貌，进一步巩固无产阶级专政的伟大革命。这场革命既要大幅度地改变目前落后的生产力，就必然要多方面地改变生产关系，改变上层建筑，改变工农业企业的管理方式和国家对工农业企业的管理方式，使之适应于现代化大经济的需要。因此，各个经济战线不仅需要进行技术上的重大改革，而且需要进行制度上、组织上的重大改革。紧接着，他在中央工作会议的讲话中进一步指出：解放思想，开动脑筋，实事求是，团结一致向前看，首先是解放思想。只有思想解放了，我们才能正确地以马列主义、毛泽东思想为指导，解决过去遗留的问题，解决新出现的一系列问题，正确地改革同生产力迅速发展不相适应的生产关系和上层建筑，根据我国的实际情况，确定实现四个现代化的具体道路、方针、方法和措施。他还尖锐地指出了经济管理体制权力过于集中、官僚主义严重等弊端，强调"如果现在再不实行改革，我们的现代化事业和社会主义事业就会被葬送"。在这两次重要讲话中，邓小平同志深刻论述了改革是发展生产力、实现四个现代化所必需；改革的对象是生产关系、上层建筑中那些同生产力不相适应的方面；改革是一场革命。这样就把社会主义社会基本矛盾在我国现阶段的表现形式及其解决途径具体化、实际化了，从而为我国的改革开放事业奠定了理论基础。在邓小平同志的指导下，1978年10月党的十一届三中全会成为中华人民共和国成立以来党的历史上具有深远意义的伟大转折。这次大会决定把全党的工作重点转移到经济建设上来，同时着重指出，为了实现四个现代化，必然要求多方面地改变同生产力发展不相适应的生产关系和上层建筑，改变一切不适应的管理方式、活动方式和思想方式，这就迈出了我国经济体制改革和政治体制改革的第一步。

20世纪80年代一开始，邓小平同志就在《目前的形势和任务》中向全党正式提出在今后二十年内实现中国式的四个现代化的历史使命。他反复强调要专心致志、聚精会神地搞"四化"。还说，社会主义制度并不等于建设社会主义的具体做法。苏联搞了

63 年的社会主义，究竟应该怎么搞，它也吹不起牛皮。现在我们要认真探索一条比较好的道路。在这次讲话以后，他又先后提出：党和国家现行的一些具体制度中，还存在不少弊端，如不认真改革，就很难适应现代化建设的迫切需要；中国的官僚主义同我们长期认为社会主义制度和计划管理制度必须对经济、政治、文化、社会都实行中央高度集权的管理体制有密切关系，因此，必须从根本上改变这些制度；坚持社会主义制度，搞好现代化建设有四项必要保证，其中第一项是体制改革；等等。在邓小平同志亲自参加下，1982 年党的十二大正式确立了从 1981 年到 20 世纪末，总产值"翻两番"，达到小康水平的战略目标，提出全面地、有系统地进行经济体制改革的任务。1984 年 10 月，党的十二届三中全会通过了经济体制改革的决定，提出要按照建设有中国特色的社会主义的总要求，加快以城市为重点的整个经济体制改革的步伐。邓小平同志对这次会议给予充分的肯定。他说："这次的文件好，就是解释了什么是社会主义。有些是我们老祖宗没有说过的话，有些新话。我看讲清楚了。"①

在党的十二届三中全会的推动下，我国的经济体制改革在更广阔的领域里逐步展开。邓小平同志针对改革中的新情况、新问题，给予及时的指导。1985 年，他在党的全国代表会议上指出："我国经济体制的全面改革刚刚起步，总的方向、原则有了，具体章法还要在试验中一步步立起来。我们要抓住当前有利时机，坚定不移，大胆探索，同时注意及时发现问题和解决问题，力争在不太长的时间内把改革搞好。"② 此后，他多次提出要加快改革步伐，而且一再强调要把政治体制改革提上日程，认为不改革政治体制，就不能使经济体制改革继续前进，就会阻碍生产力的发展和四个现代化的成功。在党的十三大开幕前夕，邓小平同志在一次谈话中提出，不

---

① 《建设有中国特色的社会主义》（增订本），人民出版社 1987 年版，第 78 页。
② 同上书，第 122 页。

改革就没有出路，旧的那一套经过几十年的实践证明是不成功的。所以，从1978年党的十一届三中全会开始，确定了我们的根本政治路线，把四化建设作为压倒一切的中心任务。在这个基础上制定了一系列新的方针政策，主要是改革开放政策。几年的实践证明，我们搞改革开放的路子是走对了。现在的问题是要加快。1987年10月，党的第十三次代表大会，决定了社会主义初级阶段的基本路线——一个中心，两个基本点，强调在初级阶段，特别是在当前，由于长期形成的僵化体制严重束缚着生产力的发展，改革更成为迫切的历史要求。这些都体现了邓小平同志的一贯思想。

以上回顾虽然十分简略，但足以说明，中国的改革开放事业是邓小平同志以伟大战略家的胸襟和胆略，提出总体设计，给予热情关注，才一步一步推向各个领域，取得长足进步的。不久前，邓小平同志作出的"改革也是解放生产力"的科学论断，是他多年来有关改革的理论和实践的高度概括，也是他对马克思关于社会基本矛盾学说和毛泽东关于社会主义社会基本矛盾学说的新发展。

最近，江泽民总书记在中央党校发表重要讲话，强调要深刻领会和全面落实邓小平同志的重要谈话精神。江泽民同志说，改革原有的经济体制是为了清除不利于生产力发展的障碍，使生产力进一步得到解放，从这个意义上说，改革也是一次革命，改革也是解放生产力。我们在学习邓小平同志的谈话时，应该结合江泽民同志的讲话，认真地加以领会。下面围绕改革也是革命，也是解放生产力，对改革的性质、目的和意义谈几点认识。

第一，改革的性质是"社会主义制度的自我完善"，这是邓小平同志1985年在党的全国代表会议的讲话中就明确规定了的。改革也是解放生产力，就是说要在坚持社会主义基本经济制度和基本政治制度的前提下，对生产关系和上层建筑中那些不适合生产力要求的方面进行自觉的调整和变革，以促进生产力的迅速发展。所以，改革的结果不是要否定社会主义制度，而是要使它更完善、更成熟、更适合生产力的状况。

那么，对于改革也是一场革命又应该怎样理解呢？这里所说的革命当然不是那种一个阶级推翻另一个阶级，导致社会制度大变动的革命。改革之所以是一场革命可以从三个方面来理解。首先，是指改革的广泛性和深刻性。它不是对生产关系和上层建筑中个别的制度、个别的环节进行局部的、浅表的改革，而是对原有体制进行全面的、深入的改革。这里包括经济体制、政治体制和相应的其他各个领域。当然，这种改革相对于社会主义基本制度而言，仍然属于生产关系和上层建筑的具体形式。其次，改革需要以无产阶级的革命气魄冲破重重障碍。邓小平同志早在1978年开始提出体制改革时就告诫我们：在实现四个现代化的进程中，必然会出现许多我们不熟悉的、预想不到的新情况和新问题。尤其是生产关系和上层建筑的改革，不会是一帆风顺的，它涉及的面很广，涉及一大批人的切身利益，一定会出现各种各样的复杂情况和问题，一定会遇到重重障碍。改革十多年来的许多事实告诉我们，改革虽然是大势所趋，得到全国各族人民的普遍拥护，但它必然会触动一部分人的既得利益，也总难免有一些人因为不愿放弃既得利益而给改革设置障碍。如果我们不能排除这些干扰，改革就会被淡化、被中断，甚至被扭曲。从这个意义上说，改革是一场革命。再次，我国的改革是前无古人的事业。它不但需要破，而且需要立。破除旧体制固然不易，而建立新体制，尤其创造新的运行机制、新的组织形式和新的观念、新的理论就更为困难。再加上因缺乏经验，改革中难免出现这样那样的失误，便又增加了改革的风险。因此，改革不但要求有一大批革命闯将，不怕艰险，顶得住各种压力，而且要求广大群众积极投身于改革事业，敢于创新，善于开拓。从这个意义上说，改革也是一场革命。

第二，改革的目的就是解放生产力。关于这一点，邓小平同志说："我们的改革要达到一个什么目的呢？总的目的就是要有利于巩固社会主义制度，有利于巩固党的领导，有利于在党的领导下和社会主义制度下发展生产力。"① 为什么在谈到改革的目的是发展生产力时，要强调"在党的领导下和社会主义制度下"这个前提呢？我领会，邓小平同志的谈话深刻揭示了坚持四项基本原则和坚持改革开放这两个基本点相互贯通、相互依存的内在联系。在中国，从根本上说，只有在社会主义制度下，才能保证四个现代化的实现。抛弃了社会主义，就不可避免地要回到半殖民地、半封建社会，哪里还谈得到发展生产力？

第三，"改革也是解放生产力"这个论断本身就包含着伟大的历史意义。长期以来，人们只是认识到推翻资本主义，建立社会主义是为了解放生产力；在社会主义制度建立后不再存在解放生产力的问题。毛泽东就说过：我们的根本任务已经由解放生产力变为在新的生产关系下面保护和发展生产力。邓小平同志从中国的实际出发，洞察到不破除生产关系和上层建筑中那些不适应生产力要求的方面，不对原有体制进行全面改革，生产力就不可能迅速发展。所以，在社会主义制度建立之后，仍然存在着解放生产力的任务。这个论断本身就是对马克思主义理论的一个新贡献。邓小平同志把通过改革解放和发展生产力作为建设有中国特色的社会主义的主要内容，他反复强调改革是振兴中国的必由之路。不久前，在"南方谈话"中他再一次指出：不坚持社会主义，不改革开放，不发展经济，不改善人民生活，只能是死路一条。邓小平同志还多次讲过通过改革解放和发展生产力的国际意义。他说：如果我们能够通过改革开放，实现本世纪末达到小康水平，下世纪中叶达到中等发达国家水平的总的战略目标，"这不但是给占世界人口四分之三的第三世界走出了一条路，更重要的是向人类表明，社会主义是必由之路，社会主义优于资本主义。"②

社会主义社会基本矛盾运动具有十分复杂的内在规律。在社会主义初级阶段，由于公有制经济自身的不成熟性和多种经济成分并

---

① 《邓小平同志重要谈话》，人民出版社1987年版，第38页。
② 同上书，第23页。

存，生产关系同生产力的矛盾更加复杂了。从 1958 年到 1978 年，我们在解决生产关系与生产力的矛盾上，既犯过生产关系的变革超前于生产力的错误，表现为人民公社化运动和"穷过渡"，使生产力受到损害；也犯过生产关系的变革长期滞后于生产力的错误，表现为经济体制长期僵化不变，越来越失去活力，影响了社会主义基本经济制度的优越性的发挥，使生产力在长达 20 年的时间里增长相对迟缓。党的十一届三中全会后的十几年，由于党的工作中心转移到经济建设上来，经济体制改革在广度上和深度上进展较快，整个国民经济的活力明显增强，因而取得了经济迅速发展，综合国力大大加强，人民生活有较大改善的举世瞩目的重大成就。我国社会主义建设的实践，证明了邓小平同志关于改革开放的一贯思想和不久前作出的"改革也是解放生产力"的论断是科学的，符合生产关系适合生产力性质的规律。当然，我们也要清醒地认识到，目前我国经济体制存在的深层矛盾尚未解决，国民经济的活力还受到很多限制，社会生产力尚未得到充分的解放，继续深化改革的任务仍很艰巨。特别是现在的改革进度，同我们所期望的，尽快完成新旧体制的转换、建立起同生产力相适合的新的经济体制相比，还有很长的距离。所以，进一步学习马克思创建的社会基本矛盾学说，毛泽东阐述的社会主义社会基本矛盾学说和邓小平同志对马列主义、毛泽东思想的新发展，对于实现我国四个现代化的历史使命，完成我国改革开放的大业，具有长远的指导意义。

（原载《哲学研究》1992 年第 8 期）

劳动力市场与"劳动力商品论"[*]

围绕社会主义商品经济条件下劳动力是否是商品的问题,我国理论界自 1986 年以来已断断续续讨论了几年。近两年来,随着社会主义市场经济体制目标的确立与劳动力市场的培育和发展,对此问题的讨论再次活跃起来。我们认为,这一问题在理论和实践上都有重大意义,有必要继续进行深入探讨,以取得共识。

一 深层次的经济关系与浅层次的经济关系

目前有一种较为流行的看法:既然肯定了劳动力市场,那么劳动力成为商品是不言自明的。因为,只有承认劳动力是商品,才能建立劳动力市场;换言之,建立了劳动力市场,则意味着承认劳动力是商品。我们认为,这种看法是肤浅的。

首先,从一般意义上说,市场是交换的场所,是商品生产者之间全部交换关系的总和。商品当然要进入市场,但进入市场的并不都是商品。以尚未开垦的土地为例,它不是劳动创造的,因而没有价值。尽管它在商品经济条件下也具有虚幻的价格外观,但它并不是马克思所说的典型意义上的商品。所以,不能因为有劳动力市场就简单地推断出劳动力必然成为商品。

其次,现象并不总是正确地反映本质。世界上有许多事物,从现象上看颇为近似,但本质则大不相同。在雇佣劳动制度下,劳动

---

[*] 本文作者为项启源、郭飞。

力市场上的买者与卖者在法律上是平等的，在表面上也是双方自愿的，既有劳动合同，又有集体谈判，工资也似乎是全部劳动的报酬。但是，从经济关系的本质来看，由于劳动者一无所有，他们不得不把劳动力出卖给资本家，他们的工资只是劳动力价值或价格的转化形态，他们创造的剩余价值被资本家无偿占有。在这样的经济关系中，并没有真正的平等，也没有真正的自愿。而在我国现阶段的劳动力市场上，也有用人单位和求职者的双向选择，也有劳动合同和集体谈判，也有以工资形式表现的劳动报酬，也就是说有同资本主义劳动力市场相似的现象。但是，现象并不等于本质。在社会主义公有经济范围内，双向选择实质上是以市场为中介实现劳动力与生产资料的合理配置，劳动合同是劳动者与用人单位确立劳动关系、明确双方权利和义务的协议，工资则是按劳分配的实现形式。在这里，没有资本家与工人之间剥削被剥削的关系，也不存在真正的劳动力买卖。

也许有的同志会提出这样的问题：商品经济、市场经济本身就是经济关系，它们也有自己的运动规律，用现象和本质的关系不能完全说明问题。这就涉及深层次的经济关系与浅层次的经济关系了。在任何社会经济形态的生产关系体系中，都包含着方方面面错综复杂的经济关系。但是，其核心是占统治地位的生产资料所有制形式。它是决定生产关系性质的基本经济制度，由此派生出或制约着其他方面的经济关系。商品经济、市场经济当然是重要的经济关系，但它们都是两种以上的社会经济形态所共有的，显然并不是决定某一生产关系性质的基本经济制度。相对于基本经济制度而言，它们都属于浅层次的经济关系。我们认为，劳动力资源是通过计划还是通过市场进行配置，这是属于经济运行机制的浅层次问题；而劳动力是否商品，则属于直接关联基本经济制度和基本政治制度的深层次问题。我们不能由于存在劳动力市场就得出劳动力是商品的推论。

二　是全体人民共同所有还是劳动者"一无所有"

众所周知，马克思曾经提出劳动力成为商品的两个条件：一是，劳动者能够自由支配自己的劳动力；二是，劳动者自由得一无所有，没有任何实现自己劳动力所必需的东西。毫无疑问，这两个条件在资本主义制度下是存在的。然而，在社会主义制度下，是否仍旧存在这两个条件？对于存在第一个条件，理论界目前没有分歧，争论主要集中在是否存在第二个条件上。主张社会主义公有经济范围内劳动力是商品的观点（本文简称之为"劳动力商品论"）强调，在全民所有制经济中，劳动者依然是"一无所有"者，因而仍然具备劳动力成为商品的条件。他们说，全民所有制的财产不容许分解到个人，从个人来说岂非"一无所有"？有的文章说得更具体：既然是全民所有就是全体公民共同拥有。假如全国公民为10亿人，那么任何一个国有企业的主人就是10亿人。如果某工厂有一万多工人，那也不过占该厂全部主人的十万分之一，他们拥有的财产也只有该厂全部财产的十万分之一。按照这样的逻辑，岂不是同"一无所有"相差无几吗？看来，在这个问题上，分歧的焦点在于如何认识全民所有制经济，如何认识全民所有制经济的所有者。

按照马克思主义经济理论，生产资料所有制是通过对生产资料的占有关系表现出来的人与人之间的经济关系，它体现在生产、交换、分配、消费诸方面的人与人之间的关系之中。对于全民所有制经济，马克思主义创始人多次说过："社会主义的任务，勿宁说仅仅在于把生产资料转交给生产者公共占有"[1]；"联合起来的个人对全部生产力总和的占有，消灭着私有制"[2]；资本家所有制只有被

---

[1] 《马克思恩格斯全集》第 22 卷，人民出版社 1965 年版，第 573 页。
[2] 《马克思恩格斯全集》第 3 卷，人民出版社 1960 年版，第 77 页。

改造成为"联合起来的社会个人的所有制,才可能被消灭"①。这些精辟的论述,深刻地揭示出全民所有制最本质的特征是生产资料归全社会公有,联合起来的社会个人成为生产资料的所有者。我们体会这里有两重含义:一是,所有者不是分散的孤立的个人;二是,生产资料归全社会公有不是笼统和空洞的,它必须体现在劳动者身上。总之,全体劳动者平等地拥有生产资料的所有权并共同成为生产资料的主人,是全民所有制的主要标志。当然,马克思主义创始人不可能设想出全民所有制经济的各种细节,这是需要后人结合时代特征和本国具体情况来加以发展的。但是,无论情况有什么变化,既然建立的是全民所有制,它的基本原则就应该坚持。据此,我们认为,前述所谓全民所有制经济中劳动者依然"一无所有"的说法是错误的。首先,全民所有制是一个整体,不容许把社会公有的生产资料分解为个人财产。以全民所有制的整体性来论证劳动者"一无所有",这种思维方式本身就是不正确的。其次,全民所有制的特点是生产资料归全体劳动者共同所有,既然所有者是劳动者整体,那么,劳动者是10亿人也好,是10万人也好,都并不影响他们作为生产资料所有者的地位。

当然,在这里还涉及对什么是所有,什么是所有者的不同认识。马克思曾深刻地指出:"私有制使我们变得如此愚蠢而片面,以致一个对象,只有当它为我们拥有的时候,也就是说,当它对我们说来作为资本而存在,或者它被我们直接占有,被我们吃、喝、穿、住等等的时候,总之,在它被我们使用的时候,才是我们的。"② 正是从马克思批评的这种狭隘的眼光出发,有人把全民所有制说成是"人人都有,人人都没有"的"虚无所有制",把全民所有制不能分割为个人所有,说成是劳动者"一无所有"。我们认为,作为社会主义国家的公民,应该从更广阔的视野来认识所有和

---

① 《马克思恩格斯全集》第48卷,人民出版社1985年版,第21页。
② 《马克思恩格斯全集》第42卷,人民出版社1979年版,第124页。

所有者。中华人民共和国成立以来,我国以公有制为主体、以全民所有制经济为主导的整个国民经济获得了巨大的进步,建立了独立的完整的工业体系和国民经济体系。1993年,我国国内生产总值突破3万亿元,按可比价格计算,比1992年增长17倍。四十五年来,国有单位固定资产投资完成44215亿元,新增固定资产近3万亿元,建成大中型项目五千多个。这些难道不是我国人民共同拥有的社会财富的增加吗?再进一步说,正由于经济实力的加强,全国人民的生活质量得到较大提高。1978—1993年,剔除物价变动因素,我国城镇居民人均生活费收入增长约1.3倍,农村人均纯收入增长约2.28倍;我国人均预期寿命也从中华人民共和国成立前的35岁提高到现今的69岁。所以,只要循着全民所有制的本质去认识全民所有制,它就不会是"虚无所有制",它的所有者也不会因"一无所有"而成为劳动力的出卖者。

三 是劳动者支配生产资料,还是生产资料支配劳动者

劳动力是否商品,不仅取决于劳动者与生产资料相结合的方式,而且取决于劳动的社会性质和劳动者在生产中的地位。资本主义劳动是雇佣劳动。马克思对雇佣劳动作过许多精辟的分析,他指出:"工人本身不断地把客观财富当作资本,当作同他相异化的、统治他和剥削他的权力来生产,而资本家同样不断地……把工人当作雇佣工人来生产。"[1] 在资本主义生产中,劳动的物的条件并不从属于工人,相反是工人从属于它们。"不是工人使用它们,而是它们使用工人。"[2] 马克思还把劳动者与生产资料谁支配谁当作区分社会主义劳动与资本主义劳动的主要标志。他指出:"重大的差别就在于:是现有的生产资料作为资本同工人相对立,从而它们只

---

[1] 参见《马克思恩格斯全集》第23卷,人民出版社1972年版,第626—627页。
[2] 《马克思恩格斯全集》第26卷(Ⅰ),人民出版社1972年版,第419页。

有在工人必须为他们的雇主增加剩余价值和剩余产品的情况下才能被工人所使用，是这些生产资料使用他们工人，还是工人作为主体使用生产资料这个客体来为自己生产财富。"①

工人作为主体使用生产资料这个客体来为自己生产财富，这就是社会主义公有制条件下劳动的社会性质。我们把这种劳动称作自主联合劳动。它是一个同雇佣劳动相对应的范畴，其内涵可以归结为两点。首先，它是自主劳动，即劳动者已经从资本主义私有制的束缚下解脱出来，劳动不再受资本支配，劳动者集体既是公有生产资料的主人，又是生产过程的主人，他们在或大或小的范围内，自主决定生产资料如何使用，劳动力资源如何分配，并且共同占有劳动成果。其次，它是联合劳动，即劳动者以生产资料共同所有者的平等关系，为实现共同利益和共同目标联合起来进行集体劳动。在商品经济、市场经济条件下，社会主义的自主联合劳动需要寻求适当的实现机制和实现方式，但是，劳动的社会性质和劳动者在生产中的地位则不应因此而改变。

目前，有一种较为流行的说法：在社会主义公有制企业中，劳动者是主人，劳动力是商品；劳动者在政治上是主人，在经济上是商品。有人还撰文提出社会主义公有制企业中不需要民主。说什么工厂是功能专一的经济组织，它的生命在于效率；而民主则是社会政治领域中的事情，不能搬到企业中来，否则只能导致令人啼笑皆非的结果；许多企业中的职工代表大会形同虚设，其原因并不是建设得不够，而是工厂没有它的真正位置。对于这些说法，我们不能苟同。

第一，中华人民共和国成立以来，我国工人阶级的劳动性质和经济地位发生了根本的变化。在旧中国，工人靠出卖劳动力为生，在十分恶劣的劳动条件下为剥削阶级生产剩余价值。当时，工人在企业中不仅谈不上当家作主，甚至连生存都没有保障。社会主义公

---

① 《马克思恩格斯全集》第 26 卷（Ⅱ），人民出版社 1973 年版，第 661 页。

有制的建立，工人阶级成为生产资料的主人，才第一次实现了劳动者作为主体使用生产资料这个客体为自己谋福利，第一次改变了被剥削被压迫的经济地位。这一千百万工人亲身经历的铁的事实，有力地说明了在社会主义公有制企业中，劳动者当家作主不仅体现在政治上，而且体现在经济上，体现在生产过程中。劳动性质和经济地位的这种巨大变化，是"劳动力商品论"所无法解释的。

第二，否认职工是企业的主人与企业需要民主，这种说法既不符合我国的法律，也不符合我国社会主义公有制企业民主管理的历史和现实。我国宪法规定："人民依照法律规定，通过各种途径和形式，管理国家事务，管理经济和文化事业，管理社会事务。""国有企业依照法律规定，通过职工代表大会和其他形式，实行民主管理。"我国的《全民所有制工业企业法》规定："国家保障职工的主人翁地位，职工的合法权益受法律保护。""企业通过职工代表大会和其他形式，实行民主管理。"以上这些规定，体现了社会主义企业的性质，反映了广大劳动人民当家作主的愿望。我国社会主义企业实行民主管理，如果从苏区算起，已有六十多年的历史，积累了丰富的经验，不可妄自菲薄。我国20世纪50年代末的"两参一改三结合"和60年代初的《鞍钢宪法》，都是工人群众创造的，得到过毛泽东的赞许，在国内外有较大影响。我国的职工代表大会制度，从1956年党的第八次全国代表大会算起也有三十多年历史了。根据近年的调查，大部分国有企业都建立了职工代表大会，其中效果好的约占30%，一般的占40%，流于形式的占30%。可见，这种制度本身还是有生命力的，没有办好是工作问题。毛泽东强调指出："劳动者管理国家、管理各种企业、管理文化教育的权利，是社会主义制度下劳动者最大的权利，是最根本的权利。"[①]所以，职工能否当家作主，既是社会主义企业同资本主义企业的根本区别，也是社会主义企业的民主管理同资本主义企业的民主管理

---

① 转引自叶剑英《关于修改宪法的报告》，《人民日报》1978年3月1日。

的质的区别。国有企业改革本质上是社会主义制度的自我完善。不论采取何种具体的企业制度，都不容许削弱职工的主人地位，导致社会主义企业变质。

第三，从西方的管理思想来看，"劳动力商品论"和企业不需要民主的说法，也是一种倒退。纵观西方管理思想从 20 世纪初泰勒提出的科学管理到以行为科学为理论依据的现代管理的发展，其中心脉络是越来越重视人在生产中的作用，强调人是生产的首要因素，员工是企业的主体，要求管理者想方设法满足人的自尊心、归属感和自我实现的需要，以发挥人的积极性。欧美等国普遍推崇的日本企业的管理思想，其主要内容就是培养职工对企业的"家族感情"和"效忠意识"。西方管理思想的这种发展趋势，固然反映了资产阶级力图缓和同工人阶级的矛盾，但同时也顺应了生产社会化、高科技化的要求，有进步的一面。让人费解的是，资本主义制度下劳动力本来是商品，而资产阶级却讳言商品，强调员工是主体，要培养"家族感情"；而我国公有制企业中劳动力本来不是商品，有些同志却非要把职工与企业的关系说成是商品买卖关系。当代发达国家的资本主义企业不仅强调效率，而且也重视民主管理。他们有一句名言："满意的工人是最有效率的工人。"而我们有些同志却把提高效率与民主管理对立起来，当然也不可能达到提高效率的目的。我国有些国有企业的负责人，受"劳动力商品论"的影响，正在向职工灌输所谓"打工意识"，要求职工有"危机感"，这是一种比泰勒制还要落后的管理思想。

四 是社会主义分配原则还是资本主义分配原则

劳动力是不是商品，还应该从分配方式上进行考察。分配方式是生产关系的重要方面，它主要是由生产资料所有制的性质决定的。在资本主义社会，由于生产资料归资本家所有，劳动性质是雇佣劳动，从而决定了资本主义的分配对资本家来说是按资分配，对工人来说是按劳动力价值分配。在社会主义社会，由于生产资料公有，劳动性质是自主联合劳动，因而社会主义的分配方式必然是按劳分配。

"劳动力商品论"中有一个论点，认为在商品经济、市场经济条件下，按劳分配就是按劳动力价值分配。我们认为，这种观点并不正确。按劳分配与按劳动力价值分配是两种根本不同的分配制度。且不说两者在经济前提、体现的经济关系和所起的作用等方面大相径庭，即使就两者决定的可供劳动者分配的消费品数量而言也有明显的不同。按劳动力价值分配是受资本主义基本经济规律制约的分配方式。尽管它也包含着历史和道德的因素，但一般说来其上限是生产和再生产劳动力所必需的生活资料及学习训练费用，其下限则是维持劳动者"身体所必不可少的生活资料"。无论劳动者个人收入如何变动，从较长时间来看，其平均收入水平总是处在这个上限与下限之间。按劳分配则是受社会主义基本经济规律制约的分配方式，它不受劳动力价值的限制，而是服从于人民生活应随着经济发展而不断改善这一社会主义的本质要求。我国现阶段公有制经济中职工的实际收入明显低于发达资本主义国家工人按劳动力价值分配得到的收入，其主要原因在于生产力水平相差悬殊。应该肯定，在生产力水平大体相同的情况下，通过按劳分配方式给予劳动者的劳动报酬，必然会高于按劳动力价值分配给予劳动者的报酬。

用按劳动力价值分配取代按劳分配，必将给我国的改革与发展带来一系列消极后果。其严重弊端之一，是邓小平同志提出的共同富裕的目标将无法实现。为什么这样说呢？马克思提出的按劳动力价值分配的理论，实际上是揭示了一条规律：在资本主义制度下，整个工人阶级的收入无论怎样变动，从总体上看，都不会超过劳动力价值。马克思指出："劳动价格的提高被限制在这样的界限内，这个界限不仅使资本主义制度的基础不受侵犯，而且还保证资本主义制度的规模扩大的再生产。"[①] 这就告诉我们，按劳动力价值分配是两极分化得以产生的条件，而决不是消除两极分化的条件；工人阶级收入的增加被局限在资产阶级利益容许的范围内，而同国民经济增长的幅度并没有直接的关联。邓小平同志提出的共同富裕的目标，以及到20世纪末我国国民生产总值翻两番、人民生活达到小康水平的设想，都是以消除两极分化、实行按劳分配为基本条件的。因此，也都是把人民生活同发展生产直接联系起来，而不是同劳动力再生产费用直接联系起来。邓小平同志指出：社会主义的优越性归根到底要体现在它的生产力比资本主义发展得更快一些、更高一些，并且在发展生产力的基础上不断改善人民的物质文化生活。所谓小康，从国民生产总值来说，就是年人均达到八百美元。中国现在有十亿人口，到那时候有十二亿人口，国民生产总值可以达到一万亿美元。如果按资本主义的分配方法，绝大多数人还摆脱不了贫穷落后状态，按社会主义的分配原则，就可以使全国人民普遍过上小康生活。所以，用按劳动力价值分配取代按劳分配，根本解决不了中国社会出现两极分化的问题，也不可能实现共同富裕。

"劳动力商品论"把按劳分配等同于按劳动力价值分配，这就不能不引起人们的疑问：难道在资本主义社会早就实行了按劳分配？难道社会主义分配原则同资本主义分配原则竟然没有区别？于是又出现了这样一种说法：劳动力价值是商品经济的一般范畴，社会主义经济是商品经济，因此也就有社会主义劳动力价值。我们认为，这实际上混淆了劳动力再生产费用同劳动力价值这两个既有联系又相区别的范畴。劳动力再生产费用广泛存在于不同社会的商品生产之中，而劳动力价值则仅仅存在于资本主义商品生产之中。就像产品从来都是由劳动创造的，但只有在商品关系中抽象劳动才凝结为价值一样，劳动力再生产费用也只有在资本主义雇佣劳动制度

[①] 《马克思恩格斯全集》第23卷，人民出版社1972年版，第681页。

下才转化为劳动力价值。试图用社会主义经济中也存在劳动力价值来论证社会主义经济中劳动力也是商品，同样是不能成立的。

五　劳动力市场一般与劳动力市场特殊

以上，我们从社会主义基本经济制度的角度论证了社会主义公有制经济中的劳动力不是商品。但是，劳动力市场的培育和发展与社会主义公有制经济中劳动力的非商品性之间是否存在矛盾？对此，还需进一步作些说明。

我们认为，劳动力市场也存在着一般与特殊的关系。劳动力市场一般（或者说广义的劳动力市场）是指在商品经济条件下，劳动者和用人单位彼此以劳动力市场的主体的身份相对待，经过双向选择实现劳动力资源的合理配置。这一概括，涵盖了资本主义劳动力市场和社会主义劳动力市场。在资本主义经济中，工人和资本家以劳动力的出卖者和购买者的身份相对待，经过市场中介和双向选择，实现劳动力资源的合理配置。在社会主义经济中，劳动者与公有企业之间不存在劳动力买卖的关系，但只要劳动者拥有择业自主权，公有企业拥有用人自主权，他们就可以彼此以市场主体的身份相对待，通过市场中介和双向选择，实现劳动力资源的合理配置。我们体会，党的十四届三中全会通过的《决定》中强调"要把开发利用和合理配置人力资源作为发展劳动力市场的出发点"，"形成用人单位和劳动者双向选择、合理流动的就业机制"，则正是从广义上来阐明和使用劳动力市场范畴的。

辩证唯物主义告诉我们，一般总是寓于特殊之中。如同商品经济一般总是存在于简单商品经济、资本主义商品经济、社会主义商品经济这些特殊的商品经济之中一样，劳动力市场一般也存在于资本主义劳动力市场、社会主义劳动力市场这些特殊的劳动力市场之中。劳动力市场所以具有特殊形态，主要是因为它要受各社会经济形态的基本经济制度的制约。社会主义市场经济是社会主义基本制度同市场经济一般相结合,社会主义劳动力市场也是社会主义基本制度同劳动力市场一般相结合。社会主义劳动力市场不同于资本主义劳动力市场,其根本特征在于劳动力不是商品。

(原载《中国劳动科学》1994年第11期)

新技术革命与劳动价值论

一 在新技术革命蓬勃兴起的今天,劳动价值论没有过时

起始于 20 世纪中叶的科学技术革命,推进了生产力的迅猛发展。对于这场革命,国际上有多种说法:有人称之为产业革命;有人称之为科技革命;有人称之为第三次浪潮;有人称之为第四次工业革命;有人说人类已进入信息社会;有人说人类已进入后工业化社会,等等。国内学术界则较多地使用第三次技术革命或新技术革命这个词。一般认为,第一次技术革命也就是马克思所说的产业革命,起始于 18 世纪中叶,完成于 19 世纪中叶,主要标志是以蒸汽为主要动力,用机器代替手工业劳动;第二次技术革命从 19 世纪下半叶到 20 世纪上半叶,主要标志是以电力为主要动力,冶金、机械、石油、重化工、汽车等第二次产业崛起;第三次技术革命从 20 世纪 50 年代开始,现正加速发展,估计到 21 世纪上半叶臻于成熟。

新技术革命与以往的技术革命相比有些什么主要的特点呢?第一,以往的技术革命往往是从几项科学发明和少数产业部门开始,逐渐扩展,带动整个国民经济。新技术革命一开始就是多学科、跨领域的革命,如电子技术、生物工程、光通信、新材料、新能源等,它们相互渗透,相互促进,对国民经济起着更大的推动作用。第二,以往的技术革命主要是解放人的体力,而新技术革命则主要是解放人的脑力。电子计算机的广泛应用,信息高速公路和多媒体

技术的发展，都是人的智力的扩大和延伸，因此，"智能化"在新技术革命中居于突出地位。第三，以往的技术革命从科学发明到应用于生产，往往需要较长时间，新技术革命形成了科学—技术—生产的体系，改变了科研与生产相结合的格局，大大缩短了科研成果应用于生产的时间，加强了科学技术对生产的推进作用。第四，前两次技术革命使第二次产业在产值和就业的比重上超过了第一次产业。新技术革命的制高点是电子技术，渗透力最强、发展最快的新兴产业是信息产业。它们带动了整个第三次产业的高速发展，使之在产值和就业比重上又超过了第二次产业。

世界新技术革命带来的经济社会的多方面的变化，向马克思主义经济学提出了一系列新问题，其中如何坚持和发展劳动价值论就是一个比较突出的问题。西方未来学家托夫勒断言，马克思主义是第二次浪潮的产物，"不能借助马克思主义去了解高技术世界的现实。今天用马克思主义来诊断高技术社会的内部结构，就像在有了电子显微镜的时代，还是只用放大镜"。他还说："马克思讲过'劳动价值说'，我们现在大可搞一套'信息价值说'。"[①] 奈斯比特提出："在信息经济社会里，价值的增长不是通过劳动，而是通过知识实现的。'劳动价值论'诞生于工业经济的初期，必将被新的'知识价值论'所取代。"[②] 国内学术界也有类似观点。有人认为时代的变迁已使马克思主义经济学成了古典经济学；也有人认为，新技术革命大大降低了活劳动在生产过程中的比重，许多新现象已无法用劳动价值论来解释。

我不同意在新技术革命到来之后马克思主义经济学以及劳动价值论已经失效的说法。

首先，历史上每一位伟大思想家的真知灼见，都是全人类的宝贵的精神财富，其理论价值经久不衰。马克思在建立劳动价值论

---

① 托夫勒：《预测与前提》，国际文化出版公司1984年版，第200、22页。
② 奈斯比特：《大趋势》，中国社会科学出版社1984年版，第15—16页。

时，曾称赞"亚里士多德在商品的价值表现中发现等同关系，正是在这里闪耀出他的天才的光辉"①。这个道理同样适用于马克思主义。

其次，生产力的运动有它自身的规律。其中，生产力发展的延续性就是一条重要规律。前文已谈及第三次技术革命与以往的技术革命相比有什么特点，在这里我们还必须讲明第三次技术革命是前两次技术革命的延续。马克思所处的时代是第一次技术革命已经完成，第二次技术革命正在兴起的时代。马克思不但细致而科学地分析了以蒸汽为动力的机器大工业，而且在1850年7月，见到了一列由电动机牵引的火车模型，并为此而兴奋不已。②到了恩格斯晚年，电力在工业中已得到较为广泛的应用。恩格斯对此曾给予很高的评价，说这是"一次巨大的革命"③。在两次技术革命带来的整个生产力水平的大幅度提高中，马克思始终把劳动资料的变化放在关键的位置，并以此来说明生产力发展的延续性。他说："各种经济时代的区别，不在于生产什么，而在于怎样生产，用什么劳动资料生产。劳动资料不仅是人类劳动力发展的测量器，而且是劳动借以进行的社会关系的指示器。"④他还说："正像各种不同的地质层系相继更迭一样，在各种不同的社会经济形态的形成上，不应该相信各个时期是突然出现的，相互截然分开的。在手工业内部，孕育着工场手工业的萌芽，……纺织机和蒸汽机的制造也同样是以制造这些机器的手工业和工场手工业，以及在上述时期已有所发展的力学科学等等为基础的。""在这里，起作用的普遍规律在于：后一个［生产］形式的物质可能性——不论是工艺条件，还是与其相适应的企业经济结构——都是在前一个形式的范围内创造出来

---

① 《资本论》第一卷，人民出版社1975年版，第75页。
② 参见于尔根·库钦斯基《生产力的四次革命》，商务印书馆1984年中文译本，第126—127页。
③ 参见《马克思恩格斯全集》第35卷，人民出版社1971年版，第445页。
④ 《资本论》第一卷，人民出版社1975年版，第204页。

的。"① 机器大工业的兴起是自然科学以及自然力大规模进入生产过程的开始。19世纪，随着科学技术的继续发展，机器的三个组成部分——动力机、传动机和工作机——的性能不断提高，生产规模逐渐扩大，单机发展为机器体系，单一的机器体系发展为复合的机器体系。20世纪上半叶，由于先进科学技术应用于生产的速度加快，生产规模进一步扩大，机器体系更加复杂。它的运转速度，相互间的紧密联结和巨大的作用范围，都使人力直接操纵机器越来越困难，从而产生了自动控制的迫切需要。20世纪中叶以后电子技术在生产中的迅速推广正是适应了这种需要。电子技术与机器相结合出现了机电一体化，电子计算机在生产中的广泛应用出现了许多高度自动化的工厂，又在高度自动化的基础上出现了智能化。由此可见，新技术革命的进展并没有离开马克思所说的普遍规律。它是以机器大工业和20世纪上半叶的科学、技术成就为基础发展起来的，而且迄今为止它所取得的进步总的说还处于生产力局部质变的阶段。

总之，任何一种科学理论都有其产生的时代背景，即一定历史时期生产力与生产关系的基本状况。劳动价值论产生于机器大工业已在国民经济中发挥主导作用，资本主义制度已在经济发达国家占据统治地位的时代。从那时到现在，一百多年过去了。但无论从生产力的性质来看，还是从大多数国家的社会制度来看，都还没有发生根本的质变。因此，说劳动价值论已经过时，是不能成立的。

二　在先进科学技术广泛应用于生产的条件下，劳动资料不创造价值

在马克思那个时代，已经有人提出了劳动力和生产资料都创造价值的观点。马克思在世时曾对这种观点进行过有力的批判。所

---

① 《马克思恩格斯全集》第47卷，人民出版社1979年版，第472页。

以，严格说来，这并不是一个新问题。

18世纪中叶，从英国开始的产业革命，第一次把自然科学和自然力并入生产过程，从而极大地提高了劳动生产率，促使社会分工逐步深化，新产品不断涌现，新产业层出不穷，国内市场和世界市场迅速扩展，整个社会财富急剧地增长起来。与此同时，机器大工业还使资本有机构成发生重大变化。一方面，机器及相关的生产设施所需资本比手工工具要昂贵许多倍；另一方面，机器越是先进，越可以大幅度地节省人力。原来需要由几十、几百个工人干的活，现在可以由一个工人来完成。以上这些变化，从现象上看都明显地呈现出生产过程中活劳动相对减少，而产品产量和利润却不断增加的发展趋势。一些庸俗经济学家正是在这样的背景下提出资本、土地、劳动都是价值的源泉，生产资料创造价值，固定资本产生利润等错误观点的。

劳动价值论是马克思运用辩证唯物主义和历史唯物主义，对当时的生产力和生产关系进行系统调查和深入分析，并在这个基础上吸取古典经济学的正确观点，批判庸俗经济学的错误观点而建立起来的。马克思针对前人的不足，创造性地提出具体劳动创造使用价值并转移旧价值、抽象劳动产生新价值的观点和社会必要劳动时间决定价值量的观点，从而把劳动价值论建立在科学的基础上。尤其是劳动二重性的原理，它不但如马克思所说，是理解整个政治经济学的枢纽，而且也是正确把握劳动价值论的关键。马克思正是以劳动二重性为依据回答了生产资料、特别是机器是不是创造价值的问题。他说："工人并不是在同一时间内劳动两次：一次由自己的劳动把价值加到棉花上；另一次保存棉花的旧价值，或者说，把他所加工的棉花和使用的纱锭的价值转移到产品棉纱上。他只是由于加进新价值而保存了旧价值。但是，把新价值加到劳动对象上和把旧价值保存在产品中，是工人在同一时间内达到的两种完全不同的结果（虽然工人在同一时间内只劳动一次），因此很明显，这种结果的二重性只能用他的劳动本身的二重性来解释。在同一时间内，劳动就一种属性来说必然创造价值，就另一种属性来说必然保存或转移价值。"① 又说："机器的价值并不是由机器的使用价值（它代替人的劳动就是它的使用价值）决定的，而是由生产机器本身所必需的劳动决定的。机器在它被使用以前，在它进入生产过程以前具有的这种价值，是它作为机器加进产品的唯一的价值。"② 马克思在这里阐明了劳动二重性和商品二重性的内在联系；非常明确地区分了机器本身的价值和使用价值；特别是十分肯定地告诉我们，机器如同其他生产资料一样，在生产过程中只能转移原有的价值，它本身并不创造新价值。关于这一论断，还可以从马克思对庸俗经济学的批评中得到启示。他说："罗德戴尔把固定资本说成是和劳动时间无关的、独立的价值源泉，是何等荒谬"，"罗德戴尔之流认为资本本身离开劳动可以创造价值，因而也可以创造剩余价值（或利润），对这种观点来说，固定资本，特别是以机器体系为其物质存在或使用价值的资本，是最能使他们的肤浅诡辩貌似有理的形式。"③ 至于马克思对萨伊的"三位一体"公式的批判更是众所周知的了。

马克思关于机器及其他劳动资料不能创造新价值的论断，我认为在当代仍然有效。国内外有些人常常用新技术革命带来的某些表面现象对劳动价值论提出质疑。资产阶级经济学家熊彼特认为，随着生产的发展，把从来没有过的高技术组合到生产体系中，实行生产自动化，创造价值的主要不再是劳动者的劳动，而是由技术自动化决定了。还有人以机器人和"无人工厂"为例，说活劳动创造价值已不符合实际。其实，机器人无非是高度自动化和一定程度的智能化的机器，它不但需要人来操纵，而且需要人来设计和制造。所谓"无人工厂"当然并非真正"无人"。仅从生产单位内部来看，它还需要启动机器体系的人，监督活动仪表的人，排除故障的

---

① 《资本论》第一卷，人民出版社 1975 年版，第 225 页。
② 《马克思恩格斯全集》第 47 卷，人民出版社 1980 年版，第 371 页。
③ 《马克思恩格斯全集》第 46 卷下，人民出版社 1980 年版，第 214、216 页。

人，进行维修的人，等等，更不要说整个机器体系的设计和制造所投入的活劳动了。电子技术和信息技术用在不同的机器体系上，其具体形式千差万别，但归结起来都是在动力机、传动机和工作机之外，增加了自动控制系统而已。马克思早就预见到，由于使用机器而使活劳动相对减少的情况，会随着科学技术的不断进步和劳动者在生产过程中地位的改变而变得越来越明显。他说："劳动表现为不再象以前那样被包括在生产过程中，相反地，表现为人以生产过程的监督者和调节者的身分同生产过程本身发生关系。……这里已经不再是工人把改变了形态的自然物作为中间环节放在自己和对象之间；而是工人把由他改变为工业过程的自然过程作为媒介放在自己和被他支配的无机自然界之间。工人不再是生产过程的主要当事者，而是站在生产过程的旁边。"[①] 所谓机器人和"无人工厂"实质上并没有超出马克思预见的范围。所以，我们没有根据说高度自动化的机器就可以创造价值，机器人和"无人工厂"的机器设备就可以创造价值。

三 "知识价值论"不能取代劳动价值论

第三次技术革命以来，知识产品在生产中的作用越来越重要。知识产品包括的范围很广。就同本文主题关系密切的方面而言，主要是指自然科学的研究成果、技术发明、工程设计方案、经过加工的信息等。国内外都有人说知识创造价值，信息创造价值，诸如此类的说法似是而非，是需要加以梳理的。

知识是人类对客观世界的（包括自然界和人类社会）符合实际的认识。自然科学则是人类对自然界的知识的积累、深化和系统化。自然科学应用于劳动过程必须以技术为中介。由于科学与技术相互依存，关系极为密切，所以，我们常常把它们放在一起来考

[①]《马克思恩格斯全集》第46卷下，人民出版社1980年版，第218页。

察。至于说到信息，一般说它是指事物存在和变化的状况。自然界的色、声、味是信息，语言、文字、图表等一切有特定含义的信号也是信息，所以，信息是自从有了社会生产以来就在人类与自然界的物质变换中起作用的因素。人类知识的积累，生产经验代代相传，民族之间、国家之间科学文化的交流，都包含着信息的储存和传输，否则就无法解释生产力发展的延续性了。所以，信息并不是在新技术革命兴起后才出现的。但是，由于20世纪50年代以来电子计算机的发明和通信技术的进步，使人们对信息的加工和处理发生了质的变化，信息技术在经济生活和社会生活中的地位越来越突出了。现在我们要问，知识、科学、技术、信息，它们本身有没有价值、能不能产生价值？回答是否定的。第一，它们有的还处在形成过程之中，如一项新的科学技术还在试验阶段，还没有一个肯定的结果。第二，它们有的还未经劳动过滤，如自然存在的、未经处理的信息。第三，它们有的还没有进入劳动过程，没有实现同生产相结合。

那么，知识产品有没有价值呢？回答是肯定的。因为知识产品，如一项发明专利，一份研究报告，一个设计方案和图表，都是人类脑力劳动的产物，而且往往是复杂程度很高的活劳动的结晶。它们不同于服务行业，因为它们提供的是有形的商品而不是劳务；它们也不同于文学、艺术创作。艺术品靠的是艺术家个人的文化素养、技巧和经验、天才和灵感。因此，艺术品是不可复制的，也不存在社会平均必要劳动。而知识产品，比如电子计算机软件以及类似的高技术的知识产品，是以自然科学理论和科学方法为基础的，它们可以重复生产，作为知识产权受到保护，并且在竞争中形成市场价格。所以，知识产品具有使用价值和价值，它们的价值量归根结底也是由社会必要劳动时间决定的。

现在要问，知识产品能不能创造新价值呢？回答又是否定的。知识产品的使用价值在绝大多数情况下是渗透在劳动资料之中，而不是单独地发挥作用。以信息产品为例。由于电子计算机和现代通信技术融为一体，信息的加工、处理、储存、综合和传输已经成为一种专门的技术，从而在国民经济中出现了专门生产信息产品和传输信息产品的信息产业。它们的渗透力极强，发展速度很快，但它们的作用，还是要同劳动资料相融合，取得提高功效、增加品种、减少消耗、改善质量等效果。信息产品自身的价值也往往同固定资产的价值结合在一起。比如我们从国外引进先进设备，常常同时购买有关软件和"诀窍"。这些都列入引进费用之中。所以，它们也和劳动资料一样，通过具体劳动保存和转移自身的价值，而并不产生新价值。

总起来看，西方未来学家提出"知识价值论""信息价值论"，只是说明他们并不真正懂得马克思的劳动价值论，当然更谈不到取代劳动价值论了。

四 对现代生产中活劳动相对减少而全社会价值总量不断增加现象的认识

有资料表明，1950—1990 年，美、日、西德、英、法五国的总产出相加，从 21620 亿不变美元增加到 93310 亿不变美元，后者为前者的 4.3 倍。而同一时期上述五国的劳动力发展趋势，则从 1950 年的 16777 万人，增加到 1990 年的 26669 万人，后者为前者的 1.6 倍。虽然总产出不等于社会总价值量，劳动力发展趋势也不等于实际进入生产过程的总劳动力，但这两组数字的比较仍可近似地反映出，科技进步及其在生产中的应用，并未导致总劳动力的减少，但它的增长幅度却大大低于总价值量的增长幅度。这方面的统计资料还有许多，所用数字不完全相同而结果相近。所以应该肯定，在主要资本主义国家这是一个普遍现象。问题在于如何去分析它、认识它。有些同志以价值量的增加与劳动量的增加不成比例为依据，得出非劳动生产要素也创造价值的结论，把劳动价值论的一元论变成了多元论；也有些同志仍然坚持劳动价值论的一元论，认为上述矛盾只是表面现象，人们可以用进一步理解劳动价值论和在坚持的基础上发展劳动价值论的办法来解决。我赞同后一种意见。

第一，先进的劳动资料在生产中的应用尽管代替了大量工人，但是，一方面由于生产规模的迅速扩大，生产同类商品的工厂大量增加，从一个行业来看，工人人数反而有可能增加；另一方面，随着机器大工业的兴起，社会分工获得无比广阔的发展，新产品、新行业层出不穷，它们吸引了大量工人。所以，马克思说："就业工人人数的相对减少和绝对增加是并行不悖的。"① 这种趋势在新技术革命到来之后并未改变。

第二，形成商品价值和使用价值的劳动并不是任何一种劳动，而是生产社会财富的劳动。用马克思的话来说："生产劳动是物化在物质财富中的劳动。"② 因此，研究社会总价值量的增加，不能不同社会生产劳动的变化联系起来。我国学术界在 20 世纪 60 年代和 80 年代曾两度掀起讨论生产劳动与非生产劳动的高潮。但迄今为止对于两者的划分原则和划分范围仍然众说纷纭。本文的主题并非正面讨论生产劳动和非生产劳动问题。我只是想提出这样一个观点：随着先进科学技术在生产中的广泛应用，生产社会化的程度逐渐提高，分工和协作越来越发达，劳动的整体性无论在一个生产单位内部还是全社会都极大增强了，各种不同职能的劳动直接、间接并入生产过程，使生产劳动的范围呈现出不断扩大的趋势，而且这个趋势直到现在还在继续。马克思对生产劳动曾作过许多精辟的论述。他说："产品从个体生产者的直接产品转化为社会产品，转化为总体工人即结合劳动人员的共同产品。总体工人的各个成员较直接地或者较间接地作用于劳动对象。因此，随着劳动过程本身的协作性质的发展，生产劳动和它的承担者即生产工人的概念也就必然扩大。为了从事生产劳动，现在不一定要亲自动手；只要成为总体

---

① 《资本论》第一卷，人民出版社 1975 年版，第 492 页。
② 《马克思恩格斯全集》第 26 卷（Ⅰ），人民出版社 1972 年版，第 442 页。

工人的一个器官，完成他所属的某一种职能就够了。"① 他又说："互相竞争的和构成为一台总生产机器的各种劳动能力，以极其不同的方式参加直接的商品形成过程，……有的人多用手工作，有的人多用脑工作，有的人当经理、工程师、工艺师等等，有的人当监工，有的人当直接的体力劳动者或者做十分简单的粗工，于是劳动能力的越来越多的职能被列在生产劳动的直接概念下。"② 马克思的上述思想，对我们认识今天的生产劳动仍有现实的指导意义。不过，结合新技术革命以后的实际，马克思主义政治经济学的某些范畴需要发展。例如，什么叫物质财富？在一百多年前，人们强调的是用于生产消费的各种物质资料，如机器、钢铁、煤炭、棉花等。那么，在电子技术、通信技术、信息技术已有长足进步的今天，知识产品在生产中正发挥着越来越大的作用，电子计算机软件、先进设备的"诀窍"、发明专利、经过加工处理的信息等，它们虽然并非物质资料，但却是重要的社会财富。看来，马克思所说的生产劳动的内涵有待于丰富和扩大。在当代，自然科学的研究，新技术、新工艺的创造，电子计算机的操作，信息的传输，大型企业的现代化管理（如CIMS），恐怕都在生产劳动的范围之内。③ 因此，一项高技术的最终产品，尽管在最后这个环节上占用的活劳动可能很少，同转移的物化劳动相比可能不成比例，但是从"总体工人"或"总生产机器"来考察，科学研究、技术设计、资源勘探、原料开采、机器制造、中间产品的生产、所有参加这些劳动的人都是生产劳动的承担者，所有这些活动耗费的活劳动和形成的新价值，都会一步一步地被当作物化劳动保存和转移下来。从一项产品看是这样，从全社会总产品来看更是这样。这是我们在分析社会总价值

---

① 《资本论》第一卷，人民出版社1972年版，第556页。
② 《马克思恩格斯全集》第49卷，人民出版社1982年版，第100—101页。
③ 有一种观点，把第三次产业中的劳动都称作生产劳动，因而也都创造价值。我认为第三次产业涵盖甚广，且各国说法不一，有不少内容是离生产社会财富的过程相距甚远的，如公务员和军队，说他们的劳动也是生产劳动，也创造价值，是很难说得通的。所以，我不赞成把从事第三次产业的劳动笼统地列入生产劳动。

量增加时必须加以考虑的。

第三，也是最重要的，是全社会平均的劳动复杂程度逐步提高。这是自第一次技术革命完成后越来越明显的发展趋势。马克思非常重视劳动的复杂程度。他说："比社会平均劳动较高级较复杂的劳动，是这样一种劳动力的表现，这种劳动力比普通劳动力需要较高的教育费用，它的生产要花费较多的劳动时间，因此它具有较高的价值。既然这种劳动力的价值较高，它也就表现为较高级的劳动，也就在同样长的时间内物化为较多的价值。"① 所以，随着生产劳动范围的扩大，并入生产过程的有各种各样的、劳动复杂程度不同的劳动者。他们在完成社会劳动产品中的贡献不同，他们在形成商品价值中的作用也不同。那么，在不同的生产发展阶段，从全社会来看有没有平均的劳动复杂程度呢？这种复杂程度是不是一成不变的呢？马克思关于工资的国民差异的论述给我们以重要的启示。他说，在以各个国家作为组成部分的世界市场上，"国家不同，劳动的中等强度也就不同；有的国家高些，有的国家低些。于是各国的平均数形成一个阶梯，它的计量单位是世界劳动的平均单位。因此，强度较大的国民劳动比强度较小的国民劳动，会在同一时间内生产出更多的价值"②。马克思在这里讲的是不同国家。但我们可以把横的比较变成纵的比较，即从一个国家的不同科技发展阶段来看，不同阶段存在不同的劳动中等强度，它们也形成一个阶梯，科技水平较低阶段的高于中等强度的复杂劳动，可能只相当于科技水平较高阶段的低于中等强度的简单劳动。所以，科技较发达的生产阶段全社会形成的总价值量，甚至在劳动力总量绝对减少的情况下，仍有可能高于科技发展水平较低生产阶段全社会形成的总价值量。我认为这是发达资本主义国家社会总价值量增长快于劳动力增长的主要原因。

---

① 《资本论》第一卷，人民出版社 1975 年版，第 223 页。
② 同上书，第 614 页。

以上三点综合起来，说明劳动价值论，特别是劳动二重性和抽象劳动形成价值的原理，并未因科学技术的飞速发展而失效。当然，劳动价值论并不是真理的终结。它像任何科学原理一样，要结合当代实践不断地加以发展。

（原载《学术月刊》1995 年第 10 期）

科技进步与劳动价值论的继承和发展

起始于20世纪中叶的科学技术的新发展,推进了生产力的局部质变,来势迅猛,影响深远。对于这场革命,国内外有多种说法。有人称之为产业革命,有人称之为科技革命,有人称之为第三次浪潮,有人称之为第四次工业革命;等等。国内学术界则较多地使用第三次技术革命或新技术革命。

新技术革命与以往的技术革命相比有些什么主要的特点呢?第一,以往的技术革命往往是从几项科学发明和少数产业部门开始,逐渐扩展,带动整个国民经济。新技术革命一开始就是多学科、跨领域的革命,如电子技术、生物工程、光通信、新材料、新能源等,它们相互渗透,相互促进,对国民经济起着更大的推动作用。第二,以往的技术革命主要是解放人的体力,而新技术革命则主要是解放人的脑力。电子计算机的广泛应用,信息高速公路和多媒体技术的发展,都是人的智力的扩大和延伸,因此,"智能化"在新技术革命中居于重要地位。第三,以往的技术革命从科学发明到应用于生产,往往需要较长时间,新技术革命形成了科学—技术—生产的体系,改变了科研与生产相结合的格局,大大缩短了科研成果应用于生产的时间,加强了科学技术在生产力发展中的作用。

世界新技术革命带来的经济社会的巨大变化,向马克思主义经济学提出了一系列新问题,其中如何坚持和发展劳动价值论就是一个比较突出的问题。西方未来学家托夫勒断言,马克思主义是第二次浪潮的产物,"不能借助马克思主义去了解高技术世界的现实。今天用马克思主义来诊断高技术社会的内部结构,就像在有了电子显微镜的时代，还是只用放大镜。"他还说："马克思讲过'劳动价值说'，我们现在大可以搞一套'信息价值说'。"① 国内学术界也有类似观点。

我不同意在新技术革命到来之后马克思主义及劳动价值论已经失效的说法。下面就几个有争论的问题谈一谈个人的意见。

（一）在先进科学技术广泛应用于生产的条件下，生产资料是否也创造价值？

这是否定劳动价值论的各种说法中较为常见的一种。国内外都有学者提出，随着生产的发展，把从来没有过的高新技术组合到生产体系中，实行自动化，创造价值的主要不再是劳动者的劳动，而是由技术自动化决定了。也有人以机器人和"无人工厂"为例证，说明先进科学技术和现代化的劳动资料在增加社会财富中的作用越来越重要，再坚持劳动价值论的一元论，即只有活劳动才能创造价值，已经不能解释现实。其实，早在马克思那个时代，就已经有人以产业革命带来的变化为由，提出了劳动力和生产资料都创造价值的观点。马克思在世时就曾对这种观点进行过有力的批判。所以，从本质上看，这并不是一个新问题。

18世纪中叶，从英国开始的产业革命，使机器逐渐代替了手工工具。后来，机器大工业在主要资本主义国家逐步建立起来。机器体系的普遍应用，极大地提高了劳动生产率，促使社会分工逐步深化，新产业不断涌现，新产品层出不穷，国内市场和世界市场迅速扩展，整个社会财富急剧地增长起来。有资料表明，英国的产业革命到19世纪30年代完成时，由于机器大工业在整个国民经济中占了绝对优势，劳动生产率平均提高了20倍。与此同时，机器大工业还使资本有机构成发生重大变化。一方面，机器体系及相关的生产设施所需资本比手工工具要昂贵许多倍；另一方面，机器越是先进，越可以大幅度地节省人力。以19世纪上半叶美国产业革命

---

① 托夫勒：《预测与前提》，国际文化出版公司1984年版，第200、22页。

的起始点——棉纺织业为例,手工纺工每人每天只能纺 4 绞纱,采用机器之后,每人每天可纺 1000 绞纱,也就是说,原来需要由 250 个工人干的活,现在可以由一个工人来完成。以上这些变化,从现象上看都明显地呈现出生产过程中活劳动相对减少,而产品产量和利润量却不断增加的发展趋势。一些庸俗经济学家正是在这样的时代背景下提出资本、土地、劳动都是价值的源泉,生产资料创造价值,固定资本产生利润等错误观点的。

劳动价值论是马克思运用辩证唯物主义和历史唯物主义,对当时的生产力和生产关系进行系统调查和深入分析,并在这个基础上吸取古典经济学的正确观点,批判庸俗经济学的错误观点而建立起来的。马克思针对前人的不足,创造性地提出具体劳动创造使用价值并转移旧价值,抽象劳动产生新价值的观点和社会必要劳动时间决定价值量的观点,从而把劳动价值论建立在科学的基础上。尤其是劳动二重性的论点,它不但如马克思所说是理解整个政治经济学的枢纽,而且是正确把握劳动价值论的关键。马克思正是以劳动二重性为依据回答了生产资料、特别是机器是不是创造价值的问题。他说:"工人并不是在同一时间内劳动两次:一次由自己的劳动把价值加到棉花上;另一次保存棉花的旧价值,或者说,把他所加工的棉花和使用的纱锭的价值转移到产品棉纱上。他只是由于加进新价值而保存了旧价值。但是,把新价值加到劳动对象上和把旧价值保存在产品中,是工人在同一时间内达到的两种完全不同的结果(虽然工人在同一时间内只劳动一次),因此很明显,这种结果的二重性只能用他的劳动本身的二重性来解释。在同一时间内,劳动就一种属性来说必然创造价值,就另一种属性来说必然保存或转移价值。"[①] 又说:"机器的价值并不是由机器的使用价值(它代替人的劳动就是它的使用价值)决定的,而是由生产机器本身所必需的劳动决定的。机器在它被使用以前,在它进入生产过程以前具有

---

① 《资本论》第一卷,人民出版社 1975 年版,第 225 页。

的这种价值，是它作为机器加进产品的唯一的价值"。① 马克思在这里非常明确地区分了机器本身的价值和使用价值；指明了机器如同其他生产资料一样，在劳动过程中只能转移原有的价值，它本身并不创造新价值。关于这一论断，我们还可以从马克思对庸俗经济学的批判中得到启示。例如，他说："罗德戴尔把固定资本说成是和劳动时间无关的、独立的价值源泉，是何等荒谬"，"罗德戴尔之流认为资本本身离开劳动可以创造价值，因而也可以创造剩余价值（或利润），对这种观点来说，固定资本，特别是以机器体系为其物质存在或使用价值的资本，是最能使他们的肤浅诡辩貌似有理的形式。"② 至于马克思对萨伊的"三位一体"公式的批判更是众所周知的了。我认为马克思的上述一系列论述是极其深刻和非常科学的。过去和现在，国内外一些否定或者歪曲劳动价值论的说法，往往是因为有意、无意离开了劳动两重性的原理造成的。

那么，我们为什么说在世界新技术革命到来之后劳动价值论仍然是有效的呢？

生产力的运动有它的规律。其中，生产力发展的延续性就是一条重要规律。本文开始时谈到了第三次技术革命与以往的技术革命相比较有什么特点。在这里我们还必须讲明第三次技术革命是前两次技术革命的延续。马克思指出："正象各种不同的地质层系相继更迭一样，在各种不同的社会经济状态的形成上，不应该相信各个时期是突然出现的，相互截然分开的。在手工业内部，孕育着工场手工业的萌芽，而在有的地方，在个别范围内，为了完成个别过程，已经采用机器了。……纺织机和蒸汽机的制造也同样是以制造这些机器的手工业和工场手工业，以及在上述时期已有所发展的力学科学等等为基础的"③。"在这里，起作用的普遍规律在于：后一个［生产］形式的物质可能性——不论是工艺条件，还是与其相

---

① 《马克思恩格斯全集》第47卷，人民出版社1979年版，第371页。
② 《马克思恩格斯全集》第46卷下，人民出版社1980年版，第214、216页。
③ 《马克思恩格斯全集》第47卷，人民出版社1979年版，第472页。

适应的企业经济结构——都是在前一个形式的范围内创造出来的"。[①] 从人类社会不同经济时期劳动资料的相继更迭中，我们还可以看到科学技术发挥着越来越重要的作用。机器大工业的兴起就是自然科学以及自然力大规模并入生产过程的结果。在19世纪，随着自然科学的发展，机器的性能不断提高，生产规模不断扩大，单机发展为机器体系，单一的机器体系发展为复合的机器体系。20世纪以来，由于自然科学进展迅速，先进科学技术应用于生产的速度加快，生产规模进一步扩大，机器体系更加复杂。它的运转速度，相互间的紧密连接和巨大的作用范围，都使人力直接操纵机器越来越困难，从而产生了自动控制的迫切需要。20世纪中叶以后电子技术在生产中的迅速推广正是适应了这种需要。电子技术与机器相结合出现了机电一体化，电子计算机的广泛应用出现了许多高度自动化的工厂，又在高度自动化的基础上出现了智能化。由此可见，新技术革命的进展并没有离开马克思所说的普遍规律。它是以机器大工业和20世纪上半叶的科学技术成就为基础的。而且迄今为止它取得的进步还只是实现了生产力的局部质变而非根本质变。机器人本质是高度自动化和一定程度的智能化的机器，它不但需要人来操纵，而且需要人来设计和制造；所谓"无人工厂"当然并非真正"无人"。仅从使用单位内部来看，它还需要启动机器体系的人，监督活动仪表的人，排除故障的人，进行维修的人，等等。电子技术和信息技术用在不同的机器体系上，其存在形式千差万别，但归结起来无非是在动力机、传动机、工作机之外，增加了自动控制系统。马克思恩格斯在世时，第一次技术革命已经完成，第二次技术革命正在兴起。他们早就预见到，由于使用机器而使活劳动相对减少的情况会随着科学技术的不断进步而日趋明显。马克思曾经预言："劳动表现为不再象以前那样被包括在生产过程中，相反地，表现为人以生产过程的监督者和调节者的身份同生产过程本

[①] 《马克思恩格斯全集》第47卷，人民出版社1979年版，第472页。

身发生关系。……工人不再是生产过程的主要当事者，而是站在生产过程的旁边。"① 当代科技在生产中的应用，包括机器人和"无人工厂"，从实质上说并没有超出马克思的预见，怎么能够说马克思的劳动价值论已经过时了呢？

（二）知识产品能不能创造新价值，"知识价值论"能不能取代劳动价值论？

西方未来学家奈斯比特提出："在信息经济社会里，价值的增长不是通过劳动，而是通过知识实现的。'劳动价值论'诞生于工业经济的初期，必将被新的'知识价值论'所取代。"② 这种说法我认为是似是而非，不能成立的。

知识是人类对客观世界的符合实际的认识。自然科学则是人类对自然界的知识的积累、深化和系统化。自然科学应用于劳动过程必须以技术为中介，所以我们常常把它们放在一起来考察。信息是指事物存在和变化的状况。自然界的色、声、味是信息，语言、文字、图表等一切有特定含义的信号也是信息，所以，信息是自从有了社会生产以来就在人类与自然界的物质变换中起作用的因素。人类知识的积累，生产经验代代相传，民族之间，国家之间科学文化的交流，都包含着信息的储存和传输，否则就无法解释生产力发展的延续性了。所以，信息并不是在新技术革命兴起后才出现的。但是，由于20世纪50年代以来电子计算机的发明和通信技术的进步，使人们对信息的加工和处理发生了质的变化，信息技术在经济生活和社会生活中的地位越来越突出了。现在我们要问，知识、科学、技术、信息，它们本身有没有价值、能不能产生价值？回答是否定的。第一，它们有的还处在形成过程之中，如一项新的科学技术还在经验阶段，还没有一个肯定的结果。第二，它们有的还未经劳动过滤。如自然存在的、未经处理的信息。第三，它们有的还没

---

① 《马克思恩格斯全集》第46卷下，人民出版社1980年版，第218页。
② 奈比斯特：《大趋势》，中国社会科学出版社1984年版，第15—16页。

有进入劳动过程，没有实现同生产相结合。

那么，知识产品有没有价值呢？回答是肯定的。因为知识产品，如一项发明专利，一份研究报告，一个设计方案和图表，都是人类脑力劳动的产物，而且往往是复杂程度很高的活劳动的结晶。它们不同于服务行业，因为它们提供的是有形的商品而不是劳务。它们也不同于文学、艺术创作。艺术品靠的是艺术家个人的文化素养、技巧和经验、天才和灵感。因此，艺术品是不可复制的，也不存在社会平均必要劳动。而知识产品，比如电子计算机软件以及其他类似的高技术的知识产品，是以自然科学理论和科学方法为基础的，它们可以重复生产，作为知识产权受到保护，并且在竞争中形成市场价格。所以，知识产品具有使用价值和价值，它们的价值量归根结底也是由社会必要劳动时间决定的。

现在要问，知识产品能不能创造新价值呢？回答又是否定的。知识产品的使用价值在绝大多数情况下是渗透在劳动资料之中，而不是单独地发挥作用。以信息产品为例，由于电子计算机和现代通信技术融为一体，信息的加工、处理、储存、综合和传输已经成为一种专门的技术，从而在国民经济中出现了专门生产信息产品和传输信息产品的信息产业。它们的渗透力极强，发展速度很快，但它们的作用，还是要同劳动资料相融合，才能取得提高功效，增加品种，减少消耗，改善质量等效果。信息产品自身的价值也往往同固定资产的价值结合在一起。比如我们从国外引进先进设备，常常同时购买有关软件和"诀窍"。这些都列入引进费用之中。所以，它们也和劳动资料一样，通过具体劳动保存和转移自身的价值，而并不产生新价值。

由上述可见，西方未来学家提出"知识价值论""信息价值论"，只是说明他们并不懂得马克思的劳动价值论。当然更谈不到取代劳动价值论了。

（三）怎样认识在当代的社会生产中活劳动相对减少而价值总量却在增加的现象？

在劳动价值论是否适用于当代的讨论中，有些论者是从宏观角度提出质疑的。他们往往列举主要资本主义国家的统计资料，证明半个世纪以来这些国家的国民生产总值或国民收入的增长幅度大大高于就业人数的增长幅度，并以此作为非劳动要素也创造价值的依据。这是一个近年来争论热烈而又相当复杂的问题。有些同志认为，把国民生产总值、国民收入视为价值总量，是把价值当作社会财富即使用价值的计量单位，这根本不是马克思所说的价值。再者，一定时期社会投入的活劳动总量也很难准确计算，劳动力总量不等于进入生产过程的劳动力，而进入生产过程的劳动力又不等于实际投入的劳动时间，这里面因素很复杂。所以，在这些同志看来，把国民收入或国民生产总值同活劳动总量相比较，和非劳动要素能不能创造价值是互不相干的两件事。

我的看法与以上两种观点都不尽相同。国民生产总值、国民收入这一类指标当然不等于价值总量。但在剔除了币值变动的因素之后，从一个较长的历史时期来观察，社会的商品价格总量总是以价值为基础的，不能说完全与价值无关。劳动力总量等指标也不等于实际投入的活劳动量，不过从一个较长的历史时期来观察，各种短期波动的因素，其影响都会大大冲淡。所以，这类指标也能大体反映活劳动投入量的变动。有资料表明，从 1950 年到 1990 年，美国、日本、联邦德国、英国、法国五国的总产出相加，从 21620 亿不变美元增加到 93310 亿不变美元，后者为前者的 4.3 倍。而同一时期上述五国的劳动力发展，则从 1950 年的 16777 万人，增加到 1990 年的 26669 万人，后者为前者的 1.6 倍。这两组数字的比较大体上反映了价值量的增长快于劳动力的增长这样一种发展趋势。应该承认，这是一个客观存在的经济现象。当然，问题的关键还在于对这一经济现象如何分析，如何认识。我不赞成以此为理由说劳动价值论已经无法解释现实。相反，我认为上述经济现象完全可以用坚持和发展劳动价值论作出说明。

第一,先进的劳动资料在生产中的应用尽管代替了大量工人,但是,一方面由于生产规模的迅速扩大,生产同类商品的工厂大量增加,从一个行业来看,工人人数反而有可能增加。另一方面,随着机器大工业的兴起,社会分工向广度和深度发展,新产品、新行业层出不穷,它们吸引了大量工人。所以马克思说:"就业工人人数的相对减少和绝对增加是并行不悖的。"① 这种趋势在新技术革命到来之后并未改变。这就为价值量的增加提供了一个条件。

第二,形成商品价值和使用价值的劳动并不是任何一种劳动,而是生产社会财富的劳动。用马克思的话来说就是:"生产劳动是物化在物质财富中的劳动。"因此,研究社会总价值量的增加,不能不同社会生产劳动的变化联系起来。我国学术界在20世纪60年代和80年代曾两度掀起讨论生产劳动与非生产劳动的高潮。但迄今为止对于两者的划分原则和划分范围仍然众说纷纭。本文的主题并非正面讨论生产劳动和非生产劳动问题。我只是想提出这样一个观点:随着先进科学技术在生产中的广泛应用,生产社会化的程度逐渐提高,分工和协作越来越发达,劳动的整体性无论在一个生产单位内部还是全社会都极大地增强了,各种不同职能的劳动直接、间接并入生产过程,使生产劳动的范围呈现出不断扩大的趋势,而且这个趋势直到现在还在继续。马克思面对机器大工业的兴起和资本主义生产方式占据统治地位,对生产劳动曾作过许多精辟的论述。他说:"互相竞争的和构成为一台总生产机器的各种劳动能力,以极其不同的方式参加直接的商品形成过程,……有的人多用手工作,有的人多用脑工作,有的人当经理、工程师、工艺师等等,有的人当监工,有的人当直接的体力劳动者或者做十分简单的粗工,于是劳动能力的越来越多的职能被列在生产劳动的直接概念

---

① 《资本论》第一卷,人民出版社1975年版,第492页。

下。"① 马克思的上述思想，对我们认识今天的生产劳动仍有现实的指导意义。不过，结合新技术革命以后的实际，马克思主义政治经济学的某些范畴需要有新的发展。例如，什么叫物质财富？在马克思那个时代，强调的是用于生产消费的各种物质资料，如机器、钢铁、煤炭、棉花等。那么，在电子技术、通信技术、信息技术已有长足进步的今天，知识产品在生产中正发挥着越来越大的作用，电子计算机软件、发明专利、经过加工处理的信息等，它们虽然并非物质资料，但却是重要的社会财富。看来，马克思所说的生产劳动的内涵也应该丰富和扩大。在当代，自然科学的研究，新技术、新工艺的创造，电子计算机的操作，信息的传输，大型企业的现代化管理（如 CIMS），恐怕都在生产劳动的范围之内。因此，一项高技术的最终产品，尽管在最后这个环节上占用的活劳动可能很少，同转移的物化劳动相比可能不成比例，但是从"总生产机器"来考察，科学研究，资源勘探，原料开采，机器制造，中间产品的生产，所有参加这些劳动的人都是生产劳动的承担者，所有这些活动耗费的活劳动和形成的新价值，都会一步一步地被当作物化劳动保存和转移下来。从一项产品看是这样，从全社会总产品来看更是这样。这是我们在分析社会总价值时必须加以考虑的。

第三，复杂程度较高的劳动能创造更多的价值，这是马克思主义政治经济学的基本原理。那么，在不同的生产发展阶段，从全社会看的平均的劳动复杂程度是不是一成不变的呢？马克思关于国民工资差异的分析给我们以重要的启示。他说："国家不同，劳动的中等强度也就不同；有的国家高些，有的国家低些。于是各国的平均数形成一个阶梯，它的计量单位是世界劳动的平均单位。因此，强度较大的国民劳动比强度较小的国民劳动，会在同一时间内生产出更多的价值。"② 随着科学技术的进步，发达国家同不发达国家

---

① 《马克思恩格斯全集》第 49 卷，人民出版社 1982 年版，第 100—101 页。
② 《资本论》第一卷，人民出版社 1975 年版，第 614 页。

相比，其劳动的中等强度较高，从而平均的劳动复杂程度也比较高，同样多的劳动时间可以创造出更多的价值。在第三次技术革命来临之后这种情况更为明显。我认为这是发达资本主义国家出现总价值增长趋势快于劳动力增长趋势的一个重要原因。

(原载《马克思主义研究》1995年第6期)

国有经济体制改革的政治经济学思考(一)

对国有经济的深入改革，关系到改革开放的全局和社会主义制度的巩固。党的十四大、十四届三中全会以及党和国家领导人的一系列讲话，已经指明了国有经济改革的方向、方针和政策。为了统一思想，提高认识，我认为有必要以马克思主义政治经济学基本原理为指导，以建设有中国特色的社会主义理论为依据，对学术界迄今为止仍存在不同见解的几个重大问题进行深入探讨。

近几年在国有企业改革进程中，产权改革是一项重要内容。产权概念来自西方，本意是财产所有权、财产权或是所有权的简称。从马克思主义经济学来看，产权是以一定的生产资料所有制为基础的，财产权、所有权是所有制的法律用语，所以，产权应包括在生产资料所有制理论之中。

生产资料所有制是政治经济学的重要范畴。每个社会中的生产关系都形成了一个有机的整体，即人们在生产、交换、分配、消费诸方面的经济关系体系。贯穿在生产关系诸方面的，是生产资料所有制。生产资料所有制是通过人对生产资料的占有关系而表现出来的人与人之间的经济关系，它不是孤立存在于生产关系之外，而是体现在生产、交换、分配、消费诸方面的人与人之间的关系之中。马克思曾有一段名言："给资产阶级的所有权下定义不外是把资产阶级生产的全部社会关系描述一番。要想把所有权作为一种独立的关系、一种特殊的范畴、一种抽象的和永恒的观念来下定义，这只能是形而上学或法学的幻想。"① 因此，人们通常把生产资料所有制称作生产关系的总和。

我国经济学界在20世纪70年代末80年初曾围绕如何理解生产关系的内涵问题进行过学术讨论。这是由已故著名经济学家孙冶方同志提出来的。他把恩格斯对作为政治经济学对象的生产关系所下的定义同斯大林对生产关系所下的定义加以比较。发现斯大林把"生产资料所有制形式"当作生产关系的一个方面单独列出来，这是恩格斯定义所没有的，而恩格斯定义中的"交换"在斯大林定义中又没有了。孙冶方同志认为斯大林定义比起恩格斯来说，是一种后退，他说生产关系的全部内容就是所有制形式或财产形式的全部经济内容。所以，他坚决反对把所有制当作生产关系的一个方面独立出来，认为这样做必然导致离开生产关系整体，即离开生产、交换、分配、消费诸环节的人与人之间的经济关系，去孤立地研究所有制问题，从而陷入马克思所说的"形而上学或法学的幻想"。孙冶方同志还进一步指出，斯大林的上述定义已经给社会主义实践带来了消极后果②。当时也有一些经济学者不赞成孙冶方同志的上述观点，主要是认为斯大林把生产资料所有制形式作为生产关系的一个方面独立出来未必是错误的，马克思自己就曾在许多著作中从所有制本身的独立内容来概括它的性质和特征。经过十几年改革的实践，今天回过头来看，对生产资料所有制范畴似乎可以从广义上和狭义上作两种理解。广义的所有制即生产关系的总和，它是同生产关系的范围相一致的，并构成一定社会经济形态的特征。狭义的所有制是指生产资料归谁所有，由谁支配，由谁受益的问题。在当代，它的法律形式也就是通常所说的所有权、占有权、处置权、受益权等。但是有一点我认为有必要着重加以澄清：把所有制独立出来进行考察，同把所有制孤立起来进行考察并不是一回事。无论是

---

① 《马克思恩格斯选集》第四卷，人民出版社1972年版，第144页。
② 参见《社会主义经济的若干理论问题（续集）》，人民出版社1982年版，第57—78页，下文所引孙冶方同志的论点均见此书。

广义的所有制还是狭义的所有制，都不容许把生产资料所有制看作一个孤立存在的东西，即离开生产关系整体，离开生产、交换、分配、消费诸方面的人与人之间的关系，把所有制简单化为财产归属问题。孙冶方同志对斯大林的批评未必能够成立，但是他早在1979年就看到理论界已经出现把所有制孤立起来研究的对象，则是很有远见的。他总结说，我国二十多年来，生产发展缓慢，并且曾两度遭到很大破坏，还发生了阶级斗争扩大化，这同把所有制从整个生产关系中孤立出来，不能说是没有关系的。

孙冶方同志的上述见解仍有现实意义。近几年来在改革进程中，理论界就出现了一种比较流行的观点，即离开生产关系整体孤立地讲所有制，进而把所有制关系简单化为一个财产归谁所有的问题。有些论者公然提出改革国有企业不应该也不必要考虑生产关系；有些论者认为国有经济不是社会主义的标志，资本主义也有国有经济，英国工党执政期间国有经济的比重还相当高；有些论者主张国民经济民营化，认为国有中小企业实行国有民营是必由之路，等等。我觉得对国有企业、特别是国有大中型企业的产权改革，如果把着眼点仅仅放在国家是否保有企业的财产权上，视野是否太狭窄了。我们都知道，近年来国有资产大量流失，有人说每天流失了两千个亿，有的报刊公布，近七年国有资产已经流失了两千个亿。对此已经引起了各方面的普遍关注，国家也正在采取各项坚决措施加以制止，这是完全必要的。但是，我认为国有企业改革不能仅仅投射在财产关系上。国有大中型企业是全民所有制性质的企业。全民所有制是一种生产关系而不仅仅是一种财产关系。只有通过改革来巩固和完善企业的全民所有制性质，发挥出社会主义企业特有的优势，才能增强国有企业在市场上的竞争力，达到搞好国有企业的目的。无论是保值增值，转换企业经营机制，加强科学管理，进行股份制改造，都不能忘记这个基本点。

社会主义国家的国有经济同资本主义国家的国有经济，在经营方式、运行机制等方面有某些相近之处，因此，我们可以借鉴他们的一些做法。但社会主义国家同资本主义国家的根本性质不同，因此，社会主义国家的国有经济同资本主义国家的国有经济根本性质也不同。这本来是马克思主义的基本原理，恩格斯早已讲得清清楚楚。为什么有些经济学者会产生模糊认识呢？从理论根源上说，很可能就是孙冶方同志指出的，离开了生产关系，孤立地从所有制形式上看问题。

我不赞成国民经济民营化这个提法，也不赞成国有民营是国有中小型企业改革的主要途径这个观点。原因主要有两点：第一，所谓"民营"和"国有民营"，主张者说法不一，相互矛盾，还不能称作一个科学的概念。例如，对于民营经济有人说主要包括两种形式，一是"民有民营"，指个体、私营、合作、集体、外资等多种经济成分；一是"国有民营"，即由国家将其资产采用承包、租赁或股份形式交给民间的经营团体或个人经营[①]。按照这种说法，民营经济几乎是国民经济的全部。因为"民有民营"已经覆盖了所有非国有经济，而国有经济中除承包、租赁和股份形式以外也所剩无几了。按照这种说法，中国岂不是早就实现了国民经济民营化了吗？同时，他们当中也有人不赞成把"民营经济"说成是一种包括个体、私营、合作、集体、外资等多种成分的经济关系；还有人不赞成"国有民营"包括承包制和租赁制。可见，迄今为止"民营经济""民有民营""国有民营"都还没有一个统一的说法。第二，我认为用马克思主义的生产资料所有制来衡量所谓"国有经济民营化"，其必然结果是使绝大部分国有企业改变为非国有企业，从而大大削弱国有经济在国民经济中的主导作用。为什么这样说呢？有人提出，国有民营是指在资产所有权不变、职工身份不变、财税上缴渠道不变的原则下，将国有资产经营权以有偿使用形式交给个人或个人组成的集团，按照私营企业管理模式经营[②]。也

[①] 参见《经济学动态》1994年第9期，第36页。
[②] 参见《私营经济研究》1994年第2期，第5页。

有人主张，国有民营即企业资产国家所有，由自然人或私营企业经营。实行国有民营后，企业所有制性质不变，隶属关系不变，职工身份不变①。这两种说法大同小异，但都是自相矛盾的。因为我们不应该把国有企业或生产资料全民所有制仅仅看作一个财产归国家所有的问题。既然这些论者都说要把国家财产交给私营企业经营，或按照私营管理模式经营，那么从企业生产关系的整体来看，对内对外的经济关系怎么可能是"企业所有制性质不变"，"职工身份不变"呢？我并不反对国有中小型企业实行租赁制、承包制，甚至出售给私人。但不赞成把这种交给私营企业经营的企业仍叫做国有企业，或者给它们戴上一顶含混不清的"国有民营"的帽子。至于国民经济民营化究竟意味着什么，这需要对它的设计者们的主张作一些具体分析。首先，他们认为应该把"官营"与"民营"分开。"民营"是一个与"官营"相对的概念。"民营的实质在于"非政府""非官方"直接插手的自主经营。其次，他们认为从生产资料所有制关系的角度来看，"民营经济"的实质不仅在于"民"在生产经营过程中具有完全的自主决策权，而且在于它是一种在企业股份总额中私人股份达到51%以上，国家可以占有一定量股份但不直接干预企业生产经营活动的经济。所谓国家不直接干预企业生产经营活动，一个基本标志是，企业领导干部完全不是由政府直接或间接任命的。再次，国民经济民营化，并不否定一定范围的"国有官营"或"官办官营"。那就是关系国计民生和社会需求弹性较小具有"公共产品"性质的生产经营目标。因为能够充当不计个人损失而甘愿提供"公益产品"供给的，只有"国有官营"。除此之外，他们特别强调，在非公共产品的生产经营领域，"民营"不仅要占据主要地位，而且构成国民经济活动的主要基础。② 对于"国民经济民营化"的上述观点，我也提出三点意见来

---

① 参见《生产力研究》1995年第1期，第53页。
② 以上观点见《经济研究》1994年第6期，第48—55页。

进行商榷。第一，他们所说的生产资料所有制角度显然不是指生产关系，而仅指财产关系。但即使从财产关系来看，他们又限定对民营经济国家最多只能参股而不能控股。所以，无论从生产关系看还是从财产关系看，这些民营企业都已经不再是国有企业。第二，不能把他们所主张的"非政府直接插手的自主经营"同我们党正在推行的政企职责分开混为一谈。我们所说的政企职责分开，国家作为所有者仍然保有选择企业管理者的权利，这是党的十四届三中全会明确规定了的。而他们却把国家不能任命企业领导者，当作企业自主经营的基本标志。第三，对无利可图的"公益产品"，即使在发达资本主义国家也是由政府经营的。它们在国民经济中所占的比重很小。国民经济民营化把除此以外的经济活动统统归入民营的范围，而他们所说的民营企业又已经不再是国有企业，那么没有国有企业的国有经济在国民经济中起主导作用岂不是一句空话吗？

在国有企业逐步推行现代企业制度的过程中，怎样才能做到坚持和完善企业的全民所有制性质？党的十四届四中全会《决定》指出，国有企业要充分发挥党组织的政治核心作用，坚持和完善厂长（经理）负责制，全心全意依靠工人阶级。这三句话本来是我们党在国有企业管理中一贯坚持的原则。十四届四中全会重申这些原则，其意义超出了企业管理的范围。我体会，这三句话中，关键是充分发挥党组织的政治核心作用。国有企业无论是政企分开、转换经营机制、明晰产权、股份制改造加强科学管理、调动职工的积极性，都离不开党的领导。只有真正发挥了党组织的政治核心作用，企业上下内外的关系才能真正保持国有经济的本色，社会主义企业所特有的优越性才能发挥出来。

（原载《企业经济》1995 年第 12 期）

国有经济体制改革的政治经济学思考(二)

我国宪法规定:"中华人民共和国的社会主义经济制度的基础是生产资料的社会主义公有制,即全民所有制和劳动群众集体所有制。""国有经济,即社会主义全民所有制经济,是国民经济的主导力量。国家保障国有经济的巩固和发展。"《民法通则》规定:"国家财产属于全民所有。国家财产神圣不可侵犯,禁止任何组织或者个人侵占、哄抢、私分、截留、破坏。"党的十四大和十四届三中全会都明确提出,社会主义基本经济制度,在所有制结构方面以公有制为主体,发挥国有企业的主导作用。国务院发布的《国有资产监督管理条例》又进一步具体规定:"企业财产属于全民所有、即国家所有。""国务院代表国家统一行使对企业财产的所有权。""在国务院统一领导下,国有资产实行分级行政管理。"以上这些规定符合马克思列宁主义和毛泽东思想,符合建设有中国特色的社会主义理论,而且中华人民共和国成立以来我国社会主义建设的实践也证明它们是正确的。但是,近十年理论界却先后出现了一些与上述精神不符的言论。例如,国有经济由于它固有的统一性已经成为生产力进一步发展的障碍;国有经济的统一性没有必要也没有可能保持下去,应把全民所有地方分级管理,改为地方分级所有;由于国有经济的整体性,使国有企业不可能成为真正的经济实体,应把全民所有制改为企业所有制;全民所有制名义上是人人皆有,实际上是人人皆无,必须把国有财产分散给个人,等等。从诸如此类的观点可以看出,他们批评的焦点集中在国有经济的整体性或统一性上。最近,看到一篇公开发表的文章,我认为对上面这些观念很有代表性，值得做一些具体分析。① 文章一开始就提出"投资者产权"这个概念。认为它才是企业制度的产权基础。投资者产权可以分为两种形态："其一是个人所有制，即投资主体的资产或投资份额可以或最终可以明确划归到个人头上"，"其二是机构所有制，即由机构负责的资产只能归属到机构的自身，而无法最终明确地划归到个人的头上，如宗教组织、慈善机构、政府部门、事业单位以及国有企业等机构投资者。"文章认为，个人投资者的集合可以保证以追求资产的保值增值为最大目的，在资产约束上也是最硬的。而机构的所有制则不然。由于它的资产不能落实到任何个人的头上，这就意味着对机构资产的侵害不会侵害到任何个人的资产，反过来，人们却可以从对机构资产的侵害中谋取个人的利益，这就难以形成对机构资产的严格管理和监督。所以，现代企业制度必须以个人所有制为基础。国家所有制有两个基本特点：（1）以政府为产权主体；（2）国有资产不能划归到任何个人头上。因此，"国家所有制既是国有企业活力不足等诸多问题的根源，也是企业改革一再陷入困境的根源，是成功推行现代企业制度的最大障碍。"围绕这个结论，文章列举了国有经济的8项矛盾。其主要内容是力图说明，在国家成为投资主体或国家控股的情况下，不可能做到政企分开，不可能消除政府的直接干预，不可能制止滥用权力，也"构造不出现代企业制度有效动作所需的产权基础。"那么，出路何在呢？作者的主张是"必须彻底摒弃国家所有制这种以政府为主体的机构所有制"。"只有在全民所有制意义上重建个人所有制，推行国民基金计划，才能合理构造国有企业的投资者产权。"为此，文章参照西方发达国家的经验，提出了12项措施。主要内容是：在核实现有国有资产总量的基础上，向全体公民发放等额的国有资产股权证；国有资产的损益及其运营的资产收益直接分配记入个人持有的股权证名下；股权证可以继承、转让、馈赠和出

---

① 以下引文或引文大意均见《经济研究》1995年第1期，第30—36页。

售；股权证持有人享有国有资产股东的权利、实行一人一票制，定期通过股东代表大会选出国民基金会的董事和监事；国有企业员工按其持有的国有资产股权证所含的资产价值直接占有本企业资产中的相应份额。……

这篇文章同我国的宪法和有关法律可以说是背道而驰。作为一种学术上的商榷，我想对几个基本理论提出自己的看法。

第一，怎样认识国有经济的整体性、统一性？

国有经济即全民所有制经济。关于全民所有制的本质，马克思主义创始人说过："社会主义的任务，勿宁说仅仅在于把生产资料转交给生产者公共占有。"[1] 又说："联合起来的个人对全部生产力总和的占有，消灭着私有制。"[2] 马克思、恩格斯在许多著作中，用不完全相同的语言表达着同一个基本思想，即全部生产资料归社会全体成员共同所有。由此产生了全民所有制经济的整体性、统一性，就是说全民所有制具有集合性质，它作为一个统一体集中体现着全体社会成员的共同利益。因此，它既不能分解为一个个局部所有，更不能量化为个人所有。这是全民所有制最基本的特点和优点。但是，对"生产资料归全体社会成员共同所有"，有些人是很难理解的。马克思曾尖锐地指出："私有制使我们变得如此愚蠢而片面，以致一个对象，只有当它为我们拥有的时候，也就是说，……被我们直接占有，被我们吃、喝、穿、住等等的时候，总之，在它被我们使用的时候，才是我们的。"[3] 有些人指责全民所有制是"人人皆有，人人皆无"，认为只有把国有资产分解到全体公民个人的头上，才能使人民真正从国有经济中得到好处，人民也才真正关心国有经济。我认为这些都是用私有制的狭隘眼界，站在利己主义的立场上来看待全民所有制。它不但离马克思主义很远，而且不符合基本史实。难道中华人民共和国成立 40 多年国有经济的壮大

---

[1] 《马克思恩格斯选集》第四卷，人民出版社 1972 年版，第 303 页。
[2] 《马克思恩格斯全集》第 3 卷，人民出版社 1960 年版，第 77 页。
[3] 《马克思恩格斯全集》第 42 卷，人民出版社 1979 年版，第 124 页。

和综合国力增强，没有给全国人民带来利益吗？难道没有各族人民举国一致的关心、支持和奉献，我国社会主义建设能够取得如此巨大的成就吗？当然，对全民所有制也应该像前文谈到的，把基本经济制度同具体形式的区别和联系搞清楚。全民所有制的整体性、统一性是就这种生产关系的根本性质而言的，它同我们通常遇到的企业股份制改造，发挥各级地方政府的积极性，市场主体之间的平等竞争等，并不是一个层次的问题。

第二，怎样认识全民所有制经济内部国家与国有企业之间的关系？

本文所举的上述文章，把国家所有制说成是推动现代企业制度的最大障碍，主要依据之一是全民所有制内部不可能做到政企分开。文章说，在国家作为主要投资者的情况下，要推行规范的公司制度就不可能真正做到政企分开；要想使企业成为真正的独立法人，就不可能推行规范的公司制度。这就涉及怎样理解国家与国有企业之间的关系问题了。

国家与企业的关系，我认为可以从三个不同角度来分析。首先，国家与企业是全民所有制经济内部两个基本层次之间的关系，它们属于一个所有者。在这里，理顺产权关系是同一生产关系体系内部不同层次之间的职能划分问题。这与不同所有制经济单位之间的关系在性质上是有明显区别的。其次，从生产关系的深层本质来看，国家和企业都不是全民财产的最终所有者。众所周知，在国家消亡前，全民所有制必然要采取国家所有制的形式。它实质上是国家受全民的委托，作为全社会的代表，对全民财产行使所有权。企业不仅是全民所有制经济的细胞，而且是一部分劳动者进行联合劳动的载体。企业受国家的委托对本企业的国有资产负责保值增值，实质上也就是这部分劳动者受全民的委托（经过国家）对企业范围的局部财产进行直接的管理。从这个角度看，国家与企业是委托再委托的关系。再次，政企职责分开，所有权与经营权分开，是国家与企业深层本质关系在市场经济条件下的现象形态。党的十四届三中全会《决定》指出，现代企业制度有五个特征，其中包括企业中的国有资产所有权属于国家；企业拥有全部法人财产权，成为法人实体；国家享有资产受益、重大决策和选择管理者等所有者权益；政府不直接干预企业的生产经营活动。这些规定对于政企分开、两权分离，应该说是明确的和比较完备的。从以上三个角度综合起来看，国家与国有企业之间的关系，本质上是同一所有者内部不同层次之间委托、再委托的关系。只要国家与企业各自的责、权、利划分得明确、合理，企业就能够成为自主经营的法人实体和市场竞争主体，政企职责分开的问题也就解决了。

上述文章所以把国有经济说成是建立现代企业制度的障碍，我想至少有两个原因。其一，我们所说的现代企业制度是以公有制为主体的、有中国特色的；他们所说的现代企业制度是以个人所有制为产权基础的，是以资本主义企业为圭臬的；两者并不是一回事。其二，他们把政企分开绝对化了，违反了辩证法。在他们看来，既然说政府不再干预企业的生产经营，那么除了遵纪守法，照章纳税，就什么经营活动也不该管；既然说企业是自主经营的法人实体，那么就应该一切自主，不再受任何约束。总之，他们想把国家与国有企业的关系变得同国家与私营企业的关系完全一样，否则就是政企不分，这是既不可能也不合理的。

第三，怎样理解马克思所说"重建劳动者个人所有制？"

本文所举上述文章，曾把他们提出的向全体公民发放国有资产股权证说成是"在全民所有制的意义上重建个人所有制"。众所周知，近几年，有些论者力图用这段话证明，马克思提出的生产资料归全社会公有，本意就是实行股份制或把全民财产分归个人所有。许多同志不同意这样引用马克思的话。最近，苏星同志指出，马克思这里讲的个人所有制是指消费品在社会主义制度下仍归个人所有。[①] 我赞同苏星同志的意见，同时考虑到这场争论已持续几年，

---

① 见《论社会主义市场经济》，中共中央党校出版社1994年版，第111—112页。

迄今仍有人在歪曲马克思的原意，所以想再补充一点个人的体会。

"重建劳动者个人所有制"这段话原文如下："同资本主义生产方式相适应的资本主义占有，是这种仅仅作为独立的个体劳动的必然结果的私有制的第一个否定。但是，资本主义生产本身由于自然变化的必然性，造成了对自身的否定。这是否定的否定。这种否定不是重新建立劳动者的私有制，而是在资本主义时代的成就的基础上，在协作和共同占有包括土地在内的一切生产资料的基础上，重新建立劳动者的个人所有制。""当然，作为个人劳动的目的的分散的私有制转化为资本主义所有制，同事实上已经以集体生产方式为基础的资本主义所有制转化为公有制比较起来，必然要有更长的时间、更多的努力和痛苦。"①

对马克思的这段话究竟怎样理解，其实引文本身已经说得很清楚。无论如何，从这里面找不出共同占有的生产资料必须分散给劳动者个人所有的意思。我的这一理解还可以从马克思的其他著述中得到佐证。

马克思恩格斯在《德意志意识形态》中说："在无产阶级的占有制下，许多生产工具应当受每一个个人的支配，而财产则受所有的个人支配。"② 马克思在《经济学手稿》中又说："资本主义所有制只是生产资料的这种公有制的对立的表现，……只有通过他的所有制改造为非孤立的单个人的所有制，也就是改造为联合起来的社会个人的所有制，才可能被消灭。"③ 马克思在《资本论》中还曾把未来的公有制社会称作"自由人联合体"。

马克思的上述一系列论述，其要意可归纳为以下三点：其一，"重建劳动者个人所有制"，"联合起来的社会个人所有制"。都是同生产资料私有制相对立的。其二，"重建劳动者个人所有制"、"自由人联合体"、"联合起来的社会个人"讲的都是公有制。马克

---

① 《马克思恩格斯全集》第 49 卷，人民出版社 1982 年版，第 246—247 页。
② 《马克思恩格斯全集》第 3 卷，人民出版社 1960 年版，第 76 页。
③ 《马克思恩格斯全集》第 48 卷，人民出版社 1985 年版，第 21 页。

思所以用这样的语言来论述公有制，其用意在于强调无产阶级取得政权并实行了剥夺剥夺者的条件下，每一个劳动者都是全社会生产资料的共同所有者，突出了劳动者的主人翁地位。其三，值得特别注意的是，马克思在讲到劳动者个人是生产资料所有者时，一再强调是"非孤立的单个人的所有制"，"联合起来的社会个人的所有制"，等等，因此，决不能把这些话曲解为马克思主张全社会公有的生产资料应分解为劳动者个人的财产。

  本文围绕国有经济改革探讨了三个基本理论问题。我的中心思想就是要强调马克思主义政治经济学的重要性。不容否认，近些年经济学界出现了贬低、否定马克思主义经济学的情况：有人认为政治经济学已经过时，成了传统经济学、古典经济学，解决不了当前的问题；有人歪曲篡改马克思主义经济理论，力图把它庸俗化。这种情况不利于坚持四项基本原则，也不利于改革开放。基础理论研究乍看起来似乎离现实生活很远，实际上对现实生活影响很大。本文论及的几个基本理论问题不就是直接关联着社会主义市场经济的建立和发展吗？马克思创立政治经济学的确是一百多年前的事情。因此，决不能用教条主义的态度对待它，而是要结合国情和时代特征，实事求是，解放思想，在坚持马克思主义基本原理的基础上，不断总结经验，创新发展，开拓前进。

（原载《企业经济》1996 年第 2 期）

国有经济体制改革的政治经济学思考(三)*

——社会主义基本经济制度与市场经济相结合

党的十四大决定建立社会主义市场经济体制,指出社会主义市场经济体制是同社会主义基本制度结合在一起的。对此江泽民同志作过精辟的概括,他说:"社会主义市场经济是一个完整的概念。简要地说,就是要把公有制的优越性与市场经济对资源的优化配置有效地结合起来,二者不能割裂,也不能偏废。"①由此可见,能否做到市场经济与社会主义基本制度相结合,是我国经济体制改革成败的关键。市场经济本来是在私有制基础上生长起来的。资本主义市场经济以资本主义私有制为基础,发展到今天已有二三百年的历史了。社会主义市场经济以公有制为基础,这是它最主要的特点,也是它面临的最大难点。正是在能否结合和如何结合这个问题上,近几年我国理论界一直存在着不同的认识。

有一种较为流行的观点,认为市场经济就是市场经济,何必给市场经济加上"社会主义"这四个字呢?有些论者虽然没有公开否定社会主义市场经济这个提法,但却片面强调市场经济而极力淡化社会主义基本制度。他们主次倒置,用市场经济这把剪刀肆意剪裁社会主义基本制度。例如,有的论者认为应该依照市场经济的要求决定有什么样的所有制,而不是由所有制的性质来决定有什么样的市场经济。他们主张国有经济只有一个所有者,其内部不可能产

---

* 合作者:程礼泽。
① 见《人民日报》1993年8月9日。

生出真正的市场主体。因此要发展市场经济就必须降低国有经济的比重，改变非公有经济作为国民经济补充的地位。又如，以社会主义还存在劳动力市场为由，推论出公有制经济中劳动力仍然是商品，不能实行按劳分配，只能实行按劳动力价值分配，等等。怎样才能做到社会主义基本制度与市场经济相结合？我认为应该从马克思主义政治经济学得到启发。

马克思主义政治经济学告诉我们，任何一种生产关系都是一个复杂的体系。这里面既有决定生产关系性质的基本经济制度，又有作为这种生产关系的具体形式的各个具体环节、具体制度。前者主要指一个社会经济形态中占统治地位的生产资料所有制，后者包含很广，像经济体制、经济运行机制、商品货币关系等均属这个范围。我们说社会主义生产关系是一种适合生产力性质的新的生产关系，是就它的基本经济制度而言的，这当然不是说社会主义生产关系同生产力就没有矛盾。在通常情况下，这种矛盾主要来自生产关系的具体环节、具体制度。有时是因为领导者缺乏经验或指导失误，使某些具体环节同生产力的要求相矛盾；有时是因为生产力向前发展了，生产关系的某些环节本来是适合生产力的，现在变得不适合生产力了。在社会主义条件下，为了及时解决这些矛盾，应该自觉地进行调整或变革。这就是说，一方面，对社会主义基本经济制度，包括公有制、按劳分配，我们要巩固它，发展它；另一方面，对社会主义生产关系的具体环节、具体制度又需要进行经常的调整。这两方面相辅相成，推进社会主义生产关系的不断完善。我国当前正在进行的经济体制改革，由于旧体制实行了几十年，积重难返，同生产力的矛盾日益明显，因此，必须进行全面的、深入的改革，它同生产关系的一般性调整还是有区别的。但就经济体制改革的根本性质而言，仍属于生产关系具体形式的变革，而不是要改掉社会主义基本经济制度。对这个问题，邓小平同志多次作过明确的指示。他说，改革是社会主义制度的自我完善，改革中坚持社会主义方向，这是一个很重要的问题。我们采取的所有开放、搞活、改革等方面的政策，目的都是为了发展社会主义经济。我们允许个体经济发展，还允许中外合资经营和外资独营企业发展，但是始终以社会主义公有制为主体。总之，改革是为了调整生产关系和上层建筑中那些不适合生产力要求的具体形式，目的在于壮大社会主义经济，更好地促进生产力的发展。这是我们在考虑任何一项改革举措时都必须坚决贯彻的指导思想，也是我们用社会主义市场经济体制取代过分集中的计划经济体制的基本立足点。

商品经济和市场经济存在于不同的社会经济形态。马克思恩格斯都曾论述过商品一般和市场一般。但这只是一种科学的抽象。历史上实际存在的商品经济、市场经济在不同社会经济形态各有不同的特点。这是因为在任何一个生产关系体系中，占统治地位的生产资料所有制决定着该社会人与人之间最基本的经济关系。商品经济、市场经济也是物与物掩盖下的人与人之间的经济关系，不过，它们只是人与人之间经济关系总和的一个侧面，因此不能不受人与人之间的基本经济关系的制约。这就决定了不同社会形态中商品经济、市场经济各具特点。以资本主义制度为例，占统治地位的生产资料所有制是资本主义私有制，人与人之间最基本的经济关系是资本与雇佣劳动的关系。因此，马克思在谈到资本主义商品经济时说："使它和其他生产方式相区别的，不在于生产商品，而在于，成为商品是它的产品的占统治地位的和决定的性质。这首先意味着，工人自己也只是表现为商品的出售者，因而表现为自由的雇佣工人。"[1]

以上我们着重讲了基本经济制度对于商品经济、市场经济的制约作用，目的是要说明两者主次关系不容颠倒。但是，如果仅仅强调这一个方面，而看不到市场经济在生产关系体系中的重要地位，忽视了它对于生产关系的具体环节、具体制度发生着重要的影响，那就会陷入另一种片面性。《资本论》全面地、系统地、深刻地揭示了资本主义基本经济制度是如何同市场经济相结合的，它所蕴藏

---

[1] 《马克思恩格斯选集》第二卷，人民出版社1995年版，第582页。

的巨大的精神财富至今仍具有重要的现实意义。《资本论》的中心内容是剩余价值的生产、实现、增殖和分割。但是，整个的论证过程，自始至终都是同资本主义商品经济和市场经济结合在一起的。为了揭示剩余价值的分割，《资本论》首先分析了利润平均化趋势，价值转化为生产价格，在资本主义发达形态上价格不是围绕价值波动，而是围绕生产价格波动。市场经济的这些变化成为剩余价值在产业资本、商业资本、生息资本和土地所有者之间分割的经济条件。

《资本论》是马克思主义政治经济学的百科全书。其中对资本主义市场经济的剖析内容也极其丰富，对于我国建立社会主义市场经济体制具有多方面的指导作用。仅就基本经济制度与市场经济相结合这一点来说，《资本论》一方面揭示了资本主义市场经济的运行和发展归根结底是为剩余价值的增殖服务的，从而把资本主义市场经济的特点从市场经济一般中剥离出来，始终坚持了基本经济制度决定市场经济性质的基本观点。另一方面，又系统阐明了资本存在的具体形式，资本主义生产目的的实现方式，资本主义经济运行的机理等生产关系的具体环节、具体制度，都是同商品经济、市场经济相结合，并且受商品经济、市场经济发展规律的制约的。这就从方法论上给了我们极为重要的启示。

建立社会主义市场经济体制是前无古人的事业，现在就企图拿出一套成熟的做法是不切实际的。我们应该沿着党中央指出的方向，大胆实践，要靠我们自己创造；同时应该认真学习西方国家搞市场经济的经验，不过，一定要从中国的实际出发加以消化，而不是全盘照搬。本文在前面提到的把社会主义基本制度与市场经济对立起来和割裂开来的种种说法之所以站不住脚，从理论上说，是因为它们违反了马克思所揭示的上述一系列基本原理；从实践上说，否定社会主义基本制度，着力于发展资本主义市场经济，必然导致经济、政治、社会各方面的严重后果，这在国际上已有先例，我们决不应重蹈覆辙。

（原载《企业经济》1996 年第 3 期）

社会主义市场经济与按劳分配

党的十三大和十四届三中全会先后提出,在社会主义商品经济、市场经济体制下,要坚持以按劳分配为主体,多种分配方式并存的制度。十几年来我们遵循这一方针,在劳动制度和工资制度的改革上取得了很大进展,但也不可避免地遇到了许多新矛盾、新问题。看来要在我国成功地建立同市场经济相适应的、以按劳分配为主体、多种分配方式并存的分配制度,还要走一段较长的路。本文就这个问题提出一些探索性的意见。

一 讨论热点和理论难点

党的十四大以来,经济界和理论界对个人收入分配领域的关注热点之一,是在市场经济条件下按劳分配能否实现和如何实现的问题。讨论中出现的不同意见可简要归纳为三种基本观点。第一种,明确否定按劳分配。认为按劳分配只有在产品经济中才能实行,在商品经济中不可能实行;按劳分配理论纯属空想,中华人民共和国成立后从来没有实行过,今后也不会实行,今天强调按劳分配只有象征性的意义;在市场经济条件下能够实行的,只有按劳动力价值分配。第二种,并不否定按劳分配。但强调在社会主义市场经济中,按劳分配与按劳动力价值分配实质上就是一回事,甚至有人主张,按劳动力价值分配可更好地实现按劳分配。第三种,按劳分配与市场经济可以兼容。按劳分配是社会主义公有经济的客观规律,是不能用人的主观意志加以废除的。但是社会主义市场经济体制同马克思预见的实行按劳分配的环境和条件，的确存在着若干重大差别，从而注定了按劳分配的实现形式必将发生新的变化。这正是我们要着力探求和解决的。

以上三种基本观点，第一种无论用马克思主义基本原理来衡量，还是用中华人民共和国成立以来经济建设的实践来衡量，都是明显错误的，现在公开主张这种观点的人也为数很少了。但是第二种观点同第三种观点的争鸣则延续至今，而且渗透到个人收入分配领域的各个方面。

当前，我国正深化劳动制度和工资制度的改革，积极推进劳动力市场的发育成长。工资改革在个人收入分配领域处于极其重要的地位。但就在这个问题上我们遇到了不少理论难点，其中之一是，劳动者作为生产要素进入劳动力市场，在市场机制作用下形成平衡工资率与劳动者作为公有生产资料的共同所有者享有按劳分配的社会权利，这两者之间究竟是什么关系？应如何处理？许多同志认为这是难点中之难点，是社会主义市场经济条件下能否实现按劳分配的关键。几年来，围绕工资改革提出了多种多样的意见，目前影响大的、较有代表性的是以下两种意见。

第一种意见，在统一的劳动力市场上，由市场机制形成的各类劳动的平均工资率是劳动力价值的反映。它对于公有经济的工资和非公有经济的工资都起着决定性的作用。由于劳动力价值和按劳分配存在着多方面的同一性，因此，从个人收入分配的全过程看，两者是融为一体的。例如，有的论者说，在社会主义市场经济条件下，首先要把劳动者在生产过程中提供的劳动当作自己劳动力发挥的结果，即把劳动力价值的实现作为实现按劳分配的第一步。从一个人收入分配的几个主要层次来看，第一个层次是由劳动力市场决定的"录用工资"，它是劳动力价值在用人单位录用时的表现，相当于计划体制下的起点工资。第二个层次是企业依据劳动者的实际劳动表现晋升工资。第三个层次是企业依据劳动者的超额劳动给予奖励。第四个层次是企业对劳动者实行劳动分红。

第二种意见，研究分配问题要把内容和形式区别开来。个人收入分配的内容是分配原则，形式是分配机制。按劳分配是社会主义分配原则，它在公有经济范围内具有客观必然性，它的精髓是等量劳动获得等量报酬。在社会主义市场经济体制下，按劳分配的实现形式离不开市场的作用。市场机制的一个主要特点是平均化。因此劳动力进入要素市场也将形成要素价格，即计酬标准。问题就在于同样采取价格形式，它所反映的分配原则或经济关系却可以是完全不同的。在公有经济中，劳动力不是商品，也不具有劳动力价值，工资是按劳分配的货币形式，计酬标准实质上是等量劳动获得等量报酬在市场平均化过程中实现的机制。

在工资改革上两种有代表性的意见，显然是前述第二种基本观点与第三种基本观点的争论的延伸。分歧的焦点也还是在如何认识市场经济中按劳分配同按劳动力价值分配的关系上。

二　我国现阶段按劳分配实现方式的理论探讨

社会主义市场经济条件下如何实现按劳分配，我试图运用经济规律及其相互作用的理论加以论述。

要想取得各项社会主义事业的顺利发展，都必须使自己的行动符合经济规律的要求，这是人们的共识。那么，怎样才能做到这一点？首先，要深刻认识经济规律的客观性。每一经济规律都有其依以发生作用的基本条件，都有其相对稳定的基本内容，人们不可能凭主观意愿去废除它。其次，要充分注意到，每一经济规律总是同其他相关的经济规律同时起作用的。它们在同时起作用中的相互关系也具有客观性。再次，要注意区别经济规律的基本内容和它的实现形式。马克思说过，经济规律是根本不能取消的，"在不同的历史条件下能够发生变化的，只是这些规律借以实现的形式。"[①]

----

① 《马克思恩格斯选集》第四卷，人民出版社1995年版，第580页。

按劳分配是社会主义个人收入分配的主要规律。社会主义生产关系的建立使劳动性质发生了根本转变。在剥削制度下，劳动者从来都是为剥削阶级干活。社会主义革命的胜利，消灭了剥削阶级，劳动人民成为生产资料的共同所有者，才第一次出现了为社会劳动和为自己劳动的统一。在现阶段的生产力水平下，生产资料公有制在分配环节上的实现，只能以劳动者的劳动贡献为尺度。因此按劳分配就成为体现新的劳动性质、保证劳动者真正享有劳动成果的最合理的分配方式。按劳分配规律的基本内容是等量劳动获得等量报酬。马克思曾设想按劳分配是在商品货币关系已消亡的条件下进行的。社会主义初级阶段以公有经济为主体，实行按劳分配的基本条件没有变，但由于多种经济成分和商品货币关系仍然存在，按劳分配的实现形式必将发生不同于马克思设想的重大变化。

在分配领域有多种经济规律同时起作用。在社会主义市场经济条件下的个人收入分配情况将更为复杂。在公有经济中制约个人收入分配的经济规律不止一个，其中最重要的是按劳分配规律；市场经济中有一系列经济规律在起作用，其中最重要的是价值规律；私营企业和外资企业的职工收入，也受某些经济规律的支配，其中最重要的是按劳动力价值分配的规律。下面我就以价值规律、按劳分配规律和按劳动力价值分配规律为主要对象，研究它们在个人收入分配过程的各个环节上的相互关系。

第一个环节，在劳动力市场上，由于各经济规律的作用在相互交错，形成统一的平均工资率。成熟的劳动力市场至少需要具备两个条件：一是不同利益主体之间能够比较充分地表达自己的意愿，真正实行双向选择；二是劳动力在各地区、行业、经济成分之间能够自由流动。这样，竞争机制、供求机制和市场化机制才能充分发挥作用，从而在劳动力市场上形成统一的平均工资率或要素价格。由于社会主义经济是建立在公有经济为主体的基础上的，因此在统一的平均工资率的形成上必然反映出这个特点。在公有经济中，几十年来大体上实行了按劳分配原则，工资基本上是按劳分配的表现形式。所以双向选择从总体上看谁也不可能抛开原有的工资基础。即使新创办的公有企业,也不会完全不顾同行业的工资水平,凭空另搞一套。何况,按劳分配是公有经济的分配规律,今后在总结过去经验的基础上,应使工资更好地体现按劳分配。因此,在公有经济范围内,各行业、企业高低不等的工资水平,会在市场平均化机制下形成各类劳动的平均工资率或要素价格,但它所反映的经济关系始终是按劳分配的关系。在外资企业和私营企业范围内,工资是劳动力价值或价格的转化形态。不同行业、不同企业高低不等的工资水平,同样会在市场平均化机制的作用下形成平均工资率或要素价格。它所反映的经济关系仍然是按劳动力价值分配的雇佣劳动制度。我们不能只看到公有经济和非公有经济都实行工资制,都通过市场机制形成要素价格,而看不到相同现象背后的不同的本质。

为了反映不同经济成分分配原则的本质区别,我把公有经济范围内的平均工资率称之为平均预期收入率。还要看到,在我国未来的成熟的劳动力市场上,由于可能有大量的劳动者在不同经济成分间频繁地自由流动,上述两种反映不同经济关系的平均预期收入率和平均工资率,将相互影响而形成全社会统一的平均工资率。这是按劳分配规律、按劳动力价值分配规律和价值规律的作用相互交错的结果。它将对公有企业和非公有企业的实际工资水平和劳动资源的配置产生重要影响。不过,有必要指出,由于社会主义初级阶段公有经济为主体,非公有经济为补充,上述几个规律在作用范围和作用力度上并不是均等的,在形成统一的平均工资率上按劳分配规律起着主要作用。

第二个环节,经过商品交换,使公有企业的局部劳动转化为社会劳动,从而为比较不同企业的集体劳动贡献提供客观基础。在公有经济中,局部劳动转化为社会劳动是在企业生产的商品经过等价交换得到社会承认之后。但是社会承认的不是商品的个别劳动时间而是社会必要劳动时间。有的企业生产的商品,个别劳动时间低于社会必要劳动时间;有的则高于社会必要劳动时间。前一种企业表现为劳动生产率高，盈利多，职工的个人收入也比较高；后一种企业的情况则正相反。企业经过等价交换实现的净产值，在剔除了级差收益及其他非劳动因素的影响后余下来的价值量，就体现着企业劳动者集体为社会作出的劳动贡献，这里面包含着企业向职工个人进行分配的消费基金。由此可见，在社会主义市场经济条件下，向劳动者个人进行分配的主体，已由国家转变为企业；按劳分配所要求的同工同酬，也首先体现在以企业为单位的集体劳动贡献上。

第三个环节，公有企业内部实际工资的形成，在企业内部实际工资（包括奖金）主要由两方面的内容构成。一是企业的实际工资水平；二是各不同岗位的劳动者的工资关系。前者是以劳动力市场形成的平均工资率和公有经济范围内的平均预期收入率为重要参照系，考虑本企业的经营状况和对各类劳动力的需求程度来确定的。后者则以本企业生产、经营的特点和不同劳动岗位对劳动质量和强度的要求来确定的。至于每一个职工得到多少工资（包括奖金）则要以它的劳动实绩为根据。多劳多得，少劳少得。价值规律不仅透过平均预期收入影响企业的实际工资，而且近年来已有许多企业采取模拟市场的做法，把竞争机制引入企业内部。这样，在分厂、车间、班组之间职工的实际工资也要受价值规律的影响。

第四个环节，职工取得货币收入后，通过购买消费品，最终实现按劳分配。在这里要妥善处理名义工资和实际工资、消费需求和消费品供给的关系。

以上分析表明，在个人收入分配领域的诸经济规律中，按劳分配规律始终起主要作用。我不赞成在劳动力市场上形成的要素价格只反映劳动力价值，并对全社会的工资水平起决定作用，而按劳分配仅在公有企业内部起作用。另外，我们有些同志自觉不自觉地照搬西方的工资理论用来解决社会主义市场经济体制下的个人收入分配问题。于是在公有经济范围内劳动力也成了商品，平均预期收入也成了单纯的劳动力价值的表现，而按劳分配实际上只能是象征性的了。我不赞成这些观点。我认为准确地把握劳动力价值范畴的科学内涵和重要意义,是解决上述种种误解和曲解的关键。

三 国有企业工资改革模式的设想

根据全国人大通过的《中华人民共和国国民经济和社会发展"九五"计划和 2010 年远景目标纲要》精神和建立现代企业制度的需要,结合我国劳动力市场的发育程度和个人收入分配存在的实际问题,我对今后几年内国有企业工资改革的模式设想为:"按劳分配为主,市场机制调节,企业自主分配,国家宏观管理。"

按劳分配为主,即个人收入分配以按劳分配原则为主体。主要包含两层意思。第一,在国民经济各行业和各企业中,实行按劳分配原则的占大多数。要做到这一点,前提条件是以公有经济为主体、国有经济为主导、其他经济为补充的所有制结构不变。据统计,到 1995 年上半年,在职工工资总额中,国有单位占 7.71%,城镇集体单位占 15.03%,其他经济成分单位占 7.17%。大体上还可以说以按劳分配为主体。但也要看到,公有经济占主体并不等于按劳分配占主体。改革开放前两种公有制占绝对优势,按劳分配原则并未得到较好的贯彻就是明证。所以在今后的工资改革中,一是要坚持改革的社会主义方向,既要防止平均主义的回潮,又要防止出现名为按劳分配,实为雇佣劳动的情况。二是要在改革中建立同市场经济相适应的、按劳分配的新的实现机制。第二,在社会主义市场经济体制下,收入渠道多元化是必然趋势。因此,坚持按劳分配为主体,不但要做到在职工个人总收入中,从单位得到的工资性收入超过从单位外得到的非劳动收入;而且要做到职工从本单位按照按劳分配原则得到的收入,超过按人头平均的各种福利性收入。近年来收入分配秩序混乱,职工收入来源的透明度很差,工资性收入和奖金在个人总收入中的比重不断下降。1985 年职工工资外收入占全部收入的 15.3%,1993 年提高到 24.9%。这样发展下去是同按劳分配为主体的方针相背离的。解决这个问题难度很大,主要靠国家、企业、职工个人共同努力，抓紧整顿分配秩序，努力做到个人收入工资化、规范化、透明化。

市场调节机制，是指国有企业的工资水平要以劳动力市场上形成的平均工资率和公有经济的平均预期收入率为重要参照系。这样，可把企业的工资变动同市场信号联系起来，有利于解决长期以来未能解决的工资正常增长问题。但是，我不赞成市场决定工资的观点。因为平均预期收入毕竟是预期收入，以此为起点，具体化为每个企业的实际工资水平，再具体化为职工个人的实际工资，还要经过若干环节，受多种因素的制约。特别是当前和今后几年，我国劳动力市场还很不成熟。如劳动力供过于求，就业压力大；社会保险体系不可能很快建立和完善，许多国有企业职工对本单位的依赖性较强；流入外资企业和大型私营企业的高素质人才为数还不多，企业给他们的薪金主要是考虑比国有单位同类人员高出多少就具有吸引力，并不能较好地反映这类人员的劳动力价值。由于这些因素将长期起作用，造成城乡之间、各经济成分之间、各行业和企业之间，劳动力的流动还受许多限制。因此，不但全社会统一的平均工资率不可能形成，即使在一个地区（如一个省）一时也难以形成。在这样的情况下，说市场调节工资更加符合实际。

企业自主分配，即企业对职工的实际工资水平、工资关系有决策权。这本来是企业成为独立的商品生产者和经营者的题中应有之义。我也赞成企业在完成上缴利税任务后余下来的剩余产品价值，由企业自主实行劳动分红。不过劳动分红仍应贯彻按劳分配原则，不要按人头平均分配。在社会主义企业里，经营者与劳动者都是工人阶级的一员，他们之间的矛盾是在根本利益一致前提下的非对抗性矛盾。但理论界现在有人把经营者与劳动者说成是两个对立的利益主体。经营者为了降低成本，增加利润，同时也增加他们个人的收入，力图把工人的工资压到最低；而工人为了追求个人利益最大化，力图把工资提到最高。据说企业工资只有在经营者与劳动者相互制衡中才能合理化。我认为这种说法不但在理论上站不住脚，而且不符合实际。按劳分配与工人的主人翁地位是内在统一的，这是企业自主分配必须遵循的原则。

　　国家宏观管理，在国有经济范围内当前最重要的有两个问题。其一，加强对工资总额和国有企业平均工资水平的调控。在这方面，从工效挂钩、"两低于"、弹性工资到工资指导线，目的都在于使工资增长与劳动生产率和经济效益的提高相适应。这对于扭转目前国民收入分配过分向个人倾斜将起重要作用。其二，通过宏观调控解决国有企业职工不同地区、不同行业、不同企业收入差距过大的问题。这个问题十分复杂。在一般人心目中，两个情况类似的劳动者在不同企业、不同地区从事同样的劳动而收入高低不同，就被认为是违反了同工同酬原则。我则认为收入差距扩大是否违背按劳分配还需作具体分析。本文第二部分已谈到工资与企业效益挂钩，情况相近的劳动者在盈亏状况不同的企业工作，收入有高有低，这正是按劳分配在市场经济条件下的实现形式。这个道理同样适用于不同地区。当然，我决不是说现存的就是合理的。在合理差距与差距过大之间有一个"度"，如何掌握这个"度"需要作更深入的研究。不过目前的收入差距有一点肯定是不合理的，即在企业的纯收入中，没有剔除自然资源的贫富，运输条件的优劣，装备水平的高低等非劳动因素对劳动生产率和职工收入的影响，这不符合按劳分配原则。而要消除这些影响，只能依靠国家的宏观调控，特别是税收政策。

（原载《经济纵横》1996 年第 12 期）

马克思关于五种社会形态和三种社会形态的论述（节选）

马克思、恩格斯自创立唯物史观以来，从19世纪40年代到80年代，始终重视对社会形态演进的研究。最为人们所熟悉的是五形态论，即原始社会、奴隶社会、封建社会、资本主义社会和共产主义社会（包括第一阶段即社会主义）。此外还有两形态论，把从原始社会到资本主义社会为止称做人类社会的史前时期，共产主义才是真正的人类历史的开端。《1857—1858年经济学手稿》提出了三形态论——人对人的依赖关系的社会，人对物的依赖关系的社会，人的全面自由发展的社会。马克思晚年又提出人类社会发展的原生形态、次生形态和再次生形态。虽然这几种划分方法都是以历史唯物主义为基础的，有其内在的统一性，但又是从不同角度、不同侧面来考察人类社会的，各有其侧重点。我认为其中最重要的是五种社会形态的划分和《1857—1858年经济学手稿》中提出的三种社会形态的划分。

关于五形态论的思想贯穿于马克思、恩格斯的主要著作中——从《德意志意识形态》《共产党宣言》《雇佣劳动与资本》《〈政治经济学批判〉序言》《1857—1858年经济学手稿》《资本论》《反杜林论》直至《家庭、私有制和国家的起源》——并不断得到充实与完善。从这些代表作中可以看出，马克思、恩格斯是以生产力与生产关系的辩证关系为依据，用生产资料所有制形式的变革来划分社会经济形态的。斯大林1938年在《论辩证唯物主义和历史唯物主义》中论述的五种基本类型的生产关系：原始公社制的、奴隶占有制的、封建制的、资本主义的、社会主义的，其基本内容是同马克思、恩格斯的五形态论相符的。

三形态论见诸《1857—1858年经济学手稿》（以下简称《手稿》）。原文是这样的："人的依赖关系（起初完全是自然发生的），是最初的社会形态，在这种形态下，人的生产能力只是在狭窄的范围内和孤立的地点上发展着。以物的依赖性为基础的人的独立性，是第二大形态，在这种形态下，才形成普遍的社会物质变换，全面的关系，多方面的需求以及全面的能力的体系。建立在个人全面发展和他们共同的社会生产能力成为他们的社会财富这一基础上的自由个性，是第三个阶段。第二个阶段为第三个阶段创造条件。"①

对于三形态论，长期以来没有得到足够的重视。从我国理论界来看，哲学界研究得比较多，而经济学界则相对较少。哲学界一般是从人的全面发展的过程或从作为社会主体的人的能力的发展过程来理解其不同发展阶段的。也有学者把三形态论视为人类社会发展的一般趋势。②经济学界则大多以自然经济、商品经济与产品经济同三种社会形态相对应，主要用来论证商品生产、商品交换产生、发展和消亡的历史必然性。对于哲学界的种种说法不在本书研究之列。对于从马克思主义政治经济学的高度如何理解三形态论，我认为第一步应该先领会马克思的本意。《手稿》中有多处对三形态作了解释，有助于对三形态论的理解。

关于第一种社会形态下的人的依赖关系，《手稿》写道："共同体是实体，而个人则不过是实体的附属物，或者是实体的纯粹天然的组成部分。"③"个人被置于这样一种谋生的条件下，其目的不是发财致富，而是自给自足，把自己作为公社成员再生产出来。"④

---

① 《马克思恩格斯全集》第46卷（上），人民出版社1979年版，第104页。
② 见黄楠森等主编：《马克思主义哲学史》第2卷，北京出版社1991年版，第187—189页。
③ 《马克思恩格斯全集》第46卷（上），人民出版社1979年版，第474页。
④ 同上书，第477页。

个人对共同体的依赖关系决定了他们的生产能力只能在狭窄的范围内和孤立的地点上十分缓慢地发展着。生产力的低下必然使分工和交换处于很不发达的状态，这又反过来使人的依赖性得以长期延续。"交换手段拥有的社会力量越小，交换手段同直接的劳动产品的性质之间以及同交换者的直接需求之间的联系越是密切，把个人互相联结起来的共同体的力量就必定越大——家长制的关系，古代共同体，封建制度和行会制度。"① 最后在以人的依赖关系为基础的社会里，人和人之间的相互关系，也是明明白白的，从而使人的劳动具有直接的社会性。《手稿》写道："如果考察的是产生不发达的交换、交换价值和货币制度的那种社会关系，或者有这种制度的不发展程度与之相适应的那种社会关系；那么一开始就很清楚，虽然个人之间的关系表现为较明显的人的关系，但他们只是作为具有某种〔社会〕规定性的个人而互相交往，如封建主和臣仆、地主和农奴等等，……或属于某个等级等等。"②

第二种社会形态是在第一种社会形态中已经萌发的商品货币关系随着生产力和社会分工的发展而深入到社会生活各方面以后必然出现的。《手稿》写道："交换的需要和产品向纯交换价值的转化，是同分工，也就是同生产的社会性按同一程度发展的。"③ "一切产品和活动转化为交换价值，既要以生产中人的（历史的）一切固定的依赖关系的解体为前提，又要以生产者互相间的全面依赖为前提。每个人的生产，依赖于其他一切人的生产；同样，他的产品转化为他本人的生活资料，也要依赖于其他一切人的消费。"④ 那么，这种人和人之间的全面依赖和普遍联系又何以表现为物的依赖性呢？对此，《手稿》作了这样的阐述："活动和产品的普遍交换已成为每一单个人的生存条件，这种普遍交换，他们的互相联系，表

---

① 《马克思恩格斯全集》第 46 卷（上），人民出版社 1979 年版，第 14 页。
② 同上书，第 110 页。
③ 同上书，第 91 页。
④ 同上书，第 102 页。

现为对他们本身来说是异己的、无关的东西,表现为一种物。在交换价值上,人的社会关系转化为物的社会关系;人的能力转化为物的能力。"① 以物的依赖性为基础的人的独立性,是第二种社会形态的主要特征。马克思在这里说的人的独立性指的是什么?《手稿》写道:在发达的交换制度中"人的依赖纽带、血统差别、教育差别等等事实上都被打破了,被粉碎了(一切人身纽带至少都表现为人的关系);各个人看起来似乎独立地(这种独立一般只不过是幻想,确切些说,可叫作——在彼此关系冷漠的意义上——彼此漠不关心)自由地互相接触并在这种自由中互相交换。"② 所以,物的依赖性与人的独立性是内在地统一的。"物的依赖关系无非是与外表上独立的个人相对立的独立的社会关系。"③ 在这种条件下,人的劳动的社会性已经不能直接地表现出来,而只能通过交换价值和物与物的关系间接地得到实现。"生产的社会性,只是由于产品变成交换价值和这些交换价值的交换,才事后确立下来。"④

马克思把第二种社会形态称做现代社会,第三种社会形态则是未来社会,第二种社会形态为第三种社会形态创造条件。《手稿》写道:"全面发展的个人——他们的社会关系作为他们自己的共同的关系,也是服从于他们自己的共同的控制的——不是自然的产物,而是历史的产物。要使这种个性成为可能,能力的发展就要达到一定的程度和全面性,这正是以建立在交换价值基础上的生产为前提的,这种生产才在产生出个人同自己和同别人的普遍异化的同时,也产生出个人关系和个人能力的普遍性和全面性。"⑤《手稿》指明了第二种社会形态与第三种社会形态的主要区别。"在交换价值的基础上,劳动只有通过交换才能成为一般劳动。而在共同生产

---

① 《马克思恩格斯全集》第46卷(上),人民出版社1979年版,第103—104页。
② 同上书,第110页。
③ 同上书,第11页。
④ 同上书,第119页。
⑤ 同上书,第108—109页。

的基础上，劳动在交换以前就应成为一般劳动，也就是说，产品的交换决不应是促使单个人参与一般生产的媒介。"① 在第二种社会形态下，"媒介作用来自商品交换，交换价值，货币，它们是同一关系的表现"。② 在第三种社会形态下，"前提本身起媒介作用；也就是说，共同生产，作为生产的基础的共同性是前提。单个人的劳动一开始就成为社会劳动。因此，不管他所创造的或协助创造的产品的特殊物质形式如何，他用自己的劳动所购买的不是一定的特殊产品，而是共同生产中的一定份额。因此，他不需要去交换特殊产品。他的产品不是交换价值。这种产品无须先变成一种特殊形式，才对单个人具有一般性质。"③

《手稿》中关于三种社会形态的论述也同五形态论一样是马克思研究社会演进问题长期积累的理论结晶，其基本思想也见诸马克思的若干代表作。例如，在《德意志意识形态》里已经可以明显地看到三形态论的萌芽。《手稿》是为创作《资本论》作准备的。《资本论》的许多篇章，特别是第一卷第一篇——商品与货币，很明显是《手稿》的展开和深化。其中关于"商品的拜物教性质及其秘密"同《手稿》联系尤为直接。在这里虽然重点是要说明"以物的依赖性为基础的人的独立性"，即第二大形态，但对于第一种形态和第三种形态也分别作了深入的剖析。所以，它与三形态论是一脉相承的。

综上所述，我认为，三形态论的中心内容，从政治经济学来看，是要揭示在生产力逐步提高的前提下，人类社会交换关系发展演变的一般规律。这里所说的交换关系是就广义而言的。"社会——不管其形式如何——是什么呢？是人们交互活动的产物。"④人们为了从自然界获取生存、发展的物质资料，必然出现社会分

---

① 《马克思恩格斯全集》第 46 卷（上），人民出版社 1979 年版，第 119 页。
② 同上。
③ 同上。
④ 《马克思恩格斯选集》第四卷，人民出版社 1995 年版，第 532 页。

工，并且在或简或繁的社会分工体系中相互交换其劳动，形成社会联合体的合力。因此，个人在分工体系内进行的分门别类的生产劳动都具有社会性。随着社会生产力水平的逐步提高，特别是生产工具的不断进步，社会分工也在深度上和广度上不断发展，从自然分工进到自发分工，又从自发分工进到自觉分工。这又决定了人们在分工体系中相互交换其劳动的关系，或者说个人劳动如何实现为社会劳动的方式，也在逐渐演变之中。在第一种社会形态下，社会分工还处在从自然分工向自发分工的转变过程中。在原始共同体——血缘家庭、氏族和部落中，个人劳动与社会劳动是直接地同一的，并不存在产品交换关系。即使在共同体之间出现产品交换也是极其偶然的。从野蛮时代中期开始的三次社会大分工，使产品交换日益经常化。并且，随着原始共同体的瓦解，共同体之间的交换逐渐变成个人之间的交换，产品生产逐渐变为商品生产，货币也开始出现。但是，在第一种社会形态下，占主导地位的始终是自给自足的产品生产，商品生产和商品交换还是处在附属的地位。因此，人与人之间相互交换其劳动的关系，也还是直接地显现出来的。在第二种社会形态下，自发分工越来越发达，人们处于全面的相互依赖之中，但又必须通过普遍的商品货币关系彼此交换其劳动，个人劳动的社会性只能在商品价值得到社会承认的条件下间接得到实现。在第三种社会形态下，社会分工已从自发分工进到自觉分工。人们在社会中心的统一规划和全面组织下相互交换其劳动。因此，每个人的劳动从一开始就具有直接的社会性。可见，三形态论显示了否定之否定的历史辩证法，没有第一个否定，不可能有第二个否定，三种社会形态的依次更替是一个不以人的意志为转移的自然历史过程。

（原载《论我国社会主义初级阶段的
历史定位》，经济科学出版社 2001 年版）

不能把股份制等同于公有制

——兼与厉以宁教授商榷

一

党的十六届三中全会明确提出，要使股份制成为公有制的主要实现形式。因此，如何正确地认识股份制以及股份制与公有制的关系，就成为一个有重大现实意义的问题。

近来，厉以宁教授提出了"新公有制"企业的概念，在"新公有制"企业的四种形式中，把纯粹由私人持股的股份公司也包括在内。[①] 这就是说，一个企业只要实行了股份制，即使投资者完全来自私人，它的所有制性质也会成为公有。我认为这种把股份制等同于公有制的观点，既违背了马克思主义基本原理，又违背了十五大以来党的有关决议，而且不符合当代的实际。

马克思主义经济学告诉我们，任何一种社会形态的生产关系都形成一个体系。生产资料所有制是这个体系的基础和核心。生产资料的社会主义公有制同生产资料的资本主义私有制是两种根本不同的生产关系体系。马克思曾说："资本主义所有制只是生产资料的这种公有制的对立的表现。"[②]

马克思主义经济学还告诉我们，任何一种生产关系体系都包含

[①] 见《论新公有制企业》，《经济学动态》2004 年第 1 期。本文所引厉以宁教授的观点，均出自此文，后面不再注明。

[②] 《马克思恩格斯全集》第 48 卷，人民出版社 1985 年版，第 21 页。

着基本经济制度和它的实现形式。生产资料所有制的性质属于基本经济制度，而它的实现形式则属于具体环节或具体制度。两者是内容和形式的关系。毛泽东在《关于正确处理人民内部矛盾的问题》中，明确区分了基本经济制度和具体环节、具体制度。他指出，社会主义生产关系建立不久，基本经济制度是先进的，是同生产力发展的要求相适应的，但生产关系体系中的某些具体环节、某些具体制度又常常同生产力发展的要求相矛盾，必须加以适时的调整。他由此做出社会主义生产关系同生产力又相适应又相矛盾的著名论断。

股份制是一种企业组织形式和资本组织形式，属于生产关系体系中的具体环节、具体制度，公有制经济可以用，私有制经济也可以用，它同所有制的性质不是一个层次的问题，不能混为一谈。股份制可以成为社会主义初级阶段公有制的主要实现形式，但却不能倒过来，认为一个企业，不论其资本来自公有还是私有，只要实行了股份制它就成了公有制企业。这种观点颠倒了基本经济制度同具体实现形式之间的关系，在理论上是错误的。

早在党的十五大前后，国内就有人鼓吹股份制即公有制。党的十六届三中全会前后，又有一些类似的文章与"新公有制"论相呼应。这些文章有一个明显的共同点，即都是从马克思主义经济学找寻依据。他们断章取义地歪曲引用《资本论》第三卷第 27 章中的一些话，力图使人们相信，似乎马克思本人就提出过股份制即公有制的思想，这必然会在一部分群众中造成不良影响。为了正本清源，我们首先应该做的就是回到马克思，重新学习和全面理解马克思主义创始人对资本主义制度下股份制的论述。

二

马克思、恩格斯对股份制的剖析，除人们比较熟悉的《资本论》第三卷第 27 章外，还散见于许多著作中。我体会，他们关于股份制的思想可以归纳为以下四个方面。

第一，股份制的出现是资本主义基本矛盾深入发展的结果。马克思、恩格斯是从生产力与生产关系的辩证统一来分析股份制的。在生产关系方面，他们又区分了生产资料资本主义私有制和它的具体实现形式这两个层面。到19世纪中叶，第一次科技革命已基本完成，它大大推进了科学、技术在生产中的应用，大大提高了生产社会化的程度，生产社会化同资本主义私人占有之间的矛盾进一步深化了。资本主义基本经济制度的基础——资产阶级对无产阶级创造的剩余价值的无偿占有——是不可能由占统治地位的资产阶级自己加以改变的，为了缓和生产力与生产关系之间的矛盾，股份制这种新的资本组织形式出现了。恩格斯说："猛烈增长着的生产力对它的资本属性的这种反作用力，要求承认生产力的社会本性的这种日益增长的压力，迫使资本家阶级本身在资本关系内部可能的限度内，越来越把生产力当作社会生产力看待。无论是信用无限膨胀的工业高涨时期，还是由大资本主义企业的破产造成的崩溃本身，都使大量生产资料不得不采取像我们在各种股份公司中所遇见的那种社会化形式。"[1]

第二，股份制对资本主义国家生产力的迅速增长起了明显的促进作用。股份制尽管只是资本主义私有制在具体实现形式上的改变，但毕竟在一定程度上适应了生产社会化的要求，因此对生产力的发展是有利的。马克思对此曾给予很高的评价。他说"在工业上运用股份公司的形式，标志着现代各国经济生活中的新时代。……它显示出过去料想不到的联合的生产能力，并且使工业企业具有单个资本家力所不能及的规模。"[2] "它们对国民经济的迅速增长的影响恐怕估价再高也不为过。"[3]

第三，股份制带来了资本组织形式的新变化，但并没有改变资

---

[1] 《马克思恩格斯选集》第三卷，人民出版社1995年版，第751页。
[2] 《马克思恩格斯全集》第12卷，人民出版社1962年版，第37页。
[3] 同上书，第609页。

本主义私有制的本质。在资本主义生产关系建立后很长一段时间里，占统治地位的资本组织形式是由单个资本家出资并直接经营管理的为个人（包括家族）所有的企业。19 世纪中叶以后，这种旧的资本组织形式在中小企业中仍大量存在而在资本主义经济中举足轻重的大型企业则普遍采取了股份制这种新的形式。但是股份制企业仍然是资本主义性质的企业。马克思对这变化的实质作过深刻的分析。他说："那种本身建立在社会生产方式的基础上并以生产资料和劳动力的社会集中为前提的资本，在这里直接取得了社会资本（即那些直接联合起来的个人的资本）的形式，而与私人资本相对立，并且它的企业也表现为社会企业，而与私人企业相对立。这是作为私人财产的资本在资本主义生产方式本身范围内的扬弃。"① 又说："股份制度——它是在资本主义体系本身的基础上对资本主义私人产业的扬弃；随着它的扩大和侵入新的生产部门，它也在同样的程度上消灭着私人产业。"② 还说："在股份制度内，已经存在着社会生产资料借以表现为个人财产的旧形式的对立面；但是这种向股份形式的转化本身，还是局限在资本主义界限之内；因此这种转化并没有克服财富作为社会财富的性质和作为私人财富的性质之间的对立，而只是在新的形态上发展了这种对立。"③ 马克思这几段话的含义其实是很清楚的。他一方面肯定了股份制在资本组织形式上带来的新变化，另一方面又明确指出这种变化还只是局限在资本主义生产方式容许的范围内，生产社会化和资本主义私人占有之间的矛盾并未得到克服。

第四，股份制的出现为资本主义向社会主义的转变准备了条件。马克思、恩格斯曾从各个方面多次揭示资本主义生产方式的发展在客观上为社会主义的到来准备着条件，股份制的出现是其中的一个重要方面。马克思指出："在股份公司内，职能已经同资本所

---

① 《资本论》第三卷，人民出版社 2004 年版，第 494—495 页。
② 同上书，第 497 页。
③ 同上书，第 498—499 页。

有权相分离，因而劳动也已经完全同生产资料的所有权和剩余劳动的所有权相分离。资本主义生产极度发展的这个结果，是资本再转化为生产者的财产所必需的过渡点，不过这种财产不再是各个互相分离的生产者的私有财产，而是联合起来的生产者的财产，即直接的社会财产。"① 马克思还把资本主义制度下出现的工人合作工厂与股份制企业加以对比考察。他说："工人自己的合作工厂，是在旧形式内对旧形式打开的第一个缺口，虽然它在自己的实际组织中，当然到处都再生产出并且必然会再生产出现存制度的一切缺点。但是，资本和劳动之间的对立在这种工厂内已经被扬弃，……资本主义的股份企业，也和合作工厂一样，应当被看作是由资本主义生产方式转化为联合的生产方式的过渡形式，只不过在前者那里，对立是消极地扬弃的，而在后者那里，对立是积极地扬弃的。"②

马克思在论及股份制时，曾多次使用"扬弃"这个范畴。"扬弃"在马克思主义哲学里是同辩证法中否定之否定规律联系在一起的。当运用于社会领域时，扬弃意味着对旧事物的否定，但又不是简单地否定而是在否定中有肯定，在克服中有保留。正如恩格斯所说："在辩证法中，否定不是简单地说不。"③ 马克思在讲到资本主义生产过程时曾说："劳动同它的物质存在要素——工具和材料——的分离被扬弃了。资本和雇佣劳动的存在就是以这种分离为基础的，对于这种分离在生产过程中实际上被扬弃，——因为不扬弃就根本不能进行劳动，——资本并不支付报酬。"④ 这就是说雇佣劳动与生产资料的分离在实际生产过程中被否定了，但作为资本主义生产关系的基础，这种分离仍然被保留，工人合作工厂虽然会再生产出资本主义社会的种种弊端，但在其内部，资本与雇佣劳动

---

① 《资本论》第三卷，人民出版社2004年版，第495页。
② 同上书，第499页。
③ 《马克思恩格斯选集》第三卷，人民出版社1995年版，第484页。
④ 《马克思恩格斯全集》第46卷（上），人民出版社1979年版，第335页。

的对立被否定了,所以马克思称之为"积极的扬弃"。股份制企业否定了单个资本形成的私人企业,但在其内部资本与雇佣劳动的对立尚未被克服,所以马克思称之为"消极的扬弃"。

由上可见,马克思所讲的,由于股份制的出现而带来的变化,都是指资本主义基本经济制度的实现形式这个层面上的变化;股份制在从资本主义向社会主义转变中的作用,无论是过渡点也好,过渡形式也好,扬弃也好,都属于转变过程中的量变,即量的积累。马克思从未说过,由于实行了股份制,资本主义生产关系的基础——资本与雇佣劳动的对立——就不存在了,资本主义私有制就变成公有制了。

三

前面已经提到,在党的十五大前后和党的十六届三中全会前后有些文章提出了股份制即公有制的观点,这类文章的一个共同特点是歪曲引用马克思在《资本论》第三卷第27章中关于股份制的论述,力图把他们自己的观点强加给马克思。例如,发表较早的牟其中的一篇文章写道:"长期以来,我们片面地认为公有制就是国有制,而把民营企业甚至股份制企业都排斥在公有制范畴之外","我们今天重温马恩经典著作关于股份制的有关论述,也许非常有助于我们重新认识股份制的问题,重新认识股份制与公有制的关系问题。"他引用了股份制"是在资本主义体系本身的基础上对资本主义私人产业的扬弃;它越是扩大,越是侵入新的生产部门,它越会消灭私人产业。"又引用了"在股份制公司内部,财产不再是各个互相分离的生产者的私有财产,而是联合起来的生产者的财产,即直接的社会财产。"然后说"我们又为什么不可以得出在社会主义国家里,股份制就是公有制的结论呢?"[①] 对于上述两段引文,

---

① 《山西发展导报》1997年4月15日。

牟其中均未注明出处。第一段引文,本文也引用了,分歧在于如何理解这里说的"私人企业"。第二段引文则遍查无出处,显然是断章取义,移花接木,由作者自己杜撰出来的。

又如,不久前在一篇对"新公有制"大加吹捧的文章中,也引用了《资本论》第三卷中的两段话,一段是"那种本身建立在社会生产方式的基础上并以生产资料和劳动力的集中为前提的资本,在这里直接取得了社会资本的形式而与私人资本相对立,并且它的企业也表现为社会企业,而与私人企业相对立,这是作为私人财产的资本在资本主义生产方式范围内的扬弃。"另一段则与牟其中文章中的第一段引文完全相同。在引用了马克思的这些话以后,这篇文章认为"马克思把股份公司看作是社会企业,把公众持有的股份看作是社会资本,他认为这是资本主义私有制度的改变。""马克思实际上认为股份制的发展改变了私有制的基础,私人财产正在变得社会化。"① 马克思的这两段话本文第二部分也都引用过,而理解截然不同,为什么会出现这种情况,下面将专门谈到。

再如,在党的十六届三中全会开会期间,《经济日报》发表了一篇主张股份制即公有制的文章,该文写道:"关于股份制的'公有性',马克思早就鲜明地指出:'那种本身建立在社会生产方式的基础上并以生产资料和劳动力的集中为前提的资本在这里取得了社会资本(即那些直接联合起来的个人的资本)的形式,而与私人资本相对立。这是作为私人财产的资本在资本主义生产方式本身范围内的扬弃'。""股份制度——它是在资本主义体系本身的基础上对资本主义的私人产业的扬弃。""资本主义的股份企业也和合作工厂一样,应当被看作是由资本主义生产方式转化为联合的生产方式的过渡形式。"② 这篇文章引用了马克思的这些话,试图证明马克思早已肯定了股份制的"公有性",但却只字不提马克思在论

---

① 《中华工商时报》2003 年 9 月 25 日。
② 《经济日报》2003 年 10 月 13 日第 5 版。

述"扬弃""过渡形式"时再三强调的,这种扬弃还只是"消极的扬弃",还只是局限在资本主义生产方式所容许的范围内,它并没有消除资本与雇佣劳动的对立,并没有改变私有制的基础。

以上这几篇文章所引用的都是《资本论》第三卷第 27 章有关股份制的几段话。为什么这几段话一再被歪曲地引用作为股份制即公有制的理论依据呢?关键在于如何理解这几段话中提到的社会资本与私人资本相对立,社会企业与私人企业相对立,股份制越发展就越会消灭私人产业。其实,对于马克思这些话的本意,只要不是望文生义,不是断章取义,而是对马克思关于股份制的论述进行全面的、系统的思考,其真正含义并不难把握。马克思在讲到单个资本如何形成股份资本时曾说:"恰恰是各资本作为单个资本而互相作用,才使它们作为一般资本而确立起来,并使各单个资本的表面独立性和独立存在被扬弃。这种扬弃在更大程度上表现在信用中。这种扬弃的最高形式,同时也就是资本在它的最适当形式中的最终确立,就是股份资本。"[1] 对于私人企业和社会企业,恩格斯给了我们更明确的启示。他说:"资本主义生产是一种社会形式,是一个经济阶段,而资本主义私人生产则是在这个阶段内这样或那样表现出来的现象。但是究竟什么是资本主义私人生产呢?那是由单个企业家所经营的生产;可是这种生产已经愈来愈成为一种例外了。由股份公司经营的资本主义生产,已不再是私人生产,而是为许多结合在一起的人谋利的生产。"[2] 在学习了马克思、恩格斯这些论述后回过头来再领会《资本论》第三卷中被一些人再三引用的那些段落,其含义是很清楚的。私人资本就是指股份制出现前由单个资本家单独出资办企业的那种资本,社会资本马克思自己已界定为"即那些直接联合起来的个人的资本";私人企业就是指股份制出现前单个资本家直接经营的企业,社会企业就是指在一定程度上与

---

[1] 《马克思恩格斯全集》第 46 卷,人民出版社 2003 年版,第 497 页。
[2] 《马克思恩格斯全集》第 22 卷,人民出版社 1965 年版,第 270 页。

生产社会化相适应的，由许多个人资本联合组成的股份制企业。总之，马克思、恩格斯讲的私人资本和社会资本、私人企业和社会企业、私人生产和由股份公司经营的资本主义生产，都是讲的资本主义基本经济制度在实现形式上的区分及其变化，而并不是讲生产资料所有制已经从私有制变为公有制。

关于股份制即公有制，除上述三篇文章外，近几年还有一些文章，认为股份制应包括在"社会所有制"之内；股份制为马克思在《资本论》第一卷第24章里提出的"重新建立个人所有制"提供了实现的条件，甚至把股民持有的在交易所中可以自主买卖的股票也同"个人所有制"连在一起。对于如何理解"社会所有制"，如何理解"重建个人所有制"，几年来发表了不少争鸣的文章，对这些问题本文不拟展开论述。但有一点应该申明，我认为社会所有制不过是社会主义公有制的另一个说法，我不赞成把股份制等同于公有制，自然也不赞成把股份制等同于社会所有制。关于"重建个人所有制"，我发表过专门的文章。我体会，按照马克思的本意，那是在人类社会发展到很高的境界——共产主义社会才可能出现的，与股份制相去甚远。当马克思在世时，股份公司已存在和发展了几十年，他还对此作过深入的研究，为什么他没有把股份制同"重建个人所有制"连在一起呢？

四

股份制从诞生到现在已有一百多年了。随着生产的发展和经济条件的变化，股份制也出现了若干重要的新情况和新问题。第二次世界大战后，西方国家中一些政客、学者、大资本家抓住股权高度分散和工人持股等现象大肆宣扬资本主义股份制企业已成为"人民的公共公司"，"工人正在变成资本家"，资本主义已经成为"人民资本主义"，等等。这些论调，近些年来在资本主义国家越来越失去迷惑力，有些经济学家早就著文揭露其实质。例如，美国经济学家萨缪尔逊就说过,员工持股"是带有欺骗性质的手法。"[1] 又如,法国一位大学教授在 2001 年发表的一篇文章,题目就叫:《人民资本主义是骗局》。[2] 倒是在国内,改革开放以来,有一些人与在西方喧嚣一时的那些论调相呼应。例如,有的文章对我国正在进行的把国有企业改制为股份制企业说成是:"把过去名义上的'全民所有'的企业,向实实在在的公众所有制转化,""在这个过程中,会把更多的国有的和民有的财产转化为社会的生产资料"。[3] 又如,有的文章认为马克思对股份制的认识具有时代的局限性。在马克思生活的那个时代,少数大股东控制着股份制企业,而工人阶级和一般劳动大众生活还相当贫困,极少储蓄。在那个时代,工人股东这个概念即使出现也只是讽刺和笑话。马克思、恩格斯看到了股份制使资本家成为剪息票为生的人,但他们没有想到,这个多余集团可以逐渐为社会所淘汰,而为各阶层劳动者自己所代替。[4] 那么,在当代,马克思、恩格斯对资本主义股份制的论述究竟是不是过时了呢?为了回答这个问题,我们不能不非常简略地考察一下当代资本主义国家股份制的实际状况。

　　首先来看工人持股。美、英等资本主义国家,多年来由政府倡导,推行职工持股计划。但它始终没有占据重要地位。有资料表明,在美国,参与职工持股计划的仅占职工总数的 10%,持有的股票仅占全美股票总额的 1‰。1985 年,美国大约有 7000 家企业制订了职工持股计划。其中有 32% 的公司每年拿出 5% 的股票出售给职工,有 37% 的公司,每年拿出至少 6% 的股票出售给职工。这就意味着,即使这类企业中每个职工都持有本公司的股票,也很难达到控股的地步。以职工持股具有代表性的美国特拉华州高尔塑料

---

[1] 转引自《九论社会主义和资本主义发展的历史进程》,红旗出版社 2001 年版,第 143 页。
[2] 《国外理论动态》2003 年第 9 期。
[3] 见《中华工商时报》2003 年 9 月 25 日。
[4] 见《经济研究》1988 年第 11 期,第 24—25 页,注[5]。

纤维制品公司为例，该公司资本总额的 80% 为高尔家族及公司极少数资深高级职工所拥有，三千多名职工所持股票加起来只占股票总额的 10%。其他资本主义国家也是这样。以日本为例，参与职工持股会的 92% 的职工拥有的股份，仅占实行员工持股企业股份总额的 0.8%。可见，员工持股不可能使员工真正为企业的主人，也不可能使员工在总体上对企业具有控制力，甚至不可能因此而参与企业的重大决策，企业仍然控制在持大股的少数人手里，它并未成为什么"人民的公共公司"。

在当代发达资本主义国家，股权的确已高度分散化了。有资料表明，在美国约有一半的家庭持有股票，股民人数高达 6500 万人，其中大部分当然也是劳动者。但值得人们思考的是，股权的占有极不平衡。1958—1987 年，美国收入最高的 1% 的家庭，拥有的股份占股票总额的 51%；占人口 5% 的高收入家庭拥有的股份，占股票总额的 83%；而占人口 90% 的普通家庭拥有的股票不到 6%。在英国，占成年人口 0.5% 的富人拥有全部股票的 70%。而占成年人口 89.8% 的人，每年从股票所得平均不足 830 英镑。

马克思早就预言股份制的出现大大增加了那些靠剪息票发财的食利者阶层。在当代，这个阶层并没有像有人说的那样为社会所淘汰，更没有为各阶层的劳动者所代替，而是急剧地膨胀了。据统计，在美国从 1948 年到 1980 年，这个阶层就由 13000 人增至 57 万人，他们得到的利息总收入从 1948 年的 18 亿美元，增加到 1990 年的 4671 亿美元。

至于马克思所说的工人合作工厂，在当代资本主义社会仍然存在。完全由本企业的员工持股，因而整个企业为员工所有的合作性质的企业被称为职工股份所有制企业。实行这种办法的在企业总数中所占比重不大，而且绝大部分为中小企业。经营一直比较好，已积累了比较大的资本，在社会上有一定影响的职工股份所有制企业，如西班牙的蒙德拉贡合作社群体，美国宾夕法尼亚州的威尔顿钢铁公司，就更如凤毛麟角了。这些情况一方面说明此类企业所具有的生命力,另一方面又说明,在资本主义私有制占统治地位的社会里,这类属于合作性质的企业不可能有很大发展。

总之,当代资本主义的现实足以说明,马克思、恩格斯对股份制所做的深入、全面、系统的剖析,就其最基本的理论内核来说至今并未过时,它仍然是我们正确认识当代股份制这种资本组织形式的锐利武器。

五

有些学者认为,马克思主义创始人论述的股份制是资本主义制度下的股份制,在社会主义初级阶段,以公有制为主体,多种所有制经济共同发展,股份制就是公有制了。例如,有的文章说:"在社会主义市场经济条件下成长起来的股份制经济,由于无论是国家和集体控股或参股,还是广大股民利用自己的积蓄或者私营企业主利用合法经营获得的积累而参与的股份投资,所形成的混合所有制经济,与在资本主义条件下形成的股份公司相比,其'公有性'就更加明显。国家和集体控股或参股的混合所有制企业,其性质自然部分姓'公',其发展必然会更加符合国家的、集体的和大众的利益。即使由老百姓作为投资者而参与组建股份公司,由于股东本身大多也是劳动者,因而也不再像在资本主义社会那样具有剥削性。"[①] 厉以宁教授也说:"社会主义市场经济中,今后大量存在的是公众持股的股份制企业。其中,可能有国家参股,也可能没有国家的投资,而是纯粹由公众参股建立的。如果是由国家控股或国家参股的股份制企业,那么可以称为新公有制企业的第二种形式。现在通常把这一类企业称为混合所有制企业。""大量存在的没有国家投资的公众持股企业,是新公有制企业的第三种形式。""这种企

---

① 见《经济日报》2003年10月13日第5版。

业之所以是公有制企业，因为公众持股不仅具有集体所有的性质，而且是真正意义上的集体所有、新的集体所有，因为过去的集体所有徒有虚名。换一种说法，也可以把新的集体所有制称做共有制。""在这里需要指出的是：公众持股的企业是不是真正为公众所有，还取决于公众持股公司是不是建立了完善的法人治理结构。"我们应该怎样评论上述这些观点？真的可以认为只要实行了股份制，不论其资本的来源和构成如何都可以成为公有制企业吗？对此，我们可以从党的十五大政治报告中找到明确的答案。报告指出："股份制是现代企业的一种资本组织形式，有利于所有权与经营权的分离，有利于提高企业和资本的运作效率，资本主义可以用，社会主义也可以用。不能笼统地说股份制是公有还是私有，关键看控股权掌握在谁手中。国家和集体控股，是有明显的公有性，有利于扩大公有资本的支配范围，增强公有制的主体作用。"这段话说得很清楚，不能笼统地说只要实行了股份制，一个企业就必然成为公有企业；当然也不能笼统地说，只要实行了股份制，一个企业就必然成为私有企业，决定企业性质的在于控股权。在股份制企业中，国家或集体处于控股地位（包括绝对控股和相对控股），企业的性质可以说是公有制；如果是私人资本或外国资本处于控股地位，企业的性质就是私有制。混合所有制同样是这样，在投资主体多元化中，要看谁是主要的出资者，公有经济占多大比重，也不能笼统地把混合所有制企业都认定为公有制企业。我国现行的统计制度同样是只把国家独资和国家控股的企业归于国有企业，而国家参股的企业，其参股部分属于国家财产，但不再把这样的企业列入国有企业。"新公有制"论无视控股与参股的重要区别，把国家控股与国家参股的企业都包括在"新公有制"企业第二种形式之中，是不对的。

对于集体所有制更需要具体分析。中华人民共和国成立前，在革命根据地就出现了合作经济。1956年社会主义改造完成后，城乡集体经济已发展成为一支重要的经济力量。我国《宪法》第六条规定："中华人民共和国的社会主义经济制度的基础是生产资料的社会主义公有制,即全民所有制和劳动群众集体所有制。"而厉以宁教授却对我国的集体所有制经济一笔抹杀,认为在计划经济体制下,"集体所有制只是徒具'集体'之名而已。"那么,什么是他认定的真正的集体所有制呢?他强调"公众持股是一个关键问题。"我不赞成这些论点。我认为集体所有制是一种生产关系。众所周知,生产关系包括生产、交换、分配、消费过程中人与人之间的经济关系,其中生产过程中的关系和分配过程中的关系尤为重要。集体所有制之所以具有公有制的性质,不能简单化地只看到资本从何而来,归谁所有这一点上。它还要求在生产过程中全体成员处于平等的地位,不存在剥削与被剥削的关系,企业在经营管理上的重大事项由全体成员集体决定;在分配过程中,实行按劳分配,等量劳动获得相应报酬,并逐渐增加集体积累。下面以同股份制最为接近的股份合作制为例做一些分析。

党的十五大报告对股份合作制给予肯定。报告说:"目前城乡大量出现的多种多样的股份合作制经济,是改革中的新事物,要支持和引导,不断总结经验,使之逐步完善。劳动者的劳动联合和劳动者的资本联合为主的集体经济,尤其要提倡和鼓励。"究竟应该如何界定股份合作制,学术界有几种不同的说法。上海复旦大学洪远朋教授写了《共享利益论》这部专著,对股份合作制进行了深入研究。他对股份合作制作了如下的定义:"股份合作制是把合作制与股份制有机结合起来,是合作制与股份制兼容的企业制度,它与股份制既有相同的联系,又有不同的本质区别,它是合作制在市场经济条件下的新形式;……"[①] 股份合作制之所以具有公有制性质,第一,这种企业是恢复劳动者入股和股金的个人所有权,并不是恢复私有制。第二,在企业里,劳动合作与资本合作有机结合,劳动合作是基础。第三,这种企业体现了劳动者直接占有生产资料并与生产资料直接结合的原则。第四,这种企业坚持了社会主义集

---

① 参见洪远朋等《共享利益论》,上海人民出版社 2001 年版,第 208 页。

体经济自愿互利和公共积累的原则。第五，在企业里坚持民主管理原则。第六，从分配角度分析，这种企业实行的是按劳分配与按股分红相结合的分配方式，并不存在剥削关系。① 我比较赞同洪远朋教授的意见。因为他是从生产关系的各个方面进行分析的，并没有仅仅着眼于公众持股。

　　党的十五大以后，股份合作制企业发展很快。实践经验告诉我们，在股份合作制的多种多样的存在形式中也有真假之分。有的股份合作制企业由全体职工持股，每人持股的份额差别不大，他们既是所有者又是劳动者，对企业的重大决策都有参与权，在分配上以按劳分配为主，同时实行按股分红，不存在剥削关系。这样的股份合作制企业，从生产关系的本质来看，可以说是集体所有制。也有的股份合作制企业，表面上同样是全体职工持股，但管理层的极少数人持大股，其余职工持股的总额在企业资本总额中所占比重不大，企业重大事务实际上为控大股者所把持，在分配上又以按股分红为主、按劳分配为辅。在这里，实际上存在着潜在的剥削与被剥削的关系，这样的企业表面上也叫股份合作制企业，实质上是私有的股份公司，同本文前面所举的美国高尔塑料纤维制品公司，并无本质的不同。

　　理论和实践都告诉我们，在社会主义市场经济条件下，经济现象纷繁复杂，变化多端，一种经济是公有还是私有，需要慎重地加以区分。我们必须从生产关系体系的角度，对企业作全面的考察，才能剖开现象，把握本质。单纯把是不是公众持股，是不是建立了现代企业制度所要求的法人治理结构作为区分公有企业与非公有企业的主要依据，以至把纯粹由私人持股的股份制企业统统当做"新公有制"企业，是不对的。如果这样的观点能够成立，美、英、法、德、日等发达资本主义国家的大股份公司不是早就"新公有化"了吗？

---

① 参见洪远朋等《共享利益论》，这里并未引用原文，详见该书第 209—213 页。

六

　　我国社会主义初级阶段的基本经济制度是以公有制为主体，多种所有制经济共同发展。本文反复申明不能混淆公有制经济与非公有制经济的原则界限，是因为两者性质不同，在我国国民经济中的地位、作用不同，党对它们的政策也不完全相同。但这决不是说我们可以不重视非公有制经济，更不是说，要把两种经济对立起来。改革开放以来，我们党对非公有制经济一贯采取鼓励、支持的政策。党的十五大提出："非公有制经济是我国社会主义市场经济的重要组成部分。对个体、私营等非公有制经济要继续鼓励、引导，使之健康发展。这对满足人们多样化的需要，增加就业，促进国民经济的发展有重要作用。"党的十六大进一步指明，要实行两个毫不动摇：第一，必须毫不动摇地巩固与发展公有制经济。第二，必须毫不动摇地鼓励、支持和引导非公有制经济的发展。党的十六届三中全会的决定又从法律法规、市场准入、税收融资、对外贸易等诸多方面为非公有制经济的发展清除障碍，提供更为有利的条件。在党的政策的鼓励和支持下，非公有制企业，包括非公有的股份公司，发展得越来越快。从前景来看，它们将在全面建设小康社会中发挥越来越重要的作用。在这样的形势下，完全没有必要把非公有制经济的某些内容硬塞进公有制经济的范畴之内。

　　公有制经济是我国社会主义制度的经济基础。邓小平反复强调："一个公有制占主体，一个共同富裕，这是我们所必须坚持的社会主义的根本原则。"[①] 江泽民同志也多次重申这一根本原则。他在1999年党的十五届四中全会召开前夕的一次重要讲话中指出："公有制经济是国家引导、推动、调控经济和社会发展的重要力量，也是实现广大人民群众根本利益的重要保证。我们推进国有企

[①] 《邓小平文选》第三卷，人民出版社1993年版，第111页。

业的改革和发展,说到底,就是要在发展社会主义市场经济的条件下,使国有经济不断发展壮大,增强国有经济的主导作用和控制力。这一点,在我们的指导思想上,必须十分明确。我们要积极开拓,勇于进取,但决不搞私有化。这是一条大原则,决不能有丝毫动摇。"① 最近召开的党的十六届三中全会继续坚持这一根本原则,规定要坚持公有制的主体地位,发挥国有经济的主导作用。

国有企业改制的实践经验告诉我们,股份制是现代企业制度,是一种有效的资本组织形式,并非私有化,应该大力推行。但在推行过程中必须做到有法可依,必须置于严密的监督管理之下,否则,它也可能走向反面,在某些人手中成为隐蔽的、渐进的私有化的捷径。在经济体制改革继续深入的今天,理论工作者应该以马克思主义为指导,以党的方针政策为依据,在理论与实践的结合上,提出既有利于公有制经济的巩固、壮大,又有利于非公有制经济健康发展的观点和建议。理论创新也必须遵循这一原则。② "新公有化"论混淆了公有制经济与非公有制经济的界限,不论倡导者的主观意愿如何,在客观上必将带来消极的后果。

参考文献

厉以宁:《论新公有制企业》,《经济学动态》2004年第1期。

智效和:《全民所有制企业股份化理论考察报告》,载高鸿业主编《西方经济学与我国经济体制改革》(第二辑),中国社会科学出版社1996年版。

洪远朋:《共享利益论》,上海人民出版社2001年版,第六章。

《刘国光自选集》,学习出版社2003年版。

项启源:《论我国社会主义初级阶段的历史定位》,经济科学出版社2001年版,第六章。

(原载《经济学动态》2004年第4期)

---

① 见《人民日报》1999年8月13日。
② 《经济观察报》2003年11月10日。

对国有资产法的经济理论思考

法经济学源自西方，现已成为国际上有影响力的一门学科。对法经济学的界定，学术界有不同的说法。我认为法经济学应该是运用经济学的理论和方法研究法学理论以及分析各领域的重要法律的一门交叉学科。在我国，法经济学从理论基础上说，可以借鉴西方经济学的观点、方法，但主要应该以中国特色社会主义理论体系为根本指导思想；从实践上说，可以借鉴西方的经验，但必须从我国处于社会主义初级阶段这个最大的实际出发来思考、研究、评价我国各领域已经制定和尚未制定的重要法律。我国的国有资产法酝酿已久。最近，全国人大常委会对此法做了两次审议，正在吸收各方面的意见修改、完善。我认为从法经济学的角度，以经济理论为依据审视这部重要法律，使之更加完备，更加符合中国的国情，是很有意义的。据此，我对正在审议中的国有资产法提出以下五点意见。

（一）关于国有资产法应该涵盖的范围

长期以来，对国有资产法应包括的范围，有大中小三种意见，国有资产包括资源性资产、非经营性资产和经营性资产。主张大国有资产法者认为，应将三种国有资产都包括在内；主张中国有资产法者认为，应将非经营性国有资产和经营性国有资产包括在内；主张小国有资产法者认为，只应将经营性国有资产包括在内。经过长时间的讨论，现在较多的人认为国有资产法应以经营性国有资产为对象。提供全国人大常委会第二次审议的就已改称《企业国有资产法（草案）》。其总则中写道："本法所称国有资产是指国家对企业各种形式的出资所形成的权益。金融企业国有资产的管理与监督，法律、行政法规另有规定的，依照其规定。"这也就是说，企业国有资产法不包括国有金融企业，我认为这是很不妥当的。不久前发生的一件事引起了社会各界的高度关注。2008年3月27日，银监会发布了《银行控股股东监管办法（征求意见稿）》，其中第二章"取得银行控制权的条件和程序"中有五条涉及外国金融机构控股中国金融机构的规定，但却未明确限定外资控股的比例。这就意味着外国银行可以对中国银行施行绝对控股。这一征求意见稿一经发布立即引起轩然大波。因为2003年关于外资入股国内金融机构的办法曾规定单个外国金融机构入股中国金融机构最高不得超过20%，联合入股不得超过25%，这是众所周知的。而银监会的上述征求意见稿却只字未提外国金融机构入股中国金融机构的控股比例。有些全国人大常委和全国人大代表对此提出了批评，各界人士也纷纷发表不同意见。2008年6月25日，在征求意见截止日期届满后，银监会发言人向媒体宣布，征求意见稿自公布以来共收到社会各界一百多条意见。议论最多的是外资银行控股中资银行的比例问题。这位发言人宣布，银监会2003年《境外金融机构投资入股中资金融机构管理办法》和2006年12月28日修订的《中国银行业监委会中资商业银行行政许可事项实施办法》第十一条规定的外资银行入股的比例没有任何变化。这件事虽已告一段落，但从国家长远的经济安全考虑，我郑重建议，企业国有资产法应该把金融系统的国有企业包括在立法范围之内。理由有四：

（1）基于金融系统企业在国民经济中的重要地位。胡锦涛同志曾说："金融是现代经济的核心。随着经济全球化深入发展，随着我国经济持续快速发展和工业化、城镇化、市场化、国际化进程加快，金融日益广泛地影响着我国经济社会生活的各个方面，金融也与人民群众的切身利益息息相关。在金融对经济社会发展的作用越来越重要、国内外金融市场联系和相互影响越来越密切的形势下，做好金融工作，保障金融安全，是推动经济社会又好又快发展的基本条件,是维护经济安全,促进社会和谐的重要保障,越来越成为关系全局的重大问题。"① 企业国有资产法既然讲的是"国家对企业各种形式的出资所形成的权益,"却把关系全局的最重要的国家出资的金融企业排除在外,这是自相矛盾,于理不通的。

(2) 我国立法权的行使还需进一步规范。就关系金融系统的立法来看,有的是经全国人民代表大会审定的,如《中国人民银行法》;有的是由全国人大常委会审定的,如《商业银行法》《银行业监督管理法》《保险法》《证券法》等。属于行政法规的,有的用国务院令发布,如《外资银行管理条例》。更多的是由银监会等专设机构制定和发布。法律、行政法规由什么机构审定和发布实施取决于法律、行政法规的重要程度。像国外金融机构能否绝对控股国内金融机构这样关系国家经济安全的大事,全国人大和全国人大常委会审定的法律均未涉及,而是由国务院下属的一个专门机构用行政法规来控制。这说明至少在有关金融系统的立法工作和法律体系中出现了错位和漏洞。企业国有资产法应该补上这一漏洞。

(3) 据统计,截至 2008 年 6 月,国有商业银行资产总额已达 30.1 万亿元,大大超过中央国企、地方国企 12 万亿元的总资产。《企业国有资产法(草案)》一味迁就现状,放着国有资产的大头不去管,将使企业国有资产法名不副实。

(4) 把金融系统的国有企业包括在企业国有资产法之内,不仅考虑到全国人大应该拥有的立法权,更重要的是考虑全国人大及其常委会对金融机构的监督权。国务院及各级地方政府向全国人大及地方人大就国有资产监管做专题报告,应将国有金融机构包括在内。

(二) 关于立法宗旨

《企业国有资产法(草案)》规定:"为了维护国家基本经济制度,巩固和发展国有经济,保障国有资产权益,发挥国有经济在国

---

① 《经济日报》2007 年 8 月 30 日。

民经济中的主导作用,促进社会主义市场经济的发展制定本法。"我认为这一表述比第一稿有所进步,但仍需加以充实。理由如下:

(1) 我国《宪法》第六条规定:"中华人民共和国社会主义经济制度的基础是生产资料的社会主义公有制。"而国有经济是公有制经济的核心。江泽民同志在2000年6月《巩固和加强社会主义的经济基础》一文中指出:"新中国成立以来不断发展壮大的国有经济,是我们社会主义国家政权的重要基础。……没有国有经济为核心的公有制经济,就没有社会主义的经济基础,也就没有我们共产党执政以及整个社会主义上层建筑的经济基础和强大物质手段。"[1] 指明了我国国有企业的历史地位,尤其是社会主义的经济基础这一规定从根本上分清了我国国有企业同资本主义国家国有企业的本质区别。而有些人却把中外国有企业混为一谈,不是借鉴西方,而是照搬。例如,以资本主义国家国有经济在国民经济中所占比重为根据来谋划我国国有经济在国民经济中应占的比重,鼓吹我国国有经济的比重应继续降低。又如,比照资本主义国家的国有企业大多存在于公共产品和服务领域,据此提出我国的国有企业也应局限于公共产品和服务领域。在这个领域以外的国有企业均应强制性地退出,实行私有化。诸如此类照搬西方的说法,多年来流传甚广,由此带来的对国有企业改革方向的干扰值得注意。

(2) 法律是用以引导和规范人们的行为的。但行为规范的前提是思想统一。全国人大审定的法律,对指引舆论导向,提高人民觉悟,发挥着重要作用。我国舆论导向的主流是党报党刊。但近些年来类似日本《产经新闻》这样的右翼报刊越来越多。它们服务于某些利益集团,抵制或歪曲党的方针政策。自20世纪90年代以来,它们一方面极力妖魔化国有企业,另一方面大力鼓吹私有化。党的十七大前后,又有人打着解放思想的幌子,进一步否定国有经济。有的文章说,所有制问题也要进一步解放思想。所有制问题

---

[1] 《江泽民文选》第三卷,人民出版社2006年版,第71页。

上，许多人形成了一种思维定式，认为公有制是社会主义最根本、最重要的内容，这是离开生产力，主观随意地谈论所有制和社会主义的一种历史唯心主义观念。因此，我们不必过分关注公有制与非公有制经济的比重问题。① 还有文章认为现实中的公有制经济已经不占主体地位。既然非公有制经济在中国显示了巨大的活力，而且已经在社会经济生活中发挥主体作用，我们就应该放弃公有经济为主体的提法。② 类似公开违反宪法，根本否定社会主义初级阶段基本经济制度的言论应引起党和人民的高度关注。《企业国有资产法》对国有经济性质、地位和作用的充分肯定，正是端正舆论导向，提高人民对国有经济认识的大好时机。

基于以上理由，我建议将立法宗旨修订为："为巩固社会主义的经济基础，维护国家基本经济制度，发展国有经济，保障国有资产权益，更好地发挥国有经济的主导作用，促进社会主义市场经济发展，制定本法。"

(三) 关于加强全国人大对国有资产监管工作的监督

《企业国有资产法（草案）》规定："国有资产属于国家所有即全民所有。国务院代表国家行使国有资产所有权。"另一条规定："各级人民代表大会常务委员会听取和审议本级人民政府代表国家履行出资人职责的情况和国有资产监督管理情况的专项工作报告，组织对本法实施情况的执法检查等，依法行使监督职权。"

以上两条，我认为对全国人大的法律地位和监督职责的肯定还不够，需大大加强，理由如下：

（1）由国务院代表国家行使国有资产所有权的表述不够准确。《宪法》规定，我国的一切权利属于人民。代表人民行使国家权力的最高机关是全国人民代表大会。国务院是最高国家权力机关的执行机关。国务院对全国人民代表大会负责并报告工作。依据宪法，

---

① 参见《南方周末》2008年2月28日。
② 参见《改革内参》2007年第30期。

国有资产既然属于全国人民所公有，那么代表人民行使所有权的应该是国家的最高权力机关，而不是最高执行机关。后者只有在前者授权的前提下才能代表国家行使所有权。明确这一授权关系并非表面文章。它表明全国人大对国有资产要负最终责任，因此，必须加强对国务院的监督。

（2）近几年社会各界对各级人大加强国有资产的监督已提出不少建议。有代表性的，一是中国人民大学校长纪宝成发表的《论全国人大参与国有资产监管的合理性和必然性》。[①] 一是四川省十届人大常委会张世昌等15位委员提出的人大及其常委会介入国有资产监管保护工作的议案。[②] 我大体同意他们的基本思路，但对人大监督的具体做法则有自己的考虑。我认为人大的监督应遵守2005年5月《中共全国人大常委会党组关于进一步发挥全国人大代表作用　加强全国人大常委会制度建设的若干意见》中的第15点："全国人大常委会对'一府两院'的工作既要监督，又要支持，不代行'一府两院'的行政权、审判权和检察权。"

根据以上理由，我建议将草案有关条款修改为："国有资产属于全民所有即国家所有，由全国人民代表大会代表人民享有国有资产的所有权。全国人民代表大会授权国务院行使国有资产所有权。"关于全国人大如何行使监督权，规定为："全国人民代表大会每年召开全体会议时，应听取和审议国务院行使国有资产所有权的情况和对国有资产监督管理情况的专项工作报告。在两次全体会议中间，全国人民代表大会常务委员会可根据情况，要求国务院作专题报告。省、市、自治区人民代表大会召开全体会议时，应听取和审议同级政府对国有资产监督管理的专项报告。各级人民代表大会常务委员会应组织本法实施情况的执法检查，依法行使监督职责。"

---

① 参见《经济学动态》2006年第10期。
② 参见《四川日报》2006年4月13日。

（四）关于发挥国有经济整体性功能的问题

国有资产属于全民所有，因此具有整体性。我们常说社会主义制度的优势是能够在短时间内集中全国的力量办大事。这一优势的重要物质基础就是国有经济的整体性。授权国务院代表国家行使国有资产所有权，体现了这一整体性功能。比如，国有企业布局的战略性调整必须从全国一盘棋来考虑；为了迎接新技术革命，加快自主创新，应该优先和重点发展哪些行业和企业，也必须从全局的利益来确定；此外，国有企业的业绩考核、经营预算、对外开放等也必须有全国统一的规定。但是，本草案对国有经济的这一特质却没有很好地体现。例如，草案规定："国务院国有资产监督管理机构和地方人民政府根据国务院规定设立的国有资产监督管理机构，……按照本级人民政府的授权，代表本级人民政府对国家出资企业履行出资人职责。"履行出资人职责的企业也由各级政府确定。这一条及相关诸条都把国务院和地方政府设立的国有资产监督管理机构的职权仅限于政府规定的那些企业，而且在国务院与各地方政府之间，国务院设立的国有资产监管机构与地方政府设立的国有资产监管机构之间，本草案并未规定上下级之间依法发生的纵向联系。这样就把本应属于全民，以全民利益为重的国有资产分割为实际上归地方政府所有，以地方利益为重的若干板块，这对于发挥国有经济的整体功能是不利的。

为弥补本草案的不足，建议参考 2003 年 5 月国务院制定的《企业国有资产监督管理暂行条例》第十二条的规定："上级政府国有资产监督管理机构依法对下级政府的国有资产监督管理机构进行指导和监督。"和 2006 年 1 月《国务院国有资产监督管理委员会工作规定》中的主要职责，如推进国有企业的现代企业制度建设，完善公司治理结构；推动国有经济结构和布局的战略性调整；建立和完善国有资产保值增值指标体系，拟定考核指标，起草国有资产管理的法律、行政法规，依法对地方国有资产监督管理机构进行指导和监督等。有些同志十分强调政府授权的国有资产监督管理机构，其职权仅限于出资人的三项权力。我认为这至少对于国务院授权设立的国有资产监管机构是不恰当的。国务院要统管全国的国有经济，负责全部国有资产的保值增值。如果没有一个特设的专门机构来协助国务院领导掌握全国国有经济的状况，谋划全国国有企业改革发展的方略，起草全国性的法律、法规，实际上对工作是十分不利的。所以我认为《企业国有资产法（草案）》，把国务院授权设立的国有资产监管机构的职责仅限于充当一百多家中央企业的出资人，是不妥的，应予修正。

（五）关于国有中小企业的改革

《企业国有资产法（草案）》规定："国家采取措施，推动国有资本向关系国民经济命脉和国家安全的重要行业和关键领域集中，优化国有经济布局和结构，推动国有企业的改革与发展，提高国有经济的整体素质，增强国有经济的控制力、影响力。"这一条很重要，但显然讲的是国有大企业。其实整个草案都是以国有大企业为重点的，几乎没有涉及国有中小企业。但是统计数字表明，2004年年底，国有小企业还有121828家，占国有企业总数的88.44%，其净资产占全部国有净资产的47%。另据统计，2006年由国务院国资委监管的中央企业为159家，由地方国资委监管的地方国企为1031家，两者合计为1190家。如果《企业国有资产法（草案）》仅适用于这一千多家国企，而未明确把中小国企包括在内，这不能不说是一大缺点。其实党中央对中小国有企业一直有明确的政策。党的十五大提出调整国有经济的布局，要抓大放小，加快放开搞活国有小型企业的步伐。党的十五届四中全会提出有进有退，对国有小企业要采取改组、联合、兼并、租赁、承包经营、股份合作制、出售等多种方式放开搞活，不搞一种模式。党的十六大规定进一步放开搞活国有中小企业。党的十六届三中全会在强调进一步推动国有资本更多地投向国家安全和国民经济命脉的重要行业和关键领域的同时，明确规定：其他行业和领域的国有企业通过资产重组和结构调整在市场公平竞争中优胜劣汰。但是，近些年来有些鼓吹新自由主义的人却把中央的政策歪曲为"国退民进","国有企业全面退出竞争领域"。有些地方官员也乘机将国有中小企业或"靓女先嫁"一卖了之,或以实行 MBO 之名,将企业化公为私,造成国有资产的大量流失。为避免再次出现用行政手段推行国有企业私有化浪潮,《企业国有资产法（草案）》应该对中小国有企业加以关注。我建议草案在强调国有资本向关键领域集中的同时,另设一专条,规定"对重要行业和关键领域以外的其他行业和领域,特别是其中的国有中小企业,应通过多种方式增强其活力,在市场公平竞争中优胜劣汰。"

（原载《经济学动态》2008 年第 10 期）

社会主义社会基本矛盾理论与
我国的经济体制改革

　　从 1949 年中华人民共和国成立到 2009 年已过去了整整 60 年。许多人以 1978 年党的十一届三中全会为分界线，把 60 年分为前三十年和后三十年。这样的划分是有道理的。但是有些鼓吹历史虚无主义的人，却歪曲历史，全盘否定前三十年。这样，后三十年就成了无源之水，无本之木了。实际上，后三十年是在前三十年的理论创新、建设成就和正反两方面经验的基础上继续奋进，创造出辉煌业绩的。本文试图从理论与实践的结合上阐明形成于 20 世纪 50 年代的社会主义社会基本矛盾理论，对我国改革开放的重要指导意义。

一　毛泽东提出社会主义社会基本矛盾理论的时代背景

　　在改革开放之前的三十年中，1956 年是有特别重大意义的一年。从国际形势看，自中华人民共和国成立，以美国为首的许多资本主义国家对我国采取断交、封锁禁运等敌视政策。在对外关系上，我们只能"一边倒"，倒向以苏联为首的社会主义阵营。但是，1956 年 2 月，在苏共二十大上，赫鲁晓夫作了所谓秘密报告，全盘否定斯大林。这一事件导致了严重后果。一方面，资本主义国家借此在全世界掀起反苏反共浪潮；另一方面，在社会主义阵营内部引起了很大的思想混乱。这一年年中发生了波兰、匈牙利事件。我们党不赞成全盘否定斯大林，中苏两党的分歧由此开始。从国内形势看，1956年发生了两件大事。一是，在党的领导下，基本上完成了对农业、手工业和资本主义工商业的社会主义改造，我国已经从新民主主义社会开始进入社会主义社会。这是在我国历史上划时代的革命性变革。二是，到1956年9月党的第八次全国代表大会召开时，我国已基本上实现了原定于1957年完成的第一个五年计划的主要指标。在工业、农业、水利建设、交通运输和改善人民生活诸方面取得了显著的进展。尤其是以156项工程为核心的工业基本建设大部分已经完成，为我国工业化奠定了初步基础。

国际国内形势的重大变化，向全党和全国人民提出了一个重大而紧迫的任务，这就是我们应如何审时度势开创一条适合我国国情的社会主义建设之路。党的八大就是在这样的形势下召开的。毛泽东《论十大关系》和《关于正确处理人民内部矛盾的问题》这两篇重要著作也是以探索中国前进道路为中心内容的。

1956年4月，毛泽东在中央政治局扩大会议上作了《论十大关系》的讲话。此前他深入一些地方做了调查，并从1956年2月开始，听取了34个部委的汇报，对国内情况有了比较全面的了解。与此同时，苏共二十大暴露出苏联在经济建设方面存在的问题，引起了毛泽东的高度关注。在《论十大关系》中，他明确提出要以苏为鉴。1958年3月，毛泽东在回顾这次讲话时说过：《论十大关系》开始提出自己的建设路线，原则和苏联相同，但方法有所不同，有我们自己的一套内容。

《关于正确处理人民内部矛盾的问题》（以下简称《正处》）是1957年2月27日毛泽东在最高国务会议上的讲话。原题为《如何处理人民内部的矛盾》，后经多次修改，在1957年6月19日公开发表时用了《正处》这个题目。《正处》有一个很长的思想酝酿过程。远的不说，从1956年看，除了《论十大关系》已论及革命与反革命的关系、是非关系等问题外，还几次讲到要处理好不同性质的矛盾。例如，1956年12月4日毛泽东在致民主建国会主任委员黄炎培的信中提出："社会总是充满着矛盾。即使社会主义和共产主义社会也是如此，不过矛盾的性质和阶级社会有所不同罢了。既有矛盾就要求揭露和解决。有两种揭露和解决的方法：一是对敌（这说的是特务破坏分子）我之间的，一种是对人民内部的（包括党派内部的，党派与党派之间的）。前者是用镇压的方法，后者是用说服的方法。"①

《正处》的理论贡献是多方面的。例如社会主义、共产主义还存在矛盾；在我国建立了社会主义制度后，从我国的国情出发，仍然把民族资产阶级分子与劳动人民之间的矛盾包括在人民内部矛盾之中；在我国第一次明确提出了中国工业化的道路，等等。不过在我看来，《正处》中最重要的理论贡献是在马克思主义发展史上第一次提出社会主义社会的基本矛盾并作了全面的论述。

二 社会主义社会基本矛盾理论是对科学社会主义的具有划时代意义的重大发展

社会基本矛盾学说是马克思主义科学体系的重要内容。马克思说："人们在自己生活的社会生产中发生一定的、必然的、不以他们的意志为转移的关系，即同他们的物质生产力的一定发展阶段相适合的生产关系。这些生产关系的总和构成社会的经济结构，即有法律的和政治的上层建筑竖立其上并有一定的社会意识形式与之相适应的现实基础。物质生活的生产方式制约着整个社会生活、政治生活和精神生活的过程。不是人们的意识决定人们的存在，相反，是人们的社会存在决定人们的意识。社会的物质生产力发展到一定阶段，便同它们一直在其中运动的现存生产关系或财产关系（这只是生产关系的法律用语）发生矛盾。于是这些关系便由生产力的发展形式变成生产力的桎梏。那时社会革命的时代就到来了。随

---

① 《毛泽东书信选集》，人民出版社1983年版，第514页。

着经济基础的变更，全部庞大的上层建筑也或慢或快地发生变革。"① 马克思对社会基本矛盾的这一经典表述，成为历史唯物主义的核心和科学社会主义的理论基石。马克思、恩格斯在世时，世界上还没有出现无产阶级夺取全国政权、进行社会主义建设的实践，他们不可能对未来社会的矛盾运动的特点作出具体的分析。

1917年俄国十月革命建立了世界上第一个社会主义国家。列宁逝世过早，而且不能不把主要精力用于巩固新生的无产阶级政权。但他对社会主义社会的基本理论问题还是高度关注的。1920年，他在读布哈林《过渡时期的经济》一书时，针对书中所说"资本主义是对抗的、矛盾的制度"，列宁在批语中指出："极不确切。对抗和矛盾完全不是一回事。在社会主义下，对抗将会消失，矛盾仍将存在。"②

斯大林领导苏联三十年，社会主义建设取得了重大胜利，积累了丰富的经验。但是他也犯过一些错误。在理论上他强调社会主义社会生产关系与生产力完全适合就是一种片面的观点。斯大林在1938年写的《论辩证唯物主义和历史唯物主义》一文中说："在社会主义制度下，目前还只有在苏联实现的这种制度下，生产资料的公有制是生产关系的基础。这里已经没有剥削者，也没有被剥削者。生产出来的产品是根据'不劳动者不得食'的原则按劳动分配的。这里，人们在生产过程中的相互关系，是不受剥削的工作者之间同志合作和社会主义互助的关系。这里生产关系同生产力状况完全适合，因为生产过程的社会性是由生产资料的公有制所巩固的。"③ 1952年斯大林在答诺特京的信中对这个问题作了进一步的阐述。他说："你断定说，只有在社会主义制度和共产主义制度下，才能达到生产关系同生产力性质的完全适合，而在其他社会形

---

① 《马克思恩格斯选集》第二卷，人民出版社1995年版，第32—33页。
② 《列宁全集》第60卷，人民出版社1990年版，前言Ⅶ。
③ 《斯大林文选》下，人民出版社1979年版，第449页。

态下，只能实现不完全的适合。这是不对的。在资产阶级革命以后的时代，当资产阶级破坏了封建的生产关系，确立了资产阶级的生产关系的时候，无疑有过一个时期，资产阶级的生产关系是完全适合生产力的性质的。……其次，'完全适合'这种说法是不能在绝对的意义上来理解的。不能把这种说法理解为仿佛在社会主义制度下决没有生产关系落后于生产力的增长的现象。"[1]

第一位把马克思的社会基本矛盾学说运用于社会主义社会的是毛泽东。1956年11月，在八届二中全会上毛泽东说：将来全世界的帝国主义都打倒了，阶级消灭了，你们讲，那个时候还有没有革命？我看还是要革命的。社会制度还要改革，还会用"革命"这个词。当然，那时革命的性质不同于阶级斗争时代的革命。那个时候还有生产关系同生产力的矛盾，上层建筑同经济基础的矛盾。生产关系搞得不对头，就要把它推翻。1957年1月27日，毛泽东在省、市、自治区党委书记会议上的讲话中直接批评了斯大林。他说：斯大林在一个长时期里不承认社会主义制度下生产关系和生产力之间的矛盾，上层建筑和经济基础之间的矛盾。直到他逝世前一年写的《苏联社会主义经济问题》，才吞吞吐吐地谈到了社会主义制度下生产关系和生产力之间的矛盾，说如果政策不对，调节得不好，是要出问题的。但是，他还是没有把社会主义制度下生产关系和生产力之间的矛盾，上层建筑和经济基础之间的矛盾，当作全面性的问题提出来，他还是没有认识到这些矛盾是推动社会主义社会向前发展的基本矛盾。

1957年2月，毛泽东在《关于正确处理人民内部矛盾的问题》中，对社会主义社会的基本矛盾作了更全面、更深入、更系统的论述。他指出："马克思主义的哲学认为，对立统一规律是宇宙的根本规律。这个规律，不论在自然界、人类社会和人们的思想中，都是普遍存在的。矛盾着的对立面又统一，又斗争，由此推动事物的

---

[1] 《斯大林文选》下，人民出版社1979年版，第577页。

运动和变化……许多人不承认社会主义社会还有矛盾,因而使得他们在社会矛盾面前缩手缩脚,处于被动地位;不懂得在不断地正确处理和解决矛盾的过程中,将会使社会主义社会内部的统一和团结日益巩固。"① "社会主义社会的矛盾同旧社会的矛盾,例如同资本主义社会的矛盾,是根本不相同的。资本主义社会的矛盾表现为剧烈的对抗和冲突,表现为剧烈的阶级斗争,那种矛盾不可能由资本主义制度本身来解决,而只有社会主义革命才能够加以解决。社会主义社会的矛盾是另一回事,恰恰相反,它不是对抗性的矛盾,它可以经过社会主义制度本身,不断地得到解决。在社会主义社会中,基本的矛盾仍然是生产关系和生产力之间的矛盾,上层建筑和经济基础之间的矛盾。……我国现在的社会制度比较旧时代的社会制度要优胜得多。如果不优胜,旧制度就不会被推翻,新制度就不可能建立。所谓社会主义生产关系比较旧时代生产关系更能够适合生产力发展的性质,就是指能够容许生产力以旧社会所没有的速度迅速发展。"② "总之,社会主义生产关系已经建立起来,它是和生产力的发展相适应的;但是,它又还很不完善,这些不完善的方面和生产力的发展又是相矛盾的。除了生产关系和生产力发展的这种又相适应又相矛盾的情况以外,还有上层建筑和经济基础的又相适应又相矛盾的情况。……我们今后必须按照具体的情况,继续解决上述的各种矛盾。当然,在解决这些矛盾以后,又会出现新的问题。新的矛盾,又需要人们去解决。"③

我体会,毛泽东关于社会主义社会基本矛盾理论可以说在科学社会主义发展史上掀开了新的一页。它的创新之处表现如下。

第一,社会主义社会的基本矛盾仍然是生产关系与生产力、上层建筑与经济基础之间的矛盾。这一基本矛盾在社会主义从建立、发展到成熟的整个过程中始终存在。而不是像斯大林所说的,生产

---

① 《毛泽东著作选读》下册,人民出版社1986年版,第766页。
② 同上书,第767页。
③ 同上书,第768—769页。

关系与生产力在某一阶段"完全适合",在另一阶段又出现生产关系落后于生产力的状况。

第二,要把社会主义基本制度,即生产关系和上层建筑中体现社会主义根本性质的内容,同生产关系、上层建筑的具体方面、具体环节区别开来。社会主义的基本制度是同生产力发展和经济基础巩固的要求相适应的,而生产关系和上层建筑中某些不完善的方面和环节,又是同生产力发展和经济基础巩固的要求相矛盾的。因此,社会主义社会基本矛盾总是在又相适应又相矛盾中运动着,发展着。把基本制度与具体环节区别开来具有十分重要的意义,是马克思、列宁、斯大林都未曾提及的。

第三,社会主义社会的矛盾与旧社会的矛盾具有根本不同的性质。原因之一是由于社会主义的矛盾主要是人民内部矛盾,不是对抗阶级之间的矛盾。原因之二是,社会主义社会生产关系与生产力、上层建筑与经济基础之间的矛盾,不是基本制度的不适应,而是生产关系、上层建筑某些具体方面、具体环节的不适应。这就说清了,为什么社会主义社会的矛盾可以依靠社会主义制度的力量用自觉地调整、变革的办法得到解决。

第四,旧的矛盾解决了,又会出现新的矛盾,又需要人们去自觉地加以解决。矛盾的不断产生又不断解决,是促进社会主义社会向前发展的内在动力。

三 邓小平对社会主义社会基本矛盾理论的继承和重要发展

1. 党在社会主义初级阶段的基本路线是在邓小平理论的指引下形成的

《关于建国以来党的若干历史问题的决议》是一个重要文件。决议充分肯定了毛泽东的历史地位,指出毛泽东思想从六个方面丰富和发展了马克思主义,它将长期指导我们的行动。邓小平在审议决议文稿时曾经说过:"从许多方面来说,现在我们还是把毛泽东同志已经提出、但是没有做的事情做起来,把他反对错了的改正过来,把他没有做好的事情做好。今后相当长的时期,还是做这件事。当然,我们也有发展,而且还要继续发展。"①

邓小平对毛泽东思想的继承和发展是多方面的。其中一个重要方面就是社会主义社会基本矛盾理论。邓小平说过:"关于基本矛盾,我想现在还是按照毛泽东同志在《关于正确处理人民内部矛盾的问题》一文中的提法比较好。毛泽东同志说:'在社会主义社会中,基本的矛盾仍然是生产关系和生产力之间的矛盾,上层建筑和经济基础之间的矛盾。'他在这里说了很长的一段话,现在不重复。当然,指出这些基本矛盾,并不就完全解决了问题,还需要就此作深入的具体的研究。但是从二十多年的实践看来,这个提法比其他的一些提法妥当。"②

邓小平是中国改革开放的总设计师。第一位把社会主义社会基本矛盾理论运用于改革开放,形成党在社会主义初级阶段的基本路线的,是邓小平。

党在社会主义初级阶段的基本路线是:"在社会主义初级阶段我们党的建设有中国特色的社会主义的基本路线是:领导和团结全国各族人民,以经济建设为中心,坚持四项基本原则,坚持改革开放,自力更生,艰苦创业,为把我国建设成为富强、民主、文明的社会主义现代化国家而奋斗。"③ 对于基本路线的重大意义,1992年10月党的第十四次全国代表大会的政治报告中做过这样的概括:"十四年伟大实践的经验,集中到一点,就是要毫不动摇地坚持以建设有中国特色社会主义理论为指导的党的基本路线。这是我们事

---

① 《邓小平文选》第二卷,人民出版社1994年版,第300页。
② 同上书,第181—182页。
③ 李力安等主编:《光辉的七十年》下卷,中国人民大学出版社1991年版,第1979页。

业能够经受风险考验，顺利达到目标的最可靠的保证。"① 从党的十五大到十七大，我们党始终坚持和丰富这一基本路线，进一步明确四项基本原则是立国之本，改革开放是强国之路，两者相互贯通、相互依存，统一于社会主义建设这个中心。

那么，为什么说基本路线是在邓小平指引下形成的，其中贯穿着对社会主义社会基本矛盾理论的运用呢？这就需要对基本路线的形成过程作一个简要的回顾。

从 1978 年 12 月党的十一届三中全会到 1987 年 10 月党的十三大，整整经过了 9 年。在这段时间里，邓小平针对改革开放逐步深化的过程中不断出现的各方面实际问题，以马列主义、毛泽东思想为指导，提出了自己的新观点，逐步形成了邓小平理论，而基本路线的主要内容也随之呈现出明晰的轮廓。

关于建设有中国特色的社会主义，是邓小平在 1982 年 9 月首先提出的。他说："我们的现代化建设，必须从中国的实际出发……把马克思主义的普遍真理同我国的具体实际结合起来，走自己的道路，建设有中国特色的社会主义，这就是我们总结长期历史经验得出的基本结论。"②

关于以经济建设为中心，邓小平讲过多次，这里只举他在 1984 年 6 月的一次谈话："什么叫社会主义，什么叫马克思主义？我们过去对这个问题的认识不是完全清醒的。马克思主义最注重发展生产力……社会主义阶段的最根本任务就是发展生产力，社会主义的优越性归根到底要体现在它的生产力比资本主义发展得更快一些、更高一些，并且在发展生产力的基础上不断改善人民的物质文化生活。"③

关于改革开放，邓小平讲得更多。这里只举他在 1978 年 10 月，即党的十一届三中全会前，最早提出改革开放任务的一次讲

---

① 《中国共产党第十四次全国代表大会文件汇编》，人民出版社 1992 年版，第 16 页。
② 《邓小平文选》第三卷，人民出版社 1993 年版，第 2—3 页。
③ 同上书，第 63 页。

话，他说："现在党中央、国务院要求加快实现四个现代化的步伐，并且为此而提出了一系列政策和组织措施。中央指出：这是一场根本改变我国经济和技术落后面貌，进一步巩固无产阶级专政的伟大革命。这场革命既要大幅度地改变目前落后的生产力，就必然要多方面地改变生产关系，改变上层建筑，改变工农业企业的管理方式和国家对工农业企业的管理方式，使之适应于现代化大经济的需要。"①

邓小平在党的十一届三中全会以后不久，即1979年3月，就向全党郑重提出了坚持四项基本原则的问题。他高度关注当时社会上出现的错误思潮，并对坚持社会主义道路，坚持无产阶级专政，坚持共产党的领导，坚持马列主义、毛泽东思想，逐项作了深刻的论述。他指出："中央认为，今天必须反复强调坚持这四项基本原则，因为某些人（哪怕只是极少数人）企图动摇这些基本原则。这是决不许可的。每个共产党员，更不必说每个党的思想理论工作者，决不允许在这个根本立场上有丝毫动摇。如果动摇了这四项基本原则中的任何一项，那就动摇了整个社会主义事业，整个现代化建设事业。"②

1989年11月，邓小平在回顾基本路线的形成过程时说："中国坚持社会主义，不会改变。十三大确定了'一个中心、两个基本点'的战略布局。我们十年前就是这样提出的，十三大用这个语言把它概括起来。这个战略布局我们一定要坚持下去，永远不改变。"③

以上回顾虽然十分简略，但仍可说明党在社会主义初级阶段的基本路线是在邓小平理论指引下形成的，它从一个方面体现了邓小平对毛泽东思想的继承和发展。

---

① 《邓小平文选》第二卷，人民出版社1994年版，第135—136页。
② 同上书，第173页。
③ 《邓小平文选》第三卷，人民出版社1993年版，第345页。

2. 处理好两个基本点之间的关系是邓小平理论的精髓

邓小平多次说过改革是革命性的变革，是中国的第二次革命，是伟大的试验。对此我们应该如何理解呢？我体会应该从改革开放的广度和深度上理解。从广度看，改革从农村到城市，从对内到对外，从经济到政治、文化、社会、国防诸方面，不是某一个或几个领域的改革，而是全面的改革。从深度看，改革不仅有量的变化，而且有一定程度的质的变化。仅从经济领域来看，我体会这种质的变化表现在以下诸方面。

从所有制结构上看，改革前国营经济和集体经济占国民经济的绝大部分，私营经济、外资经济几乎不存在。改革后，建立了以公有制为主体、多种所有制共同发展的社会主义初级阶段的基本经济制度，而且写进了宪法。目前，在政府的大力扶持下，非公经济得到长足的发展，已成为国民经济的重要组成部分。

从分配制度上看，与公有制为主体、多种所有制共同发展相适应，形成了以按劳分配为主、多种生产要素参与分配的格局。由此产生了新的社会阶层，各社会群体收入差距明显扩大。

从流通领域看，由改革前实行的全面的指令性计划体制转变为社会主义市场经济体制。目前在社会资源的分配上，市场已经基本上起到了基础性的作用。

从对外经济关系上看，中华人民共和国成立后的三十年内，以美国为首的47个国家对我国实行封锁禁运，客观上不具备实行对外开放的条件。这种局面一直到1979年我国与美国建立正式外交关系才有了改观。改革后，我们把对外开放定为长期的基本国策，在这方面做了大量的工作。目前我国的进出口总额和吸引外资的总额都居于世界前列。

改革开放在以上诸方面带来的深刻变化，从总体上看，符合生产关系一定要适合生产力状况的规律，成绩是主要的。

对于坚持四项基本原则同坚持改革开放的相互关系，邓小平历来非常重视。他对改革开放的每一个重要领域都提出了两个基本点相互结合的具体要求。

对于所有制结构的改革,邓小平说:"我们在改革中坚持了两条,一条是公有制经济始终占主体地位,一条是发展经济要走共同富裕的道路,始终避免两极分化。我们吸收外资,允许个体经济发展,不会影响以公有制经济为主体这一基本点。相反地,吸收外资也好,允许个体经济的存在和发展也好,归根到底,是要更有力地发展生产力,加强公有制经济。只要我国经济中公有制占主体地位,就可以避免两极分化。"①

对于分配制度的改革,邓小平在强调破除绝对平均主义,提出让一部分地区一部分人先富起来,先富帮后富的主张时,明确告诫我们:"社会主义的目的就是要全国人民共同富裕,不是两极分化。如果我们的政策导致两极分化,我们就失败了;如果产生了什么新的资产阶级,那我们就真是走了邪路了。"②

对于流通领域的改革,邓小平提出用社会主义制度下的市场经济体制取代改革前实行了三十年的高度集中的计划经济体制。这在他的改革蓝图中是一个突出的亮点。他明确主张计划与市场都是一种方法。只要有利于社会主义社会生产力的发展,计划方法与市场方法都可以用。因此,他始终一贯主张把计划与市场结合起来。他在1989年说:"我们要继续坚持计划经济与市场调节相结合,这个不能改。实际工作中,在调整时期,我们可以加强或者多一点计划性,而在另一个时候多一点市场调节,搞得更灵活一些。以后还是计划经济与市场调节相结合。"③ 社会主义市场经济这个范畴是江泽民同志在党的十四大提出来的。其主要内容,如社会主义市场经济体制是同社会主义基本制度结合在一起的,其核心在于正确处理计划与市场的关系等体现了邓小平在这个方面的一系列观点,党的十四大前就得到邓小平的赞同。1993年9月,邓小平在一次谈话

---

① 《邓小平文选》第三卷,人民出版社1993年版,第149页。
② 同上书,第110—111页。
③ 同上书,第306页。

中，用最简练的语言，高度概括了社会主义市场经济的本质：社会主义市场经济优越性在哪里？就在四个坚持。

对于对外开放，邓小平多次强调要以自力更生为基础。他指出："独立自主，自力更生，无论过去、现在和将来，都是我们的立足点……我们坚定不移地实行对外开放政策，在平等互利的基础上积极扩大对外交流。同时，我们保持清醒的头脑，坚决抵制外来腐朽思想的侵蚀，决不允许资产阶级生活方式在我国泛滥。"[①]

邓小平从改革开放之始就反复强调坚持四项基本原则与坚持改革开放应该是相互依存、相互贯通的。其根本目的就是要求后人要真正做到在改革开放的不断深化中，始终坚持社会主义的方向。现在的关键是在实际工作中真正落实。

3. 在今后长期的社会主义建设中，如何继续处理好两个基本点之间的关系是当代中国面临的一个重大课题

自1978年党的十一届三中全会至今，我们沿着有中国特色的社会主义道路持续前进，取得了重大成就。实践证明，我们已经从总体上实现了两个基本点的相互贯通、相互促进。但是，必须清醒地看到，两个基本点之间的关系是极其复杂、充满矛盾的。因此，在实际工作中肯定会遇到多种多样的困难，发生这样那样的失误，并且肯定会出现某些一时解决不了而又必须着力解决的问题。当前，我认为既坚持公有制经济的主体地位，又促进非公有制经济共同发展，就是一个必须给予高度关注的难点。

唯物辩证法告诉我们，在诸多矛盾同时存在的情况下，必然有一个主要矛盾。这个主要矛盾的主要方面决定着事物的根本性质。在质量互变的规律中，任何事物都处在一个从量变到质变的过程中。量变包括局部质变。在局部质变与根本质变之间有一个"度"。在这个"度"以下，量变到局部质变不可能导致根本质变；而越过了这个"度"，局部质变就很可能导致根本质变。这里所说

[①] 《邓小平文选》第三卷，人民出版社1993年版，第3页。

的"度"是事物发展过程中客观存在的。在社会主义初级阶段，公有制经济与非公有制经济这一对矛盾是决定生产关系性质的主要矛盾。从 1978 年至今，矛盾的主要方面始终是公有制经济，所以我国的社会制度一直是社会主义性质的。但是，如果有朝一日，非公有制经济成为这对矛盾的主要方面，那么我国的社会制度必将发生根本的质变。公有制经济与非公有制经济的关系极其复杂，因为我国的所有制结构已经发生了局部质变。如何在两者共同发展而且又强调两个"毫不动摇"的情况下，继续保证公有制经济的主体地位，使局部质变不至于导致根本质变，就成为关系全党全民根本利益的大事。

目前，对公有制经济是否还居于主体地位，有各种不同的说法。不少同志以各种统计数字为根据，断定我国以国有经济为核心的公有制经济已经失去了在国民经济中的主体地位。我认为统计数据固然重要，但不能作为唯一的根据。江泽民同志 2000 年在《巩固和加强社会主义的经济基础》一文中说："党的十五大提出，公有制为主体、多种所有制经济共同发展，是我国社会主义初级阶段的基本经济制度。我们必须坚持社会主义公有制作为社会主义经济制度的基础，同时需要在公有制为主体的条件下发展多种所有制经济，这有利于促进我国经济的发展。社会主义公有制的主体地位绝不能动摇，否则我们党的执政地位和我们社会主义的国家政权就很难巩固和加强。只要坚持公有制为主体，国家控制国民经济命脉，国有经济的控制力和竞争力得到增强，在这个前提下，国有经济比重减少一些，不会影响我国的社会主义性质。这是正确的，也是符合实践发展要求的。当然，所谓比重减少一些，也应该有个限度、有个前提，就是不能影响公有制的主体地位和国有经济的主导作用。"[1] 我体会，江泽民同志在这里说的"也应该有个限度、有个前提"，就是指唯物辩证法中的"度"。这个"度"既包括质的因

---

[1] 《江泽民文选》第三卷，人民出版社 2006 年版，第 71—72 页。

素，也包括量的因素。国有经济的主导作用属于质，以国有经济为核心的公有制经济在国民经济中的比重属于量。质与量也是对立统一的关系。没有一定的质，量就无从谈起；没有一定的量，质也就不存在了。因此，对公有制经济是否还处于主体地位，既要看在质上是否还能发挥主导作用，又要看在量上是否还占有必不可少的比重。近些年来，国有经济在整个国民经济中的比重如此迅速而又大幅度地下降，应该引起我们的高度关注。在这里有必要指出，我国经济学界有些人对国有经济无论从质上还是从量上都是根本否定的。这些言论是完全错误的，是违反《宪法》的。我国《宪法》第六条规定："中华人民共和国的社会主义经济制度的基础是生产资料的社会主义公有制，即全民所有制和劳动群众集体所有制。社会主义公有制消灭人剥削人的制度，实行各尽所能、按劳分配的原则。国家在社会主义初级阶段，坚持公有制为主体、多种所有制经济共同发展的基本经济制度，坚持按劳分配为主体，多种分配方式并存的分配制度。"第七条规定："国有经济，即社会主义全民所有制经济，是国民经济中的主导力量。国家保障国有经济的巩固和发展。"难道全民所有制不是我国国有经济的质？以公有制经济为主体不包含国有经济的量？

  以上只是谈到所有制结构方面的问题。此外，在分配关系、社会主义市场经济体制、对外开放方面，也不同程度地存在类似问题。所以，我认为，妥善处理坚持四项基本原则与坚持改革开放的相互关系，是当代中国面临的一大课题。

（原载《马克思主义研究》2009 年第 8 期）

发展中国特色社会主义与壮大国有经济[*]

马克思主义基本原理告诉我们，生产关系必须适合生产力发展的要求，生产力的发展需要生产关系来推动和保证。如今我国加快转变经济发展方式，必须通过深化改革进一步发挥我国基本经济制度的优势，而遇到的一个重大障碍就是所谓"国进民退"与"民进国退"观点的冲突，实质上是公有制的主体地位与多种经济成分发展的关系问题，其中要害是发展中国特色社会主义要不要壮大国有经济。这些年非公有经济有了飞快发展，国有经济大大萎缩了，在后金融危机时期许多地方为淘汰落后产能，以先进生产力载体为龙头重新整合资源，符合生产力发展规律，但一些人却称之为"国进民退"，是改革的"倒退"，以"批垄断"矛头对着国有经济。于是，客观事实便为我们提出了这样一个逻辑：要发展先进生产力就必须优化基本经济制度，要优化经济制度就必须坚持公有制的主体地位、国有经济的主导作用。这就需要澄清国有经济等于"垄断"的一些混乱观点。

一 "反垄断"思潮的实质在于两种改革观的对立

1997年党的十五大在正式提出社会主义初级阶段基本经济制度的同时就明确指出："公有制的主体地位主要体现在：公有资产在社会总资产中占优势；国有经济控制国民经济命脉，对经济发展

---

[*] 合作者：杨承训。

起主导作用。……国有经济起主导作用，主要体现在控制力上。要从战略上调整国有经济布局。对关系国民经济命脉的重要行业和关键领域，国有经济必须占支配地位。"[1] 1999 年党的十五届四中全会通过了《中共中央关于国有企业改革和发展若干重大问题的决定》（以下简称《决定》）对国有经济作了更全面更具体的规定，指出："我们要增强国家的经济实力、国防实力和民族凝聚力，就必须不断促进国有经济的发展壮大。包括国有经济在内的公有制经济，是我国社会主义制度的经济基础，是国家引导、推动、调控经济和社会发展的基本力量，是实现广大人民群众根本利益和共同富裕的重要保证。"[2]《决定》对从战略上调整国有经济布局作出明确的指示："国有经济需要控制的行业和领域主要包括：涉及国家安全的行业，自然垄断的行业，提供重要公共产品和服务的行业，以及支柱产业和高新技术产业中的重要骨干企业。"[3]《决定》在论及国有企业战略性改组时，强调"坚持'抓大放小'。要着力培育实力雄厚、竞争力强的大型企业和企业集团，有的可以成为跨地区、跨行业、跨所有制和跨国经营的大企业集团。要发挥这些企业在资本营运、技术创新、市场开拓等方面的优势，使之成为国民经济的支柱和参与国际竞争的主要力量。"[4] 2006 年 12 月 5 日，国务院办公厅下发了《国资委关于推进国有资本调整和国有企业重组的指导意见的通知》（以下简称《通知》），进一步明确重要行业和关键领域主要包括：涉及国家安全的行业，重大基础设施和重要矿产资源，提供重要公共产品和服务的行业以及支柱产业和高新技术产业中的重要支柱产业。2006 年 12 月 18 日，国务院国有资产监督管理委员会根据国务院办公厅转发的《通知》的精神，宣布国有经济

---

[1] 江泽民：《高举邓小平理论伟大旗帜 把建设有中国特色社会主义事业全面推向二十一世纪》，《人民日报》1997 年 9 月 22 日。

[2] 中共中央文献研究室编：《十五大以来重要文献选编（中）》，人民出版社 2001 年版，第 1004 页。

[3] 同上书，第 1008 页。

[4] 同上书，第 1010 页。

在关系国家安全和国民经济命脉的重要行业和关键领域中，对军工、电网、电力、石油、石化、电信、煤炭、民航航运行业应保持绝对控制力；在装备制造、汽车、电子信息、建筑、钢铁、有色金属、化工、勘察设计、科技行业应保持较强控制力。

然而，恰恰是在坚持和壮大国有经济问题上掀起一拨又一拨的争论。大体上出现过三次争论的高潮。一次是 2004 年到 2005 年，新自由主义的鼓吹者们借 20 世纪中叶有一段时间国有经济因多种原因一度出现低潮为背景，提出什么"国退民进论""国企低效论""国有资本流失无害论""彻底退出垄断论"等错误言论，力图把改革引入歧途。许多坚持改革社会主义方向的学者和爱党爱国的人民群众奋起反击，先后出现了经济学界众所周知的"郎旋风""刘旋风"。一次是 2006 年到 2007 年，新自由主义的鼓吹者们借《反垄断法》在全国人大审议的机会，集中攻击处于重要行业和关键领域的国有经济，掀起"反垄断"的高潮，力图误导群众，影响《反垄断法》的制定。他们的图谋最终也未得逞。再一次是目前仍在进行的所谓"国进民退，改革倒退"的争论。回顾这几次争论，虽然因为背景的侧重点有些区别，但都体现了两种改革观的斗争。

我国有两种改革观最早是由邓小平提出来的，他说："我们干四个现代化，人们都说好，但有些人脑子里的四化同我们脑子里的四化不同，我们脑子里的四化是社会主义的四化。他们只讲四化，不讲社会主义。这就忘记了事物的本质，也就离开了中国的发展道路。这样，关系就大了。在这个问题上我们不能让步。这个斗争将贯穿在实现四化的整个过程中，不仅本世纪内要进行，下个世纪还要继续进行。"[①] 随着改革的深入和斗争的继续，江泽民同志提出有两种改革观。他说："要划清两种改革开放观，即坚持四项基本原则的改革开放，同资产阶级自由化主张的实质上是资本主义化的

---

① 《邓小平文选》第三卷，人民出版社 1993 年版，第 204 页。

'改革开放'的根本界限。"① 实践证明，这两种改革观的斗争，正如邓小平、江泽民所预见的，从改革开放至今，时起时伏，从来没有停止过，在经济领域争论的重点之一是围绕公有经济为主体、国有经济为主导展开的。

本文的重点是剖析前文提及的"反垄断"思潮。从 2006 年全国人大审议《反垄断法》到 2007 年正式通过这部法律，在这一年多的时间里，新自由主义的鼓吹者们集中攻击重要行业和关键领域中的国有经济，把它们诬称为"垄断行业""垄断企业"，并提出"垄断行业做大做强是对民营经济的挤压""垄断企业的高利润是对人民的剥夺""国有企业除公共事业外应一律退出并实行私有化"等一系列错误言论。其目的在于通过舆论工具大造声势，一方面误导群众，一方面对立法机关施加影响。上述谬论理所当然地受到坚持马克思主义、主持正义的学者和广大人民群众的反对。他们的目的最终未能实现，但值得我们关注的是这些人散布的言论影响至今尚未清除。最近所谓"国进民退是改革倒退"的说法，从某种意义上说就是"反垄断"思潮的延续。

二 反"垄断行业""垄断企业"是个伪命题

我们认为从根本上说，给关系国家安全的重要行业和关键领域中的国有经济扣上所谓"垄断行业""垄断企业"的帽子，这本身就是由新自由主义鼓吹者们炮制出来的伪命题。因为这些名称，于史不符、于理不通、于法无据、于民有害、与党相违。

（一）于史不符

垄断本来是资本主义市场经济中必然产生的经济现象。列宁在《帝国主义是资本主义的最高阶段》中说："官方学者曾经力图用缄默这种阴谋手段来扼杀马克思的著作，因为马克思对资本主义所

---

① 《江泽民文选》第一卷，人民出版社 2006 年版，第 163 页。

作的理论和历史的分析，证明了自由竞争产生生产集中，而生产集中发展到一定阶段就导致垄断。"① "生产社会化了，但是占有仍然是私人的。社会化的生产资料仍旧是少数人的私有财产。在形式上被承认的自由竞争的一般架子仍然存在，而少数垄断者对其余居民的压迫却更加百倍地沉重、显著和令人难以忍受了。"② "在这一过程中，经济上的基本事实，就是资本主义的自由竞争为资本主义的垄断所代替。"③ 列宁的这些分析论断虽然已过了一百年，但他揭示的是资本主义社会经济发展的客观规律。在客观规律的作用下，大资本吃掉小资本，大垄断集团兼并小垄断集团，从资本主义各国出现钢铁大王、石油大王、汽车大王之类的私人垄断资本走向国家垄断资本主义，又从国家垄断资本主义走向国际垄断资本主义，这是历史的必然。在这个过程中，为了攫取高额垄断利润，以大吃小，以强凌弱，斗争十分残酷。回顾我国国有经济从发生发展到壮大的整个历史过程，很明显与资本主义国家垄断资本成长的历史毫无共同之处。我国国有经济大致来自五个方面。

第一，中华人民共和国成立前存在于革命根据地的国营企业。早在第二次国内革命战争和抗日战争时期，我国江西苏区和延安等革命根据地就已有了国营企业。到抗战结束时，国营企业达 77 个，职工一万多人。这些企业虽然规模较小，而且主要属于军需工业，但它们所发挥的作用却很重要。新中国成立后的第一批管理人才，也是在这些企业中培养成长起来的。

第二，由国家接管的帝国主义在华企业。在旧中国，由于旧政府的腐败无能，国家不仅遭到帝国主义列强的军事入侵，而且也遭到它们的经济侵略。截至中华人民共和国成立时，帝国主义各国留在我国的各类企业共 913 家。对此，我国政府采取有步骤、有计划、有重点的接管方针，使之转变成为属于人民的国营企业。

---

① 《列宁选集》第二卷，人民出版社 1995 年版，第 588 页。
② 同上书，第 593 页。
③ 同上书，第 650 页。

第三，由国家没收的旧政府和官僚买办的企业。这一部分企业在旧中国的经济中占有较大比重，截至 1949 年年底，由人民政府接管的工业企业达 2858 家，各类银行 2446 家，大型贸易公司十多家，对人民政府控制国民经济命脉起了一定的作用。①

第四，通过对民族资本主义工商业的社会主义改造而建立起来的国营企业。据统计，1949 年我国民族资本主义工业企业共有 12.3 万多户，商业企业达 402 万余户（1950 年数）。国家陆续通过初级和高级形式，对民族资本主义工商业进行社会主义改造。到 1956 年基本上把这些企业改造成为国营企业。②

第五，由国家直接投资兴建的国营企业。这是我国国营企业产生的最主要的途径。中华人民共和国成立后的前三十年，在苏联的大力帮助下，我国集中人力、物力、财力进行了大规模的经济建设。第一个五年计划期间基本建成了 156 项大型工程项目，为我国建立独立的、比较完整的工业体系和国民经济体系打下了初步基础。"一五"以后，国民经济的发展虽然受到"大跃进"和"文化大革命"的干扰，但是从总体上看还是处于不断壮大的过程中。

由上文可见，我国的国有经济全部来自夺取全国政权而取得的胜利成果和亿万劳动人员在中国共产党的领导下艰苦奋斗创造的宏伟业绩。这同资本主义发展的历史过程中必然出现的垄断企业、垄断集团风马牛不相及。为什么要张冠李戴、自我贬损呢？

（二）于理不通

这里所说的理，就是马克思主义基本原理与当代中国实际相结合的中国化的马克思主义。新自由主义的鼓吹者们诋毁国有经济的所有言论都是反马克思主义的。但其中有两点为害更甚。一是把我国的国有经济与发达资本主义国家的国有经济混为一谈，而且鼓吹

---

① 参见《中国全史百卷本》第 092 卷《民国经济史》，http://www.eywedu.com/zhongguolishi/mydoc092.htm。

② 参见《积极稳定金融物价，促进国民经济恢复（1949 年—1950 年）》，http://www.boc.cn/aboutboc/ab7/200809/t20080926_6905.html。

我国国有经济的改革应该以资本主义国有经济为圭臬。二是把社会主义市场经济与资本主义市场经济混为一谈，而且把我国的国有经济与市场经济原则对应起来。

先说第一点。世界上许多国家都有国有经济，发达资本主义国家国有经济所占比重差别很大，而且在不同历史时期国有经济的比重与分布变动也相当明显。近些年发达资本主义国家国有经济的比重最高的占 GDP 的 15% 左右，最低的在 5% 以下。有些人以此为据，提出我国国有经济的比重还是太高，应该维持在 20% 左右就够了。还有些人，以资本主义国家国有企业大部分集中在公共产品和公共服务行业为依据，主张我国国有经济应退出所有非公共事业领域，并使之私有化。有一篇文章写道："公共性是国有企业存在的唯一原因。我国的国有企业是一个'怪胎'，所谓'怪胎'就是建国后的'一大二公'使国有企业无孔不入，进入了各行各业，从而造成国有企业大量存在于营利性领域。""我国很多国有独资和控股企业带有垄断性。对于这些企业来说，它们的利润主要不是靠经营者的经营能力带来的（这是与私营企业的重大区别），而是靠对资源的垄断，从而制造垄断高价带来的。"[1] 还有一篇文章题目就叫《中国的改革实际上很简单——即破除部门垄断》。[2]

我们认为，资本主义国家兴建的国有企业已有很长的历史。这些企业在同政府的联系方面、经营管理方面、同私有企业的相互作用方面，是有不少经验值得我们借鉴的。但借鉴与照抄照搬是两回事。我们列举的上述言论的一个共同之处是根本没有考虑我国是社会主义国家，国有经济是社会主义制度的重要基础。而且在此类言论的影响下已有不少人淡化了不同社会制度下国有经济的界限。可见从理论上讲清楚我国国有企业与资本主义国家的国有企业在性质上有何不同，的确是一个关系重大的问题。

---

[1] 《经济学家茶座》2007 年第 4 期，第 14—18 页。
[2] http://www.economists.org.cn/2006-4-24.

恩格斯早就指出："现代国家，不管它的形式如何，本质上都是资本主义的机器，资本家的国家，理想的总资本家。它越是把更多的生产力据为己有，就越是成为真正的总资本家，越是剥削更多的公民。"[1] 我国《宪法》第一条就明确规定："中华人民共和国是工人阶级领导的以工农联盟为基础的人民民主专政的社会主义国家。"既然国家的性质根本不同，那么不同性质的国家的国有经济在性质、作用和历史地位上也必然有原则上的区别。我国《宪法》第七条规定："国有经济，即社会主义全民所有制经济，是国民经济中的主导力量。国家保障国有经济的巩固与发展。"正是依据宪法，中国共产党自十四大以来的历次全国代表大会，一贯强调国有经济的重要性，认为国有经济的改革与发展，不但是关系国民经济全局的重大经济问题，而且是巩固社会主义制度的重大政治问题。显然，资本主义国家的国有经济不可能具有这样的性质、地位和作用。以英国为例。第二次世界大战后，工党两度执政，实行了广泛的国有化，国有经济的比重大幅度上升。1979 年，英国国有企业的产值占 GDP 的 10.5%。1979 年保守党上台，又开始推行大规模的非国有化，到 20 世纪 90 年代，国有企业在英国 GDP 中的比重下降到 6.5%。[2] 国有化也好，非国有化也好，都是出于垄断资产阶级在不同时期的需要，即使出现国有化的高潮也没有触动资本主义私有制这个经济基础。

第二点，社会主义市场经济与资本主义市场经济的重大差别，也是一个大是大非问题。1992 年党的十四大正式提出建立社会主义市场经济体制。此后不久，有人公开宣扬市场经济就是市场经济，根本不存在社会主义性质的市场经济与资本主义性质的市场经济的区别。一些新自由主义的鼓吹者追随其后，有的不再提社会主义市场经济，把我国的改革目标说成是成熟的市场经济、发达的市

---

[1] 《马克思恩格斯选集》第三卷，人民出版社 1995 年版，第 753 页。
[2] 任东来：《公有制与英国工党的沉浮》，http://www.gmw.cn/02blqs/2004－12/07/content_195996.htm。

场经济，实际上就是指发达资本主义国家的市场经济。也有一些人虽然口头上还用社会主义市场经济这个词儿，但内容已改成资本主义市场经济了。既然改革的目标已被篡改，以公有经济为主体、国有经济为主导当然归于否定之列。例如，有的文章说："当今中国的垄断行业全部是国有经济在计划经济时代留下来的特大国有企业所形成的垄断行业。现在在'所有权与经营权分离'与国家掌控'国民经济命脉'思想指导下，由这些企业'自主经营'。这种行业性垄断经营，实际上是与市场原则相违背的，仍然是计划经济手法的体现。"[1] 还有文章说："中国加入 WTO，中国经济市场化改革的方向就是不断降低国家占有资源的比重，让市场而非国家支配更多的资源。从这个角度来说，国有企业的现状越好，盈利越高，越应该进行改革。"[2]

针对诸如此类的错误言论，我们一定要坚持和发扬社会主义市场经济的特点和优点，把做大做强国有企业同建立健全社会主义市场经济体制统一起来。前面提到的市场经济就是"市场经济"的观点，影响较广，但无论从基本理论上看还是从社会发展的历史过程来看都是错误的。人类社会自从有了商品生产和商品交换就有了商品经济的一般规律。诸如供求规律、竞争规律、价值规律等，是在任何社会形态下的商品经济中都发生作用的。但在不同的社会形态中，商品经济又有各自的特殊规律。资本主义社会的商品经济与封建社会的商品经济，难道只有一般性而没有各自的特殊性吗？社会主义市场经济是以生产资料的社会主义公有制为基础的，资本主义市场经济是以生产资料资本主义私有制为基础的，各有自己的特质是必然的。当然，资本主义制度下的市场经济已存在了几百年，从正反两方面都积累了丰富的经验，可供借鉴，但同样不能照搬过来依样画葫芦。我们应当致力于社会主义市场经济特殊规律的研

---

[1] http：//www.economists.org.cn/2006-6-8。
[2] 参见《经济观察报》2006年9月4日。

究，而不是根本否定社会主义市场经济的存在。邓小平是社会主义市场经济理论的开创者。1993 年他在一次谈话中用极精练的语言概括说："社会主义市场经济优越性在哪里？就在四个坚持。"① 江泽民同志在党的十四大上正式提出了社会主义市场经济这个范畴，后来，在不断总结经验的基础上对社会主义市场经济作了进一步的阐述："社会主义市场经济体制是同社会主义基本制度结合在一起的。建立社会主义市场经济体制，就是要使市场在国家宏观调控下对资源配置起基础性作用。它在所有制结构上、分配制度上、宏观调控上具有鲜明的社会主义特征，因而也具有资本主义不可能有的优势。"② 关于国有经济在社会主义市场经济中的地位和作用，江泽民同志讲得很清楚："搞好国有大中型企业，是建立社会主义市场经济体制的主要内容和重要保证。国有大中型企业是发展社会主义市场经济的主力军。"③

（三）于法无据

新自由主义的鼓吹者给重要行业和关键领域的国有经济扣上"垄断行业""垄断企业"的帽子，然后加以贬斥，是违反我国《宪法》和法律的。我国《宪法》第六条、第七条对国有经济的性质、地位和作用已有明确规定，上文已引用过。我国《反垄断法》第一章第七条规定：国有经济占控制地位的、关系国民经济命脉和国家安全的行业以及依法实行专营专卖的行业，国家对其经营者的合法经营活动予以保护，并对经营者的经营行为及其商品和服务的价格依法实施监督和调控，维护消费者利益，促进技术进步。我国《企业国有资产法》第一章第七条规定：国家采取措施，推动国有资本向关系国民经济命脉和国家安全的重要行业和关键领域集中，优化国有经济布局的结构，推进国有企业的改革和发展，提高国有经济的整体素质，增强国有经济的控制力、影响力。宪法和与国有

---

① 《邓小平年谱（1975—1997）》（下），中央文献出版社 2004 年版，第 1363 页。
② 《江泽民文选》第一卷，人民出版社 2006 年版，第 355—356 页。
③ 江泽民：《论社会主义市场经济》，中央文献出版社 2006 年版，第 106 页。

经济相关的重要法律，对重要行业和关键领域中的国有经济都未出现"垄断行业""垄断企业"之类的称谓。这是为什么？我们应当认真领会。

《反垄断法》从酝酿、准备、审议到审定，前后经过十四年时间。在关键的 2006—2007 年，新自由主义的鼓吹者们，以反垄断之名对所谓"垄断行业""垄断企业"，集中火力，百般诋毁，力图制造舆论向立法机关施加影响。但全国人民代表大会最后审定的法律条文，使这些人大失所望。于是利用各种机会向有关当局提出质问，有人甚至把《反垄断法》贬斥为"无牙无爪的老虎""江湖郎中的野药"，一时闹得沸沸扬扬，不利于这部法律的实施。国务院法制局一位负责人发表谈话加以澄清："《反垄断法》不是要破除垄断企业，限制做大做强。事实上，《反垄断法》不是单纯反对垄断状态，而是反对垄断行为。"[①] 针对《反垄断法》在社会上受到广泛关注和热烈争论，《人民日报》记者专门就此法访问了几位法学家。有一位学者发表意见说："国有经济对一些行业的控制，不是一个简单的市场竞争问题，而是一个有关国家经济安全进而有关国家政治安全和社会安全的根本问题。一些人将国有经济与市场经济对立起来，将国有经济的退出作为市场经济发展的一个指标，因而质疑国有经济在一些重要行业中的控制地位。将控制地位本身视为垄断是不符合反垄断法法理的。反垄断法从来不以一个企业是否具有市场支配地位作为是否垄断的判断标准，而是以一个企业是否滥用市场支配地位作为垄断的情形之一。"[②]

以上观点给我们一个重要启示，所谓"垄断"并不是指某一企业在某一领域具有市场的控制力。关键在于它是否利用这种控制力进行非法活动为自身谋取不正当的利益。其中最重要的是操纵市场价格为自身提取高额垄断利润。西方许多垄断资本集团就是这么

[①] 参见《经济观察报》2007 年 9 月 17 日。
[②] 参见《人民日报》2007 年 11 月 28 日。

做的。我国在重要行业和关键领域的大型国有企业，虽然对有关市场具有控制力，但企业自身却没有定价权。油、气、水、电、运等直接关系人民基本生活需要的产品和服务，都是由中央人民政府征求民意后定价的。政府考虑的当然不仅是相关企业的成本和扩大再生产的需要，更不是相关企业赚取高额利润的需要，放在第一位考虑的是人民的承受能力。《反垄断法》对于重要行业和关键领域的大型国有企业的合法经营是给以保护的，禁止的是非法经营。由此可见，把控制国民经济命脉的国有经济一律称为"垄断部门""垄断企业"是于法无据的。

（四）于民有害

国有经济不仅是提高综合国力的强大动力，而且是广大人民群众基本生活需要的重要保障。新自由主义的鼓吹者们打着为民请命的旗号，把进攻的矛头集中于重要行业与关键领域的大型国有企业，是别有用心的。例如，有人说："当前是有强烈行政垄断色彩的行业完全由国有企业和国有经济占据。如电力、通信、公用事业、交通、教育、金融、烟草、卫生等。这些行业都是国有企业的垄断天下。由于这种垄断使公众不得不承受质次价高的商品与服务，致使'民怨'越来越强烈。打破这种垄断局面，已经成为除行业内的既得利益者以外的广大公众共同一致的'心声'。"[①] 还有人说："谁都知道垄断是一个不受人待见的词儿，不幸的是，在公众的声声责难里，垄断巨人正越长越大"。"这当然不是个好消息，不过或许税务部门会高兴，因为垄断企业利润增长的同时税款也在增长。且不说没有垄断这些行业能不能获取高额利润，仅就目前的高利润来看，它的存在本身就是对公众的一种剥夺。"[②]《经济观察报》一篇社论写道："国资委最新统计显示，前七个月国有重点企业实现利润4967.5亿元，同比增长15.2%。""与一些人士为此而

[①] http://www.economists.org.cn/2006-10-3.

[②] 参见《中国经济日报》2006年9月7日。

高声叫好相反，我们认为，这些企业的利润高升不见得是好事——垄断企业不断实现利润新高，其实质是通过垄断性的定价权来获取消费者的转移支付；这些企业的利润不断增长，其实质是在与民争利，压缩国内民营企业的财富创造机会和创业空间。"①

在"反垄断"的高潮期间，在某些舆论工具上，这一类不顾事实、颠倒黑白、把国有经济与人民的利益对立起来、力图误导群众的言论曾喧嚣一时。但是人民是真正的英雄，他们的眼睛是雪亮的。在互联网上对上述谬论的反击声音很高。下面仅举两例。有一篇网文说："近几年来一些人祭起了'反垄断'大旗。……我们十分遗憾地看到，这些'反垄断'的声音有一个统一的基调，这些'反垄断'的力量有一个统一的指向，那就是所有的矛头都指向了目前仍属于中国的公有制性质的行业和企业，而对于在中国市场上明显存在的完全垄断某一领域的外资和私有资本，则从未在'反垄断'者的目标中出现。这不得不让人感到惊奇！""目前中国的石油、电力、电信等行业或企业已经处在了'反垄断'的风口浪尖，人们对于这些公有制企业的口诛笔伐已经达到了前所未有的轰轰烈烈。那么，这些企业是否属于真正的垄断呢？或者说是不是具有垄断的实质呢？从市场占有率来讲，这些企业达到了'垄断'的条件，但从垄断的实质来看，这些企业却没有或很少具有垄断的特征。"还有一篇网文用极简练的笔触揭示了"反垄断"的实质："在今日中国各种关于反垄断的言论中，其中有一些人目的是很明确的。那就是借反垄断之口，彻底摧毁中国的所有制结构，完全改变中国的所有制。从这意义上来说，这是一场异常严肃的社会斗争。"②

应该充分肯定，我国处于重要行业和关键领域的国有大型企业是与人民的基本生活需要息息相关而且作出重要贡献的。例如，在

---

① 参见《经济观察报》2006 年 9 月 4 日。
② 人民网—强国论坛，2006 年 7 月 21—22 日。

国家税收中，国有大型企业上缴的税额长期占有很大的比重，而且，有一段时间其税负比私营企业高得多，既保证了社会稳定，又承担了一部分改革成本。对于平抑物价，它们是一个重要的稳定盘。我国近三十年经受过三次较大的物价波动和两次国际金融风波的冲击，但都得到了有效控制，其中国有大型企业是国家宏观调控的重要物质力量。三十年来以不断改善人民生活为目的的产品和服务，如钢铁、有色金属、石油、电力、电网、铁路、民航、邮政、电讯等，主要也是由大型国有企业提供的。在工程建设方面，除西气东输、南水北调、三峡水利枢纽工程、青藏铁路等世界闻名的特大工程由大型国有企业全力承担外，有许多与普通老百姓的日常生活密切相关、看起来并不那么引人注目的建设项目，如村村通公路、村村通电话、户户有电灯以及部分地区的居民饮水等，大型国有企业也作出了自己的贡献。

改革开放以来，党和政府始终坚持以公有制为主体、多种所有制共同发展的基本经济制度，人民生活得到很大改善。这固然是多种所有制经济共同努力的结果，但国有经济功不可没。如果新自由主义主张的全盘私有化在我们这样一个人口众多的发展中大国得逞，后果如何，不堪设想。苏联瓦解后，推行私有化的"休克疗法"，导致在其后的十几年内，经济每况愈下。国内生产总值只相当于苏联瓦解前的50%，工业生产减少64.5%，农业生产减少60.4%，物价上涨了五千多倍，人口呈下降趋势，人口平均寿命男性下降10岁，女性下降5岁。[①] 东欧诸国情况类似。此外，拉丁美洲一些国家一度推行新自由主义也都遭遇大动荡、大挫折。历史的经验告诉我们，国内新自由主义的鼓吹者们，把国有经济同人民群众的根本利益对立起来，以反垄断为名，力图削弱以至消灭国有经济，如果他们的意图得到实现，最终的受害者还是人民。

---

① 参见王金存《俄罗斯"休克疗法"沉浮与政府》，http://myy.cass.cn/file/2005122514781.html。

（五）与党相违

任何政党都有其一定的阶级基础，集中代表着一定的阶级利益。按照恩格斯的说法："暴力（即国家权力）也是一种经济力量"。① 列宁也说过："政治是经济的集中表现。"② 这是一般的马克思主义常识。一个政党一旦成为执政党，它也必须要有一定的经济力量。

社会主义制度是以生产资料公有制为基础的，在这个基础上建立起由工人阶级政党领导的无产阶级专政的政权。由此可知，一旦失去了公有经济，工人阶级政党和无产阶级专政的政权也就失去了存在的基础。

在社会主义初级阶段的社会，生产资料社会主义公有制依然是社会主义制度的经济基础。因此，即使是初级阶段，中国共产党一贯坚持以公有经济为主体、国有经济为主导。江泽民同志在 21 世纪伊始的一次重要讲话中指出："在我国，中国共产党是执政党，领导人民行使国家权力。我们社会主义国家政权要有效运行，也必须掌握一定的经济和物质力量。新中国成立以来不断发展壮大的国有经济，是我们社会主义国家政权的重要基础。我国国有经济的发展，不仅对保证国民经济稳定发展、增强综合国力、实现最广大人民的根本利益具有重大意义，而且对巩固和发展社会主义制度、加强各族人民的大团结、保证党和国家长治久安具有重大意义。没有国有经济为核心的公有制经济，就没有社会主义的经济基础，也就没有我们共产党执政以及整个社会主义上层建筑的经济基础和强大物质手段。""我们这么重视搞好国有企业，就是要保证国有经济控制国民经济命脉，对经济发展起主导作用，就是要不断巩固和加强我们党执政和我们社会主义国家政权的经济基础。"③ 我们体会，从巩固党的执政地位这样的高度来阐明发展国有经济的重大意义是非常深刻而且很有现实意义的。最近一位新自由主义鼓吹者的代表

---

① 《马克思恩格斯选集》第四卷，人民出版社 1995 年版，第 705 页。
② 《列宁选集》第四卷，人民出版社 1995 年版，第 407 页。
③ 《江泽民文选》第三卷，人民出版社 2006 年版，第 71 页。

人物在一次演讲中说："我们一直说30年之后，国有控股企业在GDP中的比重降低到三分之一的话，没有人会相信。现在仍然要预测未来20到30年控股比重在GDP中的比重会降到10%以内。我是比较乐观的。""国有企业与共产党的执政地位是没有关系的。中国的民营企业发展了，人民的生活提高了。就这么简单。国有企业与共产党的执政地位没有关系，共产党的执政地位是取决于人们的生活得到了根本的改善，这点必须认识到。""国有企业也与国家安全没有关系。世界上国家安全最脆弱的国家，都是国有企业占主导地位的。那些私有企业占主导地位的国家，国家安全搞得很好。而且不仅自己安全，还统治别人。"① 把这位先生的演讲同中国共产党对国有经济的一贯主张相比较，同江泽民同志的重要讲话相比较，对立是何等明显。从这种对立中我们可以更清楚地揭示出新自由主义的鼓吹者蓄意掀起"反垄断"逆流的目的了。

三　证伪——正名——正道

证伪是为了正名，正名是为了正道，即国有经济沿着社会主义方向更好地向前发展。

前文已从五个方面揭示了新自由主义的鼓吹者们把关系国民经济命脉的重要行业和关键领域中的国有经济称为"垄断行业"、"垄断企业"是个伪命题，其目的在于削弱国有经济的控制力、影响力、带动力，为推行私有化扫除障碍。我们应该针锋相对，堂堂正正地为国有经济"正名"。"正名"绝不是一件可有可无的事情。我们现在常用的一个成语叫"名正言顺"。这个成语出自《论语》。孔子的弟子子路就政治问题向孔子请教。孔子回答说："必也正名乎。名不正则言不顺，言不顺则事不成。"可见"正名"的意义不可忽视。我们党对于概念、范畴的运用历来十分严谨。1993年第

---

① 《国企对GDP贡献比重　未来30年降到10%》，新浪财经，2009年12月18日。

八届全国人民代表大会第一次会议通过的宪法修正案将原来的第七条"国营经济是社会主义全民所有制经济,是国民经济中的主导力量。国家保障国营经济的巩固与发展",修改为"国有经济即全民所有制经济,是国民经济中的主导力量。国家保障国有经济的巩固与发展"。把"国营经济"改为"国有经济",一字之差包含着丰富的内容。前文已经指出,在重要行业和关键领域的国有经济与资本主义社会的"垄断""垄断企业""垄断行业资本主义"无论在形成历史上还是现实性质上都没有共同之处。在我国的《反垄断法》《企业国有资产法》中也未出现"垄断行业""垄断企业"之类的称谓。一方面我们党再三强调要把关系国家安全和国民经济命脉的大型国有企业继续做大做强;另一方面在党和政府的正式文件上又屡屡出现"垄断行业""垄断企业"的称谓,这不是自相矛盾、授人以柄吗?影响所及,舆论工具上这样的称谓更为多见,新自由主义的鼓吹者们正是利用这一点掀起"反垄断"的高潮,诋毁国有企业,误导群众。有鉴于此,我们郑重建议为重要行业和关键领域的大型国有企业"正名",不要再把它们所在的行业称作"垄断行业",把它们称作"垄断企业"。对于上述行业似可称作"重要行业",对于上述企业似可称作"关键领域的企业"。总之不能因为简称而把它们称作"垄断行业""垄断企业"。

关于今后如何坚持改革的社会主义方向,把关键领域的国有企业做大做强,对内更好地发挥控制力,对外更好地增强竞争力,这是一个涉及范围很广的问题。下面我们围绕这个中心提出三点意见。

(一) 加强对国有经济优越性的正面宣传

目前党报党刊和其他舆论工具对国有经济的正面宣传很不够。讲到业绩,最常见的是销售收入增加多少,利润增加多少,国有资产增加多少,数量有多大,速度有多快;某些国有企业在科学技术创新方面的典型事例也能看到一些。给人们的印象是过分偏重于物的方面,而大型国有企业的两千万职工在抗震救灾中的突出表现,在承担社会责任方面的重要贡献，在勤勤恳恳为人民服务方面的成效，传承大庆、鞍钢这些优秀企业的革命精神，加强民主管理方面的成功经验，等等，在党报党刊及其他舆论工具上则很少见到。我们都知道，国有企业是先进生产关系的体现，它能够促进生产力的快速发展。这是国有企业最大的优势。我们应该从生产关系适合生产力性质这个高度，既见物又见人，把国有企业的成功经验和广阔发展前景向全社会广为宣传。

从国际国内的形势来看，生产力发展的大趋势是高科技的推进作用越来越强劲。新能源、新材料、信息技术的应用、经济结构的调整、节能减排、环境保护、低碳经济等，对于各行各业的企业来说，都需要增加科研投入，推进技术创新，更新设备装置，引进高端的科技人才，等等。而所有这些举措都需要企业有雄厚的经济实力，科学而严密的管理系统，知识和技术水平较高、执行力度强的职工队伍和先进的企业文化。在这些方面大型国有企业具有明显的优势。这表明社会主义生产关系能够适应生产力发展的要求，具有强大的生命力。从长远来看，国有经济绝不会像某些力图走资本主义道路的人所诅咒的那样越来越萎缩，而是前景无限光明。党报党刊加强对国有经济的正面宣传，既是对国有企业职工的鼓励和支持，又能让人民群众更全面地了解国有经济，加强公有经济为主体国有经济为主导的信心。

（二）在意识形态领域有破有立，破立结合

在当前国内形势下，加强对国有经济的正面宣传固然重要，但如果对新自由主义等错误思潮不给予有力的反击，听任他们误导群众，那么正面宣传的效果也会降低。前文我们引用的一些人的言论，其错误已很明显，在媒体上我们还可以看到可以说是反动的言论。对于这类言论，互联网上常有尖锐的批评，学术界的公开批评也还有一些。但是在党报党刊上则很少看到针锋相对的文章。不破不立，破的力度不够，实际上冲淡了立的效果。

（三）对国有经济的批评要从性质上加以区分

首先应该看到我国的大型国有企业并非处在真空之中，企业内部也不是世外桃源。贪腐之风已刮进企业的高层，最近揭露出的严重贪腐分子就是明证。此外，有些企业奢侈成风，有些企业职工的工资、福利待遇明显高于全国职工的平均水平；一些关系全国人民生活的大型特大型国有企业服务质量有待提高，特别是许多大型国有企业没有真正做到全心全意依靠工人阶级，职工代表大会也好，职工董事也好，没有真正起到民主监督、民主管理的作用，等等。对于国有企业存在的缺点、错误人民群众提出批评是行使监督的权力，最终目的是希望和督促国有企业改进工作，更好地发挥主导作用。这类批评应该同前文所列举的对国有经济、国有企业无中生有、颠倒黑白、恶意诽谤、必欲除之而后快的种种谬论在性质上是不同的。对前者应虚心接受，有则改之，无则加勉。而对于后者则应揭露其本质，坚决予以反击。

（原载《毛泽东邓小平理论研究》2010年第3期）

对"国进民退"争论的深入思考

自 2009 年年中至今，学术界、经济界、政界和舆论界围绕"国进民退"展开了热烈的讨论。本文认为这场讨论背后的思潮碰撞，无论在理论上还是改革的实践上都会带来重要影响。因此，有深入思考以澄清是非的必要。

一 "国进民退"是个伪命题

2009 年上半年发生了山西省煤矿企业兼并重组、山东钢铁集团收购日照钢铁公司、中国粮油食品进出口（集团）有限公司入股蒙牛乳业有限公司等几件事。尤其是山西省煤企重组牵涉面广，还触动了某些私人资本的利益，有些人又是上书，又是聘请律师团，引起了社会上的广泛关注。主张新自由主义的人借此制造"国进民退、改革倒退"的舆论。有论者说，"国进民退"已经不是个别现象，而是形成了一股汹涌的潮流，是一场新的国有化运动。还有论者说，"国进民退"带来的不仅仅是经济领域中所有权的转换，最关键的是，它将给中国经济的未来发展造成不可挽回的损失。有一所民办的研究所，还专门就"国进民退"问题召开了研讨会。会上有学者说，"国进民退"已不是个别企业、个别产业的独有现象，而是已经成为各级国有企业的共同行为，正在从自然垄断行业向竞争性行业扩张。这已不是单纯的企业行为和市场行为，而是在政府介入的大力支持下进行的。

针对这类观点也有不少反对的声音。有论者指出，"国进民退"不过是危言耸听,与真实情况相去甚远。至于对"国进民退"带来的后果的种种揣测,更是主观臆断,无论在理论上还是在实践上都是没有根据的。论者对国民经济的相关发展情况进行了分析,2004—2008年,国有经济在国民经济中的比重持续下降。例如,据国家统计局第二次全国经济普查数据,2004—2008年,国有企业由17.9万户减少到14.3万户,减少了3.6万户,减幅约为20%;与此同时,私营企业由198.2万户增加到359.6万户,增加了161.4万户,增幅约为81.4%。2008年与2004年相比,我国企业资产中,国有企业资产所占的比重下降了8.1个百分点,私营企业所占比重则增加了3.3个百分点。这一变动在其他方面也有表现。

因此,国家统计局局长马建堂表示,统计数据不支持从总体上存在"国进民退"现象。① 这一表示从一定意义上也可以看作官方对"国进民退"之说的回应。同时,著名企业家鲁冠球2010年3月12日在《环球时报》上发表了《"国进民退"其实并不存在》一文。文章的中心思想是强调国有企业也好、民营企业也好,其进退的关键在于企业的经济实力和市场竞争力。他说,民营企业这些年来发展很快,已从国民经济有益的补充转化为半壁江山。但民营企业自生自灭者多,做大做强者少,原因是大部分民营企业起点低、资本小、重眼前、轻长远,缺乏利益共生的价值观。人们不难发现,如果真的存在"国进民退"的话,那么退的一定是弱小的、唯利的、畏避责任的民营企业。相反,只要民营企业是苦练内功具有实力的、利他的、有责任感的,就不但不会退,反而会进。鲁冠球以其本人主持经营的万向集团为例:这些年来,万向健康发展,快速做大做强,新能源城的建设还得到了国家开发银行300亿元的政策贷款。

本文认为,判断我国当前是否存在"国进民退"需要从三方

---

① 《统计局长称我国总体上不存在国进民退》,《证券时报》2009年11月23日。

面来考察。其一，要从国民经济整体来看，是否出现了全局性的"国进民退"，而不能因为某些地区、某些行业国有企业增多一些，民营企业减少一些，就认为出现了"国进民退"的潮流。其二，要从几年来的发展状况看是否出现了"国进民退"的趋势。当前国内外形势复杂多变，由于某种原因而采取的应对措施，也不能作为"国进民退"已成为潮流的依据。例如，2009年国务院实施两年内新增四万亿元的投资计划。在重点振兴的九大产业中，除纺织行业和轻工行业外，其他七个行业中国有企业比重较高。但这是为了应对来势凶猛的金融危机而采取的措施，着眼点在于保证国民经济平稳较快发展，与"国进民退"无关。其三，要看党中央国务院对我国所有制结构在战略部署上是否出现了"国进民退"的重大变化。事实上，从党的十五大提出以公有制为主体、多种所有制经济共同发展的基本经济制度以来，党中央始终坚持这一制度至今未改变。从以上三方面来看，"国进民退"已成为潮流的说法是有些人为了坚持错误的改革方向而蓄意制造出来的伪命题。

二　山西省煤炭企业兼并重组和若干产业淘汰落后产能，并非"国进民退"而是"优进劣退"

在"国进民退"的呼声中受批评最多、最引人注目的是山西省的煤企兼并重组。那么山西的做法是不是"国进民退"的一个例子呢？

众所周知，山西是我国煤炭资源最丰富的省份。山西煤炭产量约占全国总产量的四分之一，国内70%以上的外运煤、近50%的全球煤炭交易额来自山西，焦炭市场交易量占全国的2/3以上。但是采矿企业有3000多户，矿难屡发不止，据不完全统计，近年来发生矿难700余起，死亡1700多人。煤炭资源浪费严重，环境污染已经到了无法承受的程度。最重要的原因是存在"多、小、散、乱"的开采格局，年产30万吨的小煤矿占煤矿事故的70%，而从煤炭开采率看，小矿仅能回采15%，3/4的资源被丢弃，估计浪费10亿吨左右，相当于全国总产量的近40%。①

2009年山西省委、省政府下决心清除多年积弊，采取坚决有力的措施，实行煤矿企业的兼并重组，并报中央批准。在全省各级干部齐心协力和人民群众的大力支持下，仅用了半年多的时间就取得了显著的成效。整合重组后的矿井数由2600座减少到1053座，70%的矿井规模达到年产70万吨以上，年产30万吨以下的小煤矿全部淘汰。到2010年将形成四个年产超过亿吨的特大型煤炭集团和三个年产超过五千万吨的大型煤炭集团。2009年第四季度全省月均产煤6000万吨以上，达到历史最高水平，全行业上缴税金同比增长6.42%②。

那么，为什么说山西省的煤矿兼并重组不是"国进民退"而是"优进劣退"呢？首先，在兼并重组的1053个矿井中，国有企业占19%，民营企业占28%，混合所有制企业占53%。私人资本办矿的企业仍占三分之一。③ 其次，小煤矿退出了，有一定规模的民营煤矿不但未退出，反而有所扩大。例如，民营企业山西联盛能源投资有限公司，原有的总产能超过年产550万吨，矿井采煤全部实行机械化。在这次兼并重组中，这个公司又重组整合了13对矿井，年产能扩大到750万吨。又如产煤大县柳林八个整合主体中有七个是民营企业。再次，兼并重组为山西省煤炭企业更好地利用先进科学技术创造了条件。例如，2009年8月成立的中煤集团山西金海洋能源有限公司，集煤炭生产、洗选加工、发运销售、矸石发电于一体，形成了现代循环经济的发展格局。又如，由香港华润电力公司与山西国新能源发展集团、阳煤集团三家投资兴建的宁武2×30万千瓦煤矸石电厂，开创了山西省煤电联手的先河。

---

① 杨承训：《站在新高度优化基本经济制度——澄清"国进民退等于倒退"的论调》，《思想理论教育导刊》2010年第3期。
② 林郑宏：《山西30万吨以下小煤矿全部淘汰》，《上海商报》2010年1月6日。
③ 王东京：《"国进民退"不过是危言耸听》，《中国经济时报》2009年12月7日。

山西省煤企兼并重组的经验得到有关部门的肯定，有些省的煤炭行业也开始进行整顿。如河南省自2010年3月参照山西省经验，从本省实际出发，也开始进行煤企的兼并重组。钢铁行业根据工业和信息化部颁发的《现有钢铁企业生产经营准入条件及管理办法》，提高了市场准入门槛。2010年4月6日国务院公布了《关于进一步加强淘汰落后产能工作的通知》，涉及九大行业并规定了淘汰落后产能的具体时间。例如，至2010年年底，电力行业将淘汰小火电机组5000万千瓦以上，煤炭行业将关闭小煤矿8000处，淘汰产能2亿吨；2011年年底前，钢铁行业将淘汰400立方米及以下炼铁高炉和30吨及以下炼钢转炉、电炉。这些措施都可能涉及民营企业，但在指导思想上并非"国进民退"而是"优进劣退"。

三 "国进民退，改革倒退"论是两种改革观的又一次交锋

1987年邓小平指出："我们干四个现代化，人们都说好。但有些人脑子里的四化同我们脑子里的四化不同。我们脑子里的四化是社会主义的四化。他们只讲四化，不讲社会主义。这就忘记了事物的本质，也就离开了中国的发展道路。这样，关系就大了。在这个问题上我们不能让步。这个斗争将贯穿在实现四化的整个过程中，不仅本世纪内要进行，下个世纪还要继续进行。"[①] 邓小平的这个警示很重要。事实上，从改革开放之初到现在，坚持社会主义发展方向的改革观同坚持走资本主义道路的改革观之间的斗争时起时伏，从来没有停止过。2010年年中以来，有些人炒作"国进民退，改革倒退"，把本来不存在的问题闹得沸沸扬扬，就是资本主义改革观的又一次进攻。有论者说，我国经济体制改革的总趋势是缩小国有企业控制的行业和领域，为民营经济发展开拓空间，实现产权

---

① 《邓小平文选》第三卷，人民出版社1993年版，第204页。

多元化，完善市场经济体制，因而"国退民进"是改革的大趋势。而目前出现的"国进民退"是逆革命趋向而行，因而是一种倒退。还有论者说，"国进民退"的国有化运动将形成一个权钱结合的权力资本集团，操纵国家经济命脉，侵夺人民利益，造成普遍的社会腐败。坚持社会主义改革方向的学者对此进行了批驳：动辄把问题升高到耸人听闻的"捍卫改革""反对回潮"的层面，徒乱人意，对解决实际问题有害无益。[①] 在网络上更有大量批评所谓"改革倒退"的议论。有人提出，"国进民退"不是倒退，是公有制的回归，是进步，发展社会主义经济就是要壮大公有制，巩固公有制的主体地位。

在这场两种改革观的交锋中，我特别注意到杜光在《炎黄春秋》2010年第3期发表的《"国进民退"的危害和根源》一文（以下简称杜文），因为此文在坚持资本主义改革观上的自我表露非常直白，对四项基本原则的否定非常露骨，很有代表性。杜文列举了"国进民退"的五项危害：第一，它是由政府主导的政治权力介入的结果，破坏了公平竞争，损害了市场机制。第二，它削弱了民营经济，也就削弱了经济体制改革的成果。因为我国经济体制改革的得失成败，在很大的程度上是以民营经济的盛衰荣枯为标志的。第三，从理论层面来说，国有经济的垄断性同市场经济的自由竞争是不相容的。第四，"国进民退"给我国经济埋下隐患，潜伏着更深刻的社会危机。第五，"国进民退"符合权贵资产阶级的利益。对以上五条我不准备一一辩驳，因为本文的前两部分已经证明"国进民退"是个伪命题，事实既然并不存在，何谈危害？

单从杜文提出的"国进民退"现象的理论根源来看，他认为主要原因在于指导思想上存在着坚持以公有制为主体的错误方针，即把国有制和集体所有制等同于公有制，要求维护它们的主体地

[①] 岳振：《慎用改革倒退大棒问罪"国进民退"——就当前煤炭行业重组争论之若干问题专访中国人民大学发展中国家经济研究中心主任彭刚》，《中国经济时报》2009年11月16日。

位。这个理论始于列宁和斯大林，而中国共产党完全承接了这个错误理论。改革开放是因为国民经济已到了崩溃的边缘而不得不改弦易辙。但指导思想上并未放弃斯大林主义，仍然把国有经济和集体经济当做公有制来坚持，他列举了从党的十二大到十七大一贯坚持以公有制为主体作为证明。那么什么才是杜文所说的公有制呢？他认为，这只能是马克思所说的"重新建立劳动者个人所有制"。他一方面歪曲了马克思的本意，说在这样的个人所有制条件下，每个人不仅占有消费资料而且有权占有一定的生产资料；另一方面又说，私有制还有旺盛的生命力，人类要经过漫长的路程才能到达公有制。杜文由此得出结论：现阶段就提出以公有制为主体实在是历史的误会。

本文认为，杜文的上述一系列错误观点，大都是过去在两种改革观的争论中早已有人宣扬过，也早已被批驳过的。但他在几个重大问题上比他的同道们走得更远，因此仍有加以澄清的必要。

其一，我国的国有经济和集体经济并不具有公有制性质吗？凡是多少读过马克思主义经典著作的人都知道，马克思、恩格斯在《共产党宣言》中早就说过："无产阶级将利用自己的政治统治，一步一步地夺取资产阶级的全部资本。把一切生产工具集中在国家即组织成为统治阶级的无产阶级手里，并且尽可能快地增加生产力的总量。"[①]

后来，恩格斯在《反杜林论》中也说过："无产阶级将取得国家政权，并且首先把生产资料变为国家财产。"[②] 关于集体所有制，马克思早就注意到在资本主义制度下出现的工人合作工厂，他说："工人自己的合作工厂，是在旧形式内对旧形式打开的第一个缺口，……资本和劳动之间的对立在这种工厂内已经被扬弃，虽然起初只是在下述形式上被扬弃，即工人作为联合体是他们自己的资本

[①] 《马克思恩格斯选集》第一卷，人民出版社1995年版，第293页。
[②] 《马克思恩格斯选集》第三卷，人民出版社1995年版，第630页。

家,也就是说,他们利用生产资料来使他们自己的劳动增殖。"①恩格斯也说过:"至于在向完全的共产主义经济过渡时,我们必须大规模地采用合作生产作为中间环节,这一点马克思和我从来没有怀疑过。"②经典著作俱在,怎么能说我国的国有经济、集体经济来自斯大林主义因而不具有公有制性质呢?

其二,马克思所说的"重新建立劳动者的个人所有制"是把公有的生产资料分拆给个人吗?马克思认为:"同资本主义生产方式相适应的资本主义占有,是这种仅仅作为独立的个体劳动的必然结果的私有制的第一个否定。但是,资本主义生产本身由于自然变化的必然性,造成了对自身的否定。这是否定的否定。这种否定不是重新建立劳动者的私有制,而是在资本主义时代的成就的基础上,在协作和共同占有包括土地在内的一切生产资料的基础上,重新建立劳动者的个人所有制。"③ 20 世纪八九十年代,我国学术界曾围绕"重新建立劳动者个人所有制"论题展开热烈的讨论,有一些纯属学术上的不同见解,但也有一些反映出两种改革观的对立。对立的焦点在于"重建个人所有制"是指个人拥有消费品,还是把社会集中起来的生产资料也重新分拆为个人所有。坚持资本主义改革观的学者认为,既然是重建个人所有制就应该重新把共同占有的生产资料全部或一部分分解到个人。至于如何分解又有多种多样的方式,有人甚至提出类似苏联瓦解前将全部国有资产量化分到每个人的方式。坚持社会主义改革观的学者则坚决反对把集中于社会、为全体劳动者共同占有的生产资料重新分解为个人所有,认为这是对重建个人所有制的曲解。杜文在这个交锋点上走得更远,不但认为个人所有应该包括生产资料,而且特别强调在未来新社会中,人人都是有产者,甚至包括原来的资产者也不例外,在公有制条件下的人人有产,包括原来的有产者,即资本家。这就直白地告

---

① 《马克思恩格斯全集》第 25 卷,人民出版社 1974 年版,第 497—498 页。
② 《马克思恩格斯选集》第四卷,人民出版社 1995 年版,第 675 页。
③ 《马克思恩格斯全集》第 49 卷,人民出版社 1982 年版,第 246 页。

诉人们，人类还要经历漫长道路才能到达的这个公有制新社会，原来竟是资本家可以带着靠剥削积累起来的生产资料财富合理合法地进入的社会。这种社会同马克思说的经过否定之否定建立起来的公有制社会完全是两回事。而杜文却把他编造的这个所谓公有制说成是人类社会发展的远景。由于中国离这个目标还差得很远很远，因而"现阶段就提出以公有制为主体实在是历史的误会"。其实，对于如何理解"重新建立劳动者个人所有制"，恩格斯在《反杜林论》中已经解释得很清楚，他说："靠剥夺剥夺者而建立起来的状态，被称为以土地和靠劳动本身生产的生产资料的公有制为基础的个人所有制的恢复。对任何一个懂德语的人来说，这就是，公有制包括土地和其他生产资料，个人所有制包括产品即消费品。"①

其三，以公有制为主体同市场是互不相容的吗？杜文再三指责公有制妨碍了市场经济的发展。他说："以公有制为主体是市场经济完善和发展的主要妨碍"，"国有经济的垄断性同市场经济的自由竞争是不相容的。垄断排斥竞争，损害市场经济"，"坚持以公有制为主体和以国有经济为主导的指导方针，发展垄断经济是同完善市场经济的指导方针相抵触的"。杜文讲了这么多次市场经济却没有一个字提到我们在社会主义初级阶段要建立和完善的是社会主义市场经济。看来划分清楚社会主义市场经济同别的什么市场经济的原则区别，也是一个关系改革方向的大是大非问题。

我国社会主义初级阶段要建立健全社会主义市场经济体制是党的十四大确定的。此后不久就有一位名人公开宣称市场经济就是市场经济，根本不存在社会主义性质的市场经济与资本主义性质的市场经济，这个说法影响较广。一些新自由主义的信奉者追随其后，不再提社会主义市场经济了，只讲市场化改革，把改革目标说成是成熟的市场经济、发达的市场经济，实际上就是指发达资本主义国家的市场经济。既然改革的目标实际上已被篡改，那么以公有经济

---

① 《马克思恩格斯全集》第20卷，人民出版社1971年版，第143页。

为主体，国有经济为主导当然与资本主义市场格格不入了。其实，市场经济就是市场经济的观点无论从理论上看还是从商品经济的发展历史看。都是站不住脚的。

自从人类社会出现了商品生产和商品交换，商品经济的一般规律如供求规律、竞争规律、价值规律等就开始发生作用，这是所有存在商品经济的社会所共有的。但是在不同的社会形态中，由于占主导地位的生产资料所有制的性质不同，作为交换关系的商品经济也必然有各自的特点。我国社会主义初级阶段，由于在以公有制为主体的条件下共同发展多种所有制经济，商品经济的一般规律、社会主义市场经济的特殊规律、资本主义市场经济的特殊规律都在发生作用。尽管这三类规律同时起作用。但公有制的主体地位决定了起主导作用的是社会主义市场经济的特殊规律。社会主义市场经济的主要特点，一是人民性，一是计划性。人民性系指，市场经济运作的最终目的是广大人民群众的共同富裕。计划性系指，用计划弥补市场经济的缺陷，避免经济动荡，同时保证人民性的实现。[①] 在社会主义建设的实践中，计划性通常是通过国家宏观调控实现的。有些人把计划与市场对立起来，认为市场是万能的，国家的作用仅限于为市场的平滑运行提供服务。这是市场原教旨主义的观点，与社会主义市场经济格格不入。社会主义市场经济的开创者邓小平，把计划和市场都视为手段，强调两种手段都要用，有时这一手重一些，有时另一手重一些，但从来没有把两者对立起来。当我们在思考如何更好地发挥社会主义市场经济的特点和优点时，必须牢记，以公有制为主体、国有经济为主导是社会主义市场经济存在与发展的根基。邓小平在1993年曾用最简洁的语言指明了社会主义市场经济的特质：社会主义市场经济优越性在哪里？就在四个坚持。这就是说，社会主义市场经济是同社会主义的经济基础和上层建筑紧紧结合在一起的，而社会主义经济基础的核心就是生产资料

---

① 刘国光：《有计划，是社会主义市场经济的强板》，《光明日报》2009年3月17日。

公有制。杜文再三把以公有制为主体说成是建立市场经济体制的最大障碍,再三把我国的国有经济诬称为与市场竞争不相容的"垄断经济",这正说明他要用资本主义市场经济取代社会主义市场经济,篡改我国经济体制改革的方向,这是资产阶级自由化的典型表现。

  行文至此,我们不能不想到一个问题,就是如何增强我国宪法的权威性,制止各种违宪言行的滋生蔓延。我国宪法是一部保卫社会主义制度的宪法。以公有制为主体,见于宪法第六条:"国家在社会主义初级阶段,坚持公有制为主体、多种所有制经济共同发展的基本经济制度,坚持按劳分配为主体、多种分配方式并存的分配制度。"关于我国国有经济的性质和作用,见于宪法第七条:"国有经济,即社会主义全民所有制经济,是国民经济的主导力量。国家保障国有经济的巩固与发展。"而杜文既否定以公有制为主体,又否定国有经济的社会主义公有制性质。那么,社会主义初级阶段的经济基础是什么呢?按照杜文的主张就只剩下实质上属于生产资料私有制的非公经济了。试问这样的社会还是初级阶段的社会主义吗?这就从根本上违背了宪法。在"国进民退"的喧嚣中,我还看到这样一篇文章。作者说,"国进民退"是一件大事,他很重视,因此对宪法进行了反复研究。他发现根据宪法第一条、第六条、第七条、第九条、第十二条、第十三条的规定,"国进民退"完全可以从宪法中找到根据。他由此得出结论,现行宪法已成为改革的阻力,他号召人们齐心协力,推动宪法变革。[①] 宪法是国家的根本大法,每个公民都有遵守的义务。虽然每个公民也可以提出修改的意见,但是宪法的修改要经过严格的法定程序,宪法第六十四条规定:"宪法的修改,由全国人民代表大会常务委员会或者五分之一以上的全国人民代表大会代表提议。并由全国人民代表大会以全体代表的三分之二以上的多数通过。"当然,在未作修改前现行

[①] 刘军宁:《"国进民退"的宪法基础》,《凤凰周刊》2009年第33期。

宪法仍必须遵守。

　　胡锦涛同志曾多次倡导全体党员和各级党的干部要正确认识和自觉运用人类社会发展规律、社会主义建设规律和共产党执政的规律。2005年1月他在《新时期保持共产党员先进性专题报告会上的讲话》中指出："共产党员必须努力学习和自觉运用辩证唯物主义和历史唯物主义的强大思想武器，把理想信念建立在科学分析的理性基础之上。既要正确认识目前资本主义经济、科技发展的现实，更要正确认识资本主义社会的基本矛盾及其发展的历史趋势；既要正确认识社会主义发展过程中出现的曲折和反复，更要正确认识人类社会向前发展的必然规律；既要正确认识社会主义事业的长期性、艰巨性、复杂性，更要正确认识社会主义制度的强大生命力和巨大优越性。就是说，要从人类社会发展规律的高度来认识当今世界的变化及其趋势，不断坚定自己的理想信念。"[①]

　　胡锦涛同志的讲话是就世界范围而言的。20世纪30年代爆发的资本主义世界经济大危机过去还不到一百年，自2008年始，由美国金融危机引起的国际金融危机又一次爆发了，至今尚未过去。无数事实证明，资本主义制度正处于加速衰落之中，社会主义终将取代资本主义，这是人类社会发展规律作用的必然结果。我国的社会主义初级阶段还将存在五十年或者更长一些时间，但初级阶段终将前进到更加成熟、更加高级的阶段。唯物辩证法告诉我们，任何事物都处在从量变到质变的过程中，量变积累到一定程度将会引发局部质变，而经过若干次局部质变终将导致根本质变。我们所预期的社会主义更高阶段并不会有朝一日从天上掉下来。因此，在社会主义初级阶段就要审时度势，渐进地为更高阶段的到来准备条件。随着世界范围的社会生产力的高速发展，社会主义生产关系的优越性将越来越明显，生产社会化与生产资料

[①]《十六大以来重要文献选编》（中），中央文献出版社2006年版，第621—622页。

资本主义占有之间的矛盾将越来越尖锐,社会主义公有制终将取代资本主义私有制。这是人类社会发展的规律,是任何人也阻挡不了的。

(原载《当代经济研究》2011年第1期)

关于科学地判断公有经济主体地位的探讨

一

公有制为主体、多种所有制经济共同发展是我国社会主义初级阶段的一项基本经济制度。这一基本经济制度是 1997 年党的十五大正式提出的。1999 年，第九届全国人民代表大会通过的宪法修正案，将"国家在社会主义初级阶段坚持公有制为主体，多种所有制经济共同发展的基本经济制度，坚持按劳分配为主体，多种分配形式并存的分配制度"增加到总纲第六条的内容之中。可见，确立初级阶段基本经济制度是关系全局而又意义深远的一件大事。

自 20 世纪 90 年代以来，我们党按照初级阶段基本经济制度的要求开展工作，在各方面都取得了显著成就。从所有制结构来看，在 1956 年社会主义改造基本完成以后，除保留少量个体经济外，私营经济、外资经济已不复存在，公有经济覆盖了整个国民经济。直到 1997 年，党的十五大提出了社会主义初级阶段基本经济制度，要求公有经济与非公有经济共同发展，这就需要为非公经济从无到有、从小到大创造必要的条件。由此而带来的公有经济在整个国民经济中的比重下降，而非公经济比重上升，则是必然的事实。不过这一降一升在客观上存在一个限度，就是不应危及公有经济的主体地位。但是，从 20 世纪末至今，虽然公有经济和非公经济都取得了快速发展和长足进步，但却出现了公有经济的比重下降过快、过大，非公有经济的比重上升过快、过多的情况。有资料表明，目前公有经济在国民经济中的比重已下降到 1/3 左右。公有经济的主体地位是否还存在已引起社会各界，特别是坚持改革的社会主义方向的学者的高度关注。近几年，围绕这个问题我国学术界展开了热烈的讨论。早在 2005 年，我国著名马克思主义经济学家卫兴华就发表了《警惕"公有制为主体"流于空谈》一文①。文中说："实行公有制为主体，多种所有制共同发展的基本经济制度，要积极鼓励、支持和引导非公有制经济发展，但必须以坚持和发展作为主体的公有制经济为前提。如果单方面地积极发展私营、外资和个体等私有制经济，忽视甚至不断侵蚀、削弱、瓦解公有制经济，必然会导致'公有制为主体'成为一句空话，私有制将取代公有制，成为国民经济的主体和社会经济制度的基础，社会主义经济制度将不复存在，共产党执政的经济基础也就被釜底抽薪了。"② 2011 年，我国著名马克思主义经济学家刘国光著文指出："社会主义公有制是社会主义制度的基础。公有制为主体也是初级阶段基本经济制度的前提和基础，坚持基本经济制度，首先要巩固公有制为主体这个前提和基础。""公有制的主体地位主要体现在：公有资产在社会总资产中占优势。公有资产占优势，要有量的优势，更要注意质的提高。现在有不少人对公有制是否还是主体有疑虑，主要是对公有制所占的比重即量的方面有疑虑。目前，根据国家统计局的数据，我国国有经济在国民经济中的比重不断下降，……我们党一贯强调，公有制比重的减少也是有限制有前提的，那就是不能影响公有制的主体地位。解除人们疑虑的办法之一，就是用统计数字来说明，坚定人们对社会主义初级阶段基本经济制度的信心。"③ 中国人民大学马芳在《国内学术界关于公有制主体地位是否巩固的观点评述》（以下简称"马文"）一文中，对近几年关于公有制主体

---

① 卫兴华：《警惕"公有制为主体"流于空谈》，《经济学动态》2005 年第 11 期。
② 同上。
③ 刘国光：《关于社会主义初级阶段基本经济制度若干问题的思考》，《经济学动态》2011 年第 7 期。

地位是否存在的观点作了比较全面的梳理，归纳为以下四种观点[①]：（1）公有制的主体地位已经受到侵害。李成瑞等九位学者从不同侧面论证了公有制的主体地位已严重削弱，降到了临界点，甚至已丧失了主体地位。（2）公有制的主体地位依然巩固。顾钰民等十三位学者认为，公有经济在国民经济中的比重虽有所下降，但主体地位并未动摇。（3）公有制的主体地位仍然存在但已开始动摇。周新城等四位学者提出，随着非公经济的高速发展和在国民经济中的比重不断提高，公有经济已面临失去主体地位的潜在危险。（4）公有经济的主体地位还有待研究。刘国光、张宇两位学者指出，学术界对公有经济主体地位的分析，大都基于非官方统计数字。由于国家统计部门没有提供关于所有制结构的全面准确的数据，所以，对公有经济是否仍居主体地位，目前难于做出准确的判断。

"马文"不仅概括了以上不同观点，而且做了简要的评析。文章指出，文中所引论著，只有少数学者以统计数据为根据，多数人是以经验来判断或借助于别人的学术成果。而且，对于判断主体地位的有限的统计数据，主要是资产、国内生产总值和就业人数三种。"马文"对这三项指标各自存在的不足也做了简要评析。

诚如"马文"所言，我国近几年有关公有经济主体地位的大多数文章，很少有依据系统的统计数据来论证自己观点的。这主要是因为政府有关部门和国家统计部门没有提供全面的系统的可供评析公有经济与非公经济比重的统计资料。只有少数学者利用有限的公开发表的统计数字，经过加工、换算力求做出有根有据的论断。下面本文选出几个有代表性的论著做简要介绍。

郑宗汉研究员在《我国生产资料所有制结构的现状》一文中，

---

① 马芳：《国内学术界关于公有制主体地位是否巩固的观点评述》，《政治经济学评论》2010年第3期。

对公有经济主体地位是否巩固进行了剖析①。他运用有限的公开发布的统计资料加以测算和归纳，揭示了公有经济和非公经济在国民经济中的比重发生重大变化的现状。改革开放初期（1979—1992年），公有经济与非公经济在国民经济中的比重大致为 8∶2；改革开放深入后（1993—2006年），综合比较公有经济与非公经济拥有的资本、产值和就业人数，二者在国民经济中的比重下降为 3∶7。出现这一重大变化的重要原因之一，在于非公经济的增长速度远远高于公有经济。2005年同1998年相比，私营经济的固定资产净值增长了16.7倍，"三资"企业增长了31.5倍，国有及国有控股企业仅增长了0.54倍。从国有经济的控制力来看，公有经济与非公经济相比也呈现出明显的变化。在工业各行业中，1992年国有经济比重占50%—99%的行业共有23个，占全部行业的82%；到2005年，在38个工业行业中，国有企业产值比重占80%以上的行业仅为6个，占50%—69%的行业仅为2个，两者合计仅占全部工业行业的28.5%。这就是说，由非公经济占主要地位的行业已达3/4。除以上两方面的论述外，该文对国有企业改制过程中国有资产的大量流失和化公为私的种种弊端、全国各省市公有经济与非公经济比重的明显变化、国际垄断资本对我国重要行业的控制等，都提供了有说服力的数据。

  赵华荃高级统计师在即将出版的《遵循客观经济规律，坚持宪法规定的社会主义初级阶段基本经济制度》一书中，对公开发布的有限的统计资料进行加工、测算和分析。该书以党的十五大规定的公有制主体地位的内涵为依据，紧紧围绕公有资产在社会总资产中占优势和国有经济控制国民经济命脉，对经济发展起主导作用两个方面展开论述。书中写道：改革开放以来，经过对单一公有制的一系列改革，公有经济的比重大幅度下降，非公经济的比重迅速

---

① 郑宗汉：《我国生产资料所有制结构的现状》，刘国光：《纵论改革开放30年》（刘国光等26位学者多视角解析），河南人民出版社2008年版。

上升；2003年，公有经济资产（指属于生产资料的经营性资产）在社会总资产中的比重占55.8%，非公经济资产所占比重为44%，公有经济的主体地位并未改变；但2003年以后，非公经济的发展速度大大超过公有经济；上述格局逐渐改变，到2008年，公有资产占社会总资产的比重为35.2%，非公经济所占比重为64.2%，大大远离了公有经济为主体的临界值。从国有经济控制国民经济命脉来看，2008年对属于国民经济命脉领域的16个重要行业的资产中，分三个层次来量化分析：第一个层次，国有经济应起主导作用，但在这些行业中国有经济资产只占44%；第二个层次，国有经济应具有绝对控制力的行业，国有资产只占这些行业总资产的42%；第三个层次，国有经济应具有绝对控制力和相对控制力的行业，两者的国有资产合计占这些行业总资产的74.80%，也未达到80%的临界值。根据以上数据，该书作者认为生产资料所有制改革的形势十分严峻，公有经济的主体地位已岌岌可危。

何干强教授在《维护社会主义公有制主体地位的若干观点》一文①中，对公有经济是否居于主体地位提出了衡量的数据。他认为生产资料所有制的本质是人与人之间的生产关系。一个社会只有劳动者多数处在公有制中，才能说公有制生产关系占主体地位，这是公有制主体地位的本质含义。用这个观点来衡量公有资本占全社会总资本的51%还不能说公有经济已处于主体地位，因为同量资本的有机构成高，劳动者的人数就相对少，只有公有资本在社会总资本中的比重能够保证50%以上的劳动者处于公有制生产关系中，才能说公有制占主体。目前我国国有企业劳动者人均固定资产（有机构成的近似值）约为私营企业的5倍，由此推算，在第二、第三产业中如果做到51%的劳动者在公有制企业中就业，那么公有资本在社会总资本中的比重就应占到78.1%。以上数据虽然带

---

① 何干强：《维护社会主义公有制主体地位的若干观点》，《海派经济学》2010年第4期。

有一定的假设性，但可以肯定的是：要做到在公有制生产关系中劳动者人数占一半以上，公有资产在全社会资产中的比重必然要明显高于50％。而我国目前的情况是，2008年年末，工业、建筑业、批发零售业、住宿和餐饮业中，在国有企业和集体企业就业的人数均明显少于非公有企业，只分别占12.16％、19.40％、12.9％和14.9％。同期，在社会总资本中，国有企业资本只占33.4％，集体企业资本只占3％。以上情况说明社会主义生产关系已经严重削弱，应当引起人们的高度关注。

谭劲松教授2010年先后与王洪涛和王文焕两位学者合作发表了两篇文章：一是《省级行政区域坚持公有制主体地位研究》，中心内容是强调省一级公有制主体地位必须给予高度重视[①]；二是《公有制主体地位的衡量标准和评价体系研究》，此文对党的十五大规定的公有制主体地位的内涵进一步具体化、规范化，并设计了检测主体地位是否存在的统计指标体系[②]。关于主体地位的科学内涵，作者认为党的十五大规定的"公有资产在社会总资产中占优势"，所指的"公有资产"应包括属于全民所有和劳动群众集体所有的经营性资产、资源性资产和公益性资产的总和。公有资产占优势应从三方面来把握：第一，占优势是一个动态的概念，要依据生产力发展水平和国民经济发展的需要，适时调整公有资产在社会总资产中量的比例，确保公有资产的优势；第二，占优势是一个结构概念，占优势并不要求公有资产在各种资产中都处于同等优势地位；第三，占优势是一个质与量相统一的概念，既要有量的优势又要有质的优势，两者相互依存，缺一不可。对"国有经济控制国民经济命脉，对经济发展起主导作用"，作者指出，控制国民经济命脉体现在两个方面：一是国有经济要全面控制关系国民经济命脉

[①] 王洪涛、谭劲松：《省级行政区域坚持公有制主体地位研究》，《高校理论战线》2010年第1期。

[②] 谭劲松、王文焕：《公有制主体地位的衡量标准和评价体系研究》，《马克思主义研究》2010年第10期。

的行业和部门，确保国有资产在这些行业和部门中在量上占优势；二是控制国民经济命脉主要体现在国有经济对整个国民经济强有力的控制力、影响力、引导力、竞争力和辐射力上，应保证国有经济在属于经济命脉的行业和部门中具有质的优势。关于公有制主体地位的衡量标准，作者认为公有资产在资源性资产中应独占优势，在公益性资产中应占绝对优势，在经营性资产中应保持相对优势。关于公有制主体地位的评价体系，该文提出六项重要指标：公有制吸收劳动就业要占全社会就业的60%以上（包括国有经济、集体经济和所有公有部门和单位的全部就业）；公有经济创造的GDP占全社会GDP的50%以上；公有经济上缴财政税收占全社会财政税收收入的60%以上；公有经济拥有固定资产占全社会固定资产的60%以上；公有经济出口创汇占全国总创汇的50%以上；公有经济在高新技术产业中所占比例在70%以上。以上六项指标既体现了公有资产量的优势，也是公有资产质的优势的重要体现。

二

20世纪90年代至今，我国学术界围绕公有经济的主体地位问题各抒己见，进行了深入的研讨。为什么对同一个研究对象会得出不同的甚至相反的结论呢？本文认为，首要原因是国家统计部门没有向全国人民提供统一的、全面的、系统的关于公有经济和非公有经济对比的统计数据。而学者个人看问题的角度不同，关注的重点不同，见仁见智、有得有失是很自然的。以本文在前面简要介绍的几篇论著而言，可以说各有独到之处，但并非尽善尽美，还有值得推敲的地方。在我国学术界已取得的研究成果的基础上，笔者认为要科学地、比较准确地判断目前我国"公有经济为主体、国有经济为主导"的状况如何，还需要在可比性、准确性和全面性这三个方面做进一步的研究。

（一）关于可比性

有一些重要的经济指标是人们在做公有经济与非公有经济对比时常常引用的。但本文认为用这些指标的对比简单地得出公有经济是否居于主体地位的论断是不够严谨的。仅举以下两例为据。

①关于国有资产。公有制的主体地位首先体现为公有资产在社会总资产中占优势，许多学者以此为根据作出主体地位是否存在的结论。但是，作为公有资产核心的国有资产包括资源性资产、行政性资产（也有人称为公益性资产）和经营性资产三部分。当我们研究国有经济的现状特别是预测其发展前景时，理应将这三类资产都包括在内。但在对比国有资产与私营资产时，是否应把三类国有资产都包括在内呢？学术界有不同的认识。有些学者主张用全部国有资产与私营资产对比，从而得出公有经济的主体地位依然巩固的结论；有些学者主张把全部国有资产都包括在内进行对比，同时又强调经营性资产是否占优势具有决定性的作用；有些学者则主张在公有资产与私营资产对比时，只能是经营性资产的对比。本文赞成第三种观点。

公有资产与非公有资产的对比，实质上是两种不同性质的生产资料所有制经济的对比。《中华人民共和国宪法》第九条规定："矿藏、水流、森林、山岭、草原、荒地、滩涂等自然资源都属于国家所有，即全民所有。"第十条规定："城市的土地属于国家所有。"以上这些已经包括在国家主权范围内，私营经济当然不可能拥有。而且，所有这些资源都属于未来可能的生产资料而非现实的生产资料。如果把这些资源性资产包括在内与私营资产对比，那么，即使经营性国有资产只占10%以下，公有经济资产仍然会比私营资产占优势。以我国最主要的矿藏——石油和天然气为例。2011年，国土资源部发布了我国石油、天然气最新的勘探储量报告，石油可采资源量为233亿吨，天然气可采资源量为32万亿立方米，都比过去已探明的储量明显增加了。但该报告同时指明，2010年我国石油消费量为3.8亿吨，而当年国内产量仅为2.03亿吨，大量原油还需要进口。① 再以沿海油气储量为例。我国有 300 万平方公里的管辖海域，在这片"蓝色国土"中石油储量约为 250 亿吨，天然气储量约为 8.4 万亿立方米。② 但目前已开采的主要是中海油。2010 年，中海油的油气产量达到 5000 万吨，被人们称为"海上大庆油田"。很明显，在这个领域公私资产的比较只能是中石油、中石化、中海油这些大型国有企业的经营性资产与进入这个领域私营企业的资产之比，是不能把国家的油、气储量，即资源性资产包括在内的。石油、石化行业如此，其他行业也是如此。所以，本文认为在确定国有资产在社会总资产中是否占优势时，只应以经营性国有资产为依据。

②关于利润。利润总量和利润率在考察国有企业和私营企业的经济效益时具有重要的意义，但在国有企业与私营企业对比时却不宜简单地采用。这是因为两类企业的生产资料所有制性质不同，从而经营理念和经营目标也不同。马克思指出：资本是能带来剩余价值的价值，资本家是资本的人格化。私营企业以追求利润最大化为主要目标或唯一目标，在资本主义国家是这样，在处于社会主义初级阶段的中国也是这样。国有企业作为具有全民所有制性质的经济组织，不但在经济领域应该起主导作用，而且肩负着重要的社会责任和政治责任。虽然国有企业也是独立经营的经济实体，也应该重视盈利，但却不应把利润最大化当作最主要的经营目标。因此，不能把公私企业利润量的对比当作经营效果高低的根据。2006 年国民经济和社会发展统计公报显示，规模以上国有及国有控股工业企业实现利润 8072 亿元，比上年增长 27%；私营企业实现利润 2948 亿元，比上年增长 46%。2008 年国民经济和社会发展统计公报显示，国有及国有控股工业企业实现利润 7985 亿元，比上年同期下降 14.5%；私营企业实现利润 5496 亿元，比上年同期增长

---

① 国土资源部：《全国油气资源动态评价 2010》，《人民日报》2011 年 11 月 25 日。
② 奚平、金辉：《蓝色国土与海洋战略》，《中国社会科学报》2009 年 8 月 4 日。

36.6%。又据《2010年中国统计年鉴》，全国规模以上工业企业2009年实现利润34542亿元，其中国有及国有控股工业企业实现利润9287.03亿元，占26.88%；私营工业企业实现利润9678亿元，占28.01%。根据以上统计数字，私营企业的利润绝对数在短短几年内就超过了国有企业；利润增长速度也远高于国有企业，2008年还出现了国有企业利润比上年同期下降的情况。如果对公私利润做简单化的对比就会得出私营经济的经济效益远高于国有经济的论断，从而为国有经济由于产权不够明晰，必然导致效益低下的错误观点添砖加瓦。但从国有企业的性质、历史地位和社会责任等多方面来分析，就会找到缘由。2008年，我国遇到了三件大事：一是这年年初，南方遭遇了50年一遇的冰雪灾害，波及长江以南21个省，受灾人口7000万人。国务院成立了煤电油运和抢险救灾应急指挥中心。国有的电网企业、发电企业、煤炭企业、运输企业、电信企业都进行了紧急动员，全力保障供给，减轻灾害给人民造成的损失。在最短时间内各省断电区域都恢复了通电，因回乡过春节滞留在铁路沿线的几十万农民工和学生也赶在节前到达了目的地。二是这年5月，四川省汶川县发生了8级强烈地震。这是中华人民共和国成立以来损失最严重、救灾难度最大的一次自然灾害。除地处灾区的国有企业受到严重破坏亟待修复外，根据国务院部署，许多中央国企紧急抢修电网、通信设备、铁路、公路，保证灾区急需物品的及时运送。这场罕见的大地震给中央国企造成的直接损失达414亿元，间接损失达401亿元。这还没有包括央企在全力参加灾后重建中付出的大量人力、物力和财力。三是为办好北京奥运会，中央国企在场馆建设、交通配套、电力保障、通信畅通等方面全力以赴，起到了重要的保证作用。以上这些就是2008年国有企业的利润比上一年不升反降的主要原因。由此可见，国有企业不仅在应对突发事件中起了中流砥柱的作用，而且肩负着多方面的社会责任。而这些社会责任在私营企业身上是不存在的，或者说，表现是不明显的。所以，用利润指标的简单对比来证明私营企业的经济效益高于国有企业不能成立。

(二) 关于准确性

以全面的、真实的统计数据为依据,得出公有经济主体地位是否巩固的判断本来应该是准确的、无须争辩的,但由于掌握全面信息的政府各有关部门并未向社会公布全面的数据,学者个人又不可能掌握全面的信息,而只能对已公布的部分数据进行分析研究,做出自己的判断。对这些研究成果一方面我们应当肯定是很有价值的,它可以帮助人们对公有经济主体地位的现状、发展趋势和存在的问题有一个概略的了解;另一方面也不能不看到,由于信息来源不全面,这些研究成果的准确性受到影响。

(1) 大多数论述公有经济主体地位的文章都是以规模以上工业企业的各项指标为分析依据。这主要是因为在国家统计局公布的数据中,只有工业是按不同所有制分类列出并提供了较详细的资料。工业是整个国民经济的重点,其增加值占 GDP 的 40% 以上。对工业领域各项指标的分析可以对公有经济与非公有经济的对比有一个概略的了解。在 2009 年规模以上工业企业中,公有工业企业总产值占全国工业企业总产值的 14.20%,非公有工业企业占 57.4%;在主营业务收入中,公有工业企业占 14.91%,非公有工业企业占 56.6%,从以上数据不难看出工业领域公有经济主体地位的状况。[①] 但是,全国第二次经济普查的结果告诉我们,包括工业和建筑业在内的第二产业的增加值只占全国 GDP 的 47.5%,此外,第三产业占 41.8%,第一产业占 10.7%。众所周知,在第三产业中,交通运输业、仓储和邮政业、科学研究、技术服务和地质勘查业、水利、环境和公共设施管理业、金融业,都是国有经济占有重要比重的行业。所以,仅仅以第二产业中的工业为依据作出公有经济的主体地位是否存在的结论是不够全面的。

(2) 即使在工业领域,国家统计局提供的数据中也有一些需

---

① 刘日新:《关于国有企业改革的几个问题》,国企新闻网,2012 年 3 月 20 日。

要进一步明晰的地方。比如，国有控股工业企业中私营资本参与的比重是多少，在私营控股工业企业中公有资本参与的比重是多少，尤其是在混合所有制企业中公有资本与私营资本各占多大比重，都需要进一步明确。我们看到，在 2009 年国民经济和社会发展统计公报中，关于规模以上工业企业增加值除国有及国有控股企业、集体企业、私营企业、外商及港澳台企业之外，还有一项是股份制企业，而且其增加值比上年增加了 13.3%，高于国有及国有控股企业 6.9% 的增速。在《2010 中国统计年鉴》中，在规模以上工业企业主要经济指标中，除国有、集体、私营、港澳台、外资外，还有有限责任公司和股份有限公司两项。而且，它们在工业总产值、资产总计、主营业收入等重要指标中所占比重都不小。显然，在混合所有制企业中，公有资本与非公资本各占多大比重，对公有经济主体地位的判断是不应忽视的。而这类指标却不是任何一位学者个人可以推算出来的。建议国家统计局在全国范围内进行抽样调查求得其平均值向社会公布。

（3）人们很重视公有经济的资产在社会总资产中是否占优势，这当然是对的，但与资产有关的统计指标有好几类。最常见的是资产总计，此外还有注册资本与实收资本，固定资产原价与固定资产净值和所有者权益。在探讨公有经济主体地位的著作中最常用的是资产总计。但这个指标既未扣除固定资产中的折旧，也未扣除企业的负债，所以还需要与其他有关统计数据相互参照。例如，《2010 中国统计年鉴》表 14 - 1 列出，2009 年全国规模以上工业企业中，资产总计一栏，国有及国有控股工业企业为 215742 亿元，私营工业企业为 91176 亿元，私营为国有的 42%。这是各项统计指标中唯一一项国有高于私营的。该年鉴表 14 - 6 列出，国有及国有控股工业企业的资产净值为 90853 亿元，私营工业企业的为 30047 亿元，私营为国有的 33%。表 14 - 10 列出，国有及国有控股工业企业所有者权益为 85186 亿元，私营工业企业为 40383 亿元，私营为国有的 47%。可见，仅仅用资产总计这一项来判断国有与私有的比重是不够全面的。

本文之所以提出准确性问题有两个目的。其一，提醒关心社会主义初级阶段基本经济制度执行情况的学者和广大人民群众，尽管目前取得的研究成果已可以大致判断公有经济主体地位的状况，但论据还不够完全，还需要继续搜集资料，分析研究，力求作出更有说服力的结论。其二，提醒政府有关部门要尽到自己的责任。以公有经济为主体，多种所有制共同发展的初级阶段基本经济制度是载入宪法的。所有公民都有遵守的义务，但也有知情权和监督权。政府各有关部门有责任向全国人民提供更全面的信息，接受人民的监督。

（三）关于全面性

唯物辩证法告诉我们，质与量是辩证统一的关系。任何质都是具有一定量的质，任何量也总是具有一定质的量。对客观事物的观察，既不应只关注量而忽视质，也不应只关注质而忽视量。唯物辩证法还告诉我们，任何事物都处在从量变到质变的过程中。复杂的事物在量变积累到一定程度后会引起局部质变，经过若干次局部质变最终达到根本质变。在从量变到局部质变的过程中，客观上存在一个"度"。人们必须准确地把握这个"度"，而不能偏离这个"度"，才能保证事物沿着正确的方向向前发展。江泽民同志在论及社会主义初级阶段的基本经济制度时说："党的十五大提出，公有制为主体、多种所有制经济共同发展，是我国社会主义初级阶段的基本经济制度。我们必须坚持社会主义公有制作为社会主义经济制度的基础，同时需要在公有制为主体的条件下发展多种所有制经济，这有利于促进我国经济的发展。社会主义公有制的主体地位绝不能动摇，否则我们党的执政地位和我们社会主义的国家政权就很难巩固和加强。只要坚持公有制为主体，国家控制国民经济命脉，国有经济的控制力和竞争力得到增强，在这个前提下，国有经济比重减少一些，不会影响我国的社会主义性质。这是正确的，也是符合实践发展要求的。当然，所谓比重减少一些，也应该有个限度、有个前提，就是不能影响公有制的主体地位和国有经济的主导作用。"① 这段话不仅阐明了质和量的辩证统一关系，而且指出了在量变过程中必须自觉遵循的"度"。下面我们将以此思想为指导，进一步探讨目前在坚持以公有经济为主体、国有经济为主导的过程中仍存在的问题。

其一，关于公有经济主体地位是否存在"临界值"的问题。许多论及公有经济主体地位的文章，都把公有经济在经济总量中占 50% 以上作为"临界值"。有些学者突出强调公有资产在社会总资产中占 50% 以上；有些学者认为除资产一项外，在增加值、主营业收入、所有者权益、税费贡献诸方面都应该占 50% 以上；也有学者把"临界值"设定在 60%、70% 或更高。本文认为既然要求公有经济占"主体"，在量上至少应该占 60% 左右，这是不言而喻的。问题在于我们不应只关注"量"，还必须把质与量统一起来进行考察。下面以湖北、江苏、浙江三省的概况为例做一些分析比较。

（1）湖北省国资委撰文称：截至 2011 年 8 月末，全省规模以上国有及国有控股工业企业，资产总额达 12403.75 亿元，占全省工业企业的 59.9%；累计完成增加值 1989.84 亿元，占全省工业企业的 37.6%；实现销售收入 6677.37 亿元，占全省工业企业的 41.1%。省国资委深化国企改革，对关系国计民生的资源性、基础性、战略性企业，在引入战略性投资者、实现产权多元化的前提下，保持国有资本绝对控股；对管理团队经营能力较强、有一定发展潜力的完全市场竞争性企业，在实现产权多元化的前提下，保持国有资本相对控股；对重要新兴产业领域的企业，国有资本主动进入，实现战略控股。②

（2）江苏省国资委撰写的文章表明，该省 2010 年实现地区生

---

① 《江泽民文选》第三卷，人民出版社 2006 年版，第 71—72 页。
② 杨泽柱：《建设大国资 促进大发展》，《国有资产管理》2011 年第 12 期。

产总值 4.03 万亿元，全省公有经济的贡献率为 34.8%，其中国有及国有控股企业的贡献率为全省的 22.2%。全省规模以上工业企业实现工业增加值 2.12 万亿元，其中国有及国有控股工业企业占全省的 19.1%。全省完成固定资产投资 2.31 万亿元，其中国有及国有控股企业占全省的 22.80%。全省地方国企的分布主要集中在基础设施建设、公用事业、能源、地方金融、资源开发等领域。①

（3）从《浙江经验与中国发展》一书②中得知，2004 年该省国有企业占全省企业的比重，资产总额占 25.93%，营业收入占 8.42%。国有及国有控股工业企业占全省工业总资产的 20.48%，占全省营业收入的 15.48%，占全省工业增加值的 18.72%。目前国有资本在石油、钢铁、电力、自来水等行业仍居支配地位。

从三省的比较中可以得出以下认识：公有经济的主体地位是一个侧重于量的概念，60% 上下的"临界值"客观上的确存在。但质与量又是紧紧相连、内在统一的。公有经济接近"临界值"的，如湖北省，国有经济的主导作用也较强劲；公有经济明显低于"临界值"的，如浙江省、江苏省，国有经济的影响力仅及于某些公益部门和自然垄断部门，已不存在对该省整个国民经济的主导作用。

其二，关于国有经济的主导作用应如何科学地判断的问题。国有经济的主导作用主要体现为，国有企业对关系国民经济命脉和国家安全的重要行业和关键领域具有控制力、带动力、影响力和竞争力。国务院国资委 2006 年 12 月发布的《关于推进国有资本调整和国有企业重组的指导意见》中明确规定了，对哪些行业国有企业必须具有绝对控制力，对哪些行业国有企业必须具有较强控制力。有些学者考虑到近些年来国际国内形势的变化，认为应重新确定必

---

① 王正宇：《围绕做大做强做优做久　加快核心竞争力提升——关于加快地方国企发展的调查与思考》，《国有资产管理》2011 年第 12 期。
② 裴长洪、黄速建：《浙江经验与中国发展》（经济卷），社会科学文献出版社 2007 年版。

须由国有企业控制的行业。不过，有些文章对国有经济的主导作用也像公有经济的主体地位一样，设定了"临界值"。比如，在绝对控制的行业设定"临界值"为80%，在相对控制的行业设定"临界值"为60%，等等。国有经济的主导作用是一个侧重于质的指标，当然也要考虑量的方面。例如，在前文列举的三省中，明显低于公有经济主体地位"临界值"的浙江省和江苏省，国有经济的主导作用也大大削弱了。但是，在具有绝对控制力的行业中设定统一的国有资产占有比例，包括总产值、营业收入、市场占有率的比例，却未必是科学的。首先，各行各业千差万别，而且，企业内外的情况在不断变化之中，很难设定一个统一的、固定的"临界值"；其次，更重要的是，从国际、国内经济发展的大趋势来看，企业的科技发展水平和创新能力等质的方面的指标越来越重要。《经济日报》2012年2月20日刊登了暴媛媛的文章《民营石化企业占据半壁江山说明什么》，文章指出，2011年1—11月石化类民营企业的总产值达到5.12万亿元，同比增长35.8%，占比达51%，历史上首次过半。与2006年相比，非公经济在石化业经济总量中的比重上升了15.8个百分点，公有经济则下降了16.4个百分点。业内专家认为，数据表明的不是简单的总值增长，而是行业发展的一大突破。2011年，全国民营企业500强中石油和化工企业占了32家。这些企业在经营规模、生产工艺、管理水平和市场占有率等方面，几乎都能与国有企业并驾齐驱。"十二五"期间，民营企业的工业总产值和利润都要力争占到全行业的50%。这篇文章显示，私营石化企业有了长足的进步，这是应该肯定的。但石油石化行业是国资委确定的应该具有绝对控制力的七大行业之一。那么，在私营企业已占总产值51%的情况下，国有企业是否还具有控制力呢？长期以来，在石油石化行业中处于龙头地位的国有企业是中石油、中石化、中海油，在这三家企业中，生产石油化工产品的主要是中石化。2010年，中石化的营业收入为19130亿元，其中化工产品为2856亿元，同比增长48.2%。中石化下属的研究开发机构有石油化工科学院等八家。在 2005—2008 年，中石化共获得国家科技进步奖特等奖 1 项、一等奖 1 项、二等奖 29 项；国家技术发明奖一等奖 1 项、二等奖 6 项。中石化自主研发的甲醇制烯烃成套技术已步入产业化阶段。全年提出专利申请 3732 件，境外专利申请 202 件，境外专利授权 62 件。中石化的化工产品已进入国际市场，对外销售收入人民币 3687 亿元。中石化 2011 年的总资产为 11445 亿元。在《财富》所列的世界 500 强企业中，中石化排在第五位。由此可见：第一，中石化、中石油和中海油这三家国有企业目前在石油化工行业中仍具有明显的优势；第二，衡量国有企业控制力的标准，总产值、总资产、总营业收入等量的指标固然重要，我们绝不应忽视，但更重要的是技术创新能力、科技研发能力、国内外市场的影响力和竞争力等这些对今后长远发展具有决定意义的质的指标。因此，坚持国有经济的主导作用，既要保持量的优势，更要保持质的优势。

以上从可比性、准确性和全面性三个方面提出了对公有经济主体地位的研究还需要改进和深化的一些设想。但这决不是要否定十几年来坚持改革的社会主义方向的广大学者对公有经济主体地位的研究成果。

作者也同许多学者一样，认为我国的公有经济目前已处在失去主体地位的边缘。而公有经济的主体地位一旦失守，国有经济的主导作用也必将进一步被削弱，社会主义制度的经济基础将被动摇，我国当前的社会性质也有可能发生根本性的质变，后果极其严重。为什么会出现这样的局面？我国宪法关于社会主义初级阶段基本经济制度的规定并未修改，从党的十五大到十七大，在党中央的重要文献中也一贯强调公有经济为主体，多种所有制经济共同发展，问题在于执行过程。从 20 世纪 90 年代中期到现在的十几年，对私营经济、外资经济的鼓励、扶持、引导的措施屡见不鲜，与国有经济在"反垄断"和加强市场竞争名义下带来的困难和受到的影响形成鲜明的对比。在舆论界，一些资产阶级自由化的鼓吹者对国有经济的攻击、污蔑花样翻新却畅行无阻，而维护公有经济的主体地位和国有经济的主导作用，批评某些不恰当的措施的声音却没有得到应有的重视。在这种形势下，国有经济虽也排除不利影响，锐意进取，获得高速发展和长足进步，但私营经济的发展速度远高于国有经济。2010年3月2日，全国政协十一届三次会议新闻发言人赵启正公布，2009年，私营企业的工业总资产增加20.10%，工业增加值增加18.7%，主营业收入增加18.7%，利润增加17.4%；而国有及国有控股工业企业与上述各项指标相对应，分别为14%、6.9%、-0.20%和4.5%。其实，这种反差不仅2009年是如此，而且从20世纪90年代中期到现在的十几年年年如此。因此，要扭转这种趋势，当然不是要限制私营经济的发展，而是要给予国有经济坚强有力的支持，采取切实有效的政策措施鼓励公有经济，特别是国有经济高速而健康的发展。这是坚持和完善社会主义初级阶段基本经济制度的必由之路。

（原载《当代经济研究》2012年第8期）

科学理解和积极发展混合所有制经济[*]

——关于改革和加强国有企业的对话

一 国企改革的新动态值得关注

2014 年十二届全国人大二次会议期间,习近平总书记在参加上海代表团审议时指出,国有企业不仅不能削弱,而且要加强;国有企业加强是在深化改革中通过自我完善,在凤凰涅槃中浴火重生,而不是抱残守缺、不思进取、不思改革,确实要担当社会责任树立良好形象,在推动改革措施上加大力度。在参加安徽代表团审议时指出,发展混合所有制经济,基本政策已明确,关键是细则,成败也在细则;要吸取过去国企改革经验和教训,不能在一片改革声浪中把国有资产变成牟取暴利的机会;改革关键是公开透明[①]。

项启源(以下简称项):最近看到不少关于采用混合所有制经济形式深化国有企业改革的报道和文章,想同您交流一下看法。

何干强(以下简称何):好的。我知道,您一直在研究中国国有经济问题;最近读到《中国社会科学院学部委员专题文集》编辑委员会推出的您的专著《论社会主义初级阶段的生产关系》,序言标题是"学习、宣传、捍卫马克思主义经济理论是我毕生的追

---

[*] 本文作者为项启源、何干强。
[①] 见《安徽日报》2013 年 11 月 10 日。

求";书中有6篇文章构成的"坚持公有制的主体地位,壮大国有经济"专篇[1]。您关注国企改革新动态,寓意深刻,非同寻常。很高兴聆听您的指教。

项：党的十八届三中全会以来,经济学界有两个热门话题:一个是"使市场在资源配置中起决定性作用",一个是"积极发展混合所有制经济"。咱们这次交流后一个话题,这关系到在国企改革中,如何正确、全面地贯彻党的十八届三中全会精神。

《中共中央关于全面深化改革若干重大问题的决定》(以下简称《决定》)指出"国有资本、集体资本、非公有资本等交叉持股、相互融合的混合所有制经济,是基本经济制度的重要实现形式,有利于国有资本放大功能、保值增值、提高竞争力,有利于各种所有制资本取长补短、相互促进、共同发展。"我认为,积极发展混合所有制经济,必须全面理解三中全会的这个指导思想。最关键的就是弄清发展混合所有制经济,通过企业层面的深化改革,巩固和发展以公有制为主体、多种所有制经济共同发展的社会主义基本经济制度。遵照这个基本要求,采用混合所有制经济的国有企业改革,一般来说就应当坚持国有资本控股。这是因为,混合所有制本身属于企业的资本组织形式,社会主义经济和资本主义经济都可以利用,但是,它的社会性质,却是由控股资本的社会性质决定的。

党的十五大曾明确指出:"股份制是现代企业的一种资本组织形式,有利于所有权和经营权的分离,有利于提高企业和资本的运作效率,资本主义可以用,社会主义也可以用。不能笼统地说股份制是公有还是私有,关键看控股权掌握在谁手中。国家和集体控股,具有明显的公有性,有利于扩大公有资本的支配范围,增强公有制的主体作用。"[2] 这些重要论述对混合所有制同样适用。这也

---

[1] 项启源:《论中国社会主义初级阶段的生产关系》,中国社会科学出版社2013年版,第1、第153—227页。

[2] 江泽民:《高举邓小平理论伟大旗帜,把建设有中国特色社会主义事业全面推向二十一世纪》,http://cpc.people.com.cn/GB/64162/64168/64568/65445/4526285。

就告诉我们，能否科学地、积极地发展混合所有制经济，关键看企业资本的控股权掌握在谁手中。混合所有制只要国家和集体控股，就有利于巩固和发展社会主义基本经济制度；否则，如果普遍搞私人、外商控股，那就变成一种私有化形式了。当然，说一般要坚持国有资本控股，这意味着不排除在国企改革中，有少部分企业因为国有资本整体上的结构调整等原因，有可能变为私人控股。

何：我很赞同您的意见。党的十五大关于"股份制公有还是私有，关键看控股权掌握在谁手中"的判断方法，坚持和发展了马克思主义政治经济学的基本原理，极为重要；当前在采用混合所有制经济深化国企改革实践中，很有必要特别强调并认真贯彻落实。

项：可是当下舆论界对混合所有制经济的某些解读，却似是而非。

——有人把社会主义基本经济制度和企业层面的混合所有制等同起来，说"混合所有制经济有宏观和微观两个层面"，在宏观层面就是指"一个国家或地区所有制结构的非单一性"，"在中国就是发展以公有制为主体、多种所有制经济共同发展的基本经济制度"①。宏观层面的社会主义基本经济制度的公有制主体地位与私营、外资经济、个体经济的非主体地位，在性质上和数量上都有清晰的界定，怎么能说成是一种混合所有制经济呢？这不是模糊了中国特色社会主义经济制度了吗！

——有人认为发展混合所有制经济就是不再区分公私界限，说"从长远看，国有与民营之间的界限将变得模糊，'你中有我，我中有你'的格局正在形成"②。这在逻辑上不通，混合所有制的前提就是存在性质不同、你我界限清晰的多种生产资料所有制，公有资本和私有资本、外国资本的所有制性质不同，即使以入股合资形

---

① 《混合所有制经济将大发展》，《京华时报》2013年11月13日。
② 《混合所有制改革：2014年度最大投资主题》，《投资快报》2014年3月7日。

式投入同一个企业，也绝不会改变各自的所有制性质，实际上它们相互之间谁控股谁非控股、各自按所投资本获取利润，都毫不含糊。

——有人在论证混合所有制经济时或明或暗地贬低国有企业，说混合所有制经济"就是把国企的资本雄厚优势和民企的机制灵活优势集中到一起"，"有利于企业'走出去'，不会被其他国家所限制"①。这看起来是在宣扬混合所有制经济的好处，其实是在宣扬国企如果不与私企混合，就不能形成灵活机制，就不能走出国门。还有人说，前一段改革中搞的混合所有制企业"并没有获得应有的成功"，这是因为"国有股东过于强势，使得民营股东缺乏必要的话语权"；"尤其是央企掌握的是整个产业链的控制权，即使在一些应该市场化的领域，由于其掌握了上游，造成了实质性的产业控制权。"②这实际上是说，今后发展混合所有制企业，国有股东就不应当控股，国企就不应当掌握产业链的控制权。这样一来，也就取消了《宪法》规定的国有经济在国民经济中的主导作用。

——有人曲解国有资本的生产经营性质，提出"国有企业可以'国有国不营'，而国有资产也可以经由民营保值增值"，"国有资本可以以退为进，补足社保和公益性基金所需，使国有资产回归到全民所有、全民分享的本性"③。按照这种说法，国有资本所有者就要放弃对国有资本经营权的支配和控制，这就等于使广大人民失去对国有资本的所有权；而主张生产经营性的国有资本转化为非经营性的社保和公益性基金也就等于要求国有经济退出经济领域。

——更有人把发展混合所有制经济直接等同于私有化。有位身处政府高层研究机构的副所长公开宣扬，"关于国有企业混合所有制，国有资本应该占多少比重，我的意见是，对于占国有企业总数

---

① 《混合所有制改革：2014 年度最大投资主题》，《投资快报》2014 年 3 月 7 日。
② 《混合所有制经济将大发展》，《京华时报》2013 年 11 月 13 日。
③ 陈清泰：《国企改革再清源》，《财经》2012 年第 13 期。

90%以上的中小国有企业，国有资本的比重完全可以退到零"；"8000多家大型和特大型的国有企业是可以搞混合所有制的"，"这类国有企业，在比较长的时间里保持国有控股50%以上，其他的企业都可以将国有股降到50%—20%以下甚至零"。很明显，这与党中央积极发展混合所有制经济的精神完全背道而驰！

凡此种种，足见这股舆论潮流来势颇猛；当然，有些报刊已经刊登了批评这些舆论的文章，但是对比起来，"亮剑"还很不够。其实，目前围绕混合所有制经济的争论，是长期以来坚持社会主义方向同坚持资本主义方向这两种改革在新形势下的又一次碰撞。我们对此理应关注。

何：的确如此，您的这个判断并不是危言耸听。我认为，这股舆论潮流的产生不是偶然的，其实质是国际资产阶级经济思潮在当代中国的持续表现。

一是新自由主义思潮。这种代表国际金融垄断资产阶级利益的思潮渗透到社会主义国家，典型表现就是宣扬私有制的永恒性和绝对优越性，污蔑公有制违背人的所谓"理性"，没有效率，没有存在的理由；目的就是要瓦解公有制经济基础。苏联东欧理论界和领导层在改革中受其严重误导，搞私有化，结果社会思想混乱，国家改旗易帜。在我们中国，由于党中央始终坚持改革是社会主义制度的自我完善和发展，也由于马克思主义学者对新自由主义思潮高度警觉和自觉批判，因此，它的表现不得不有所收敛。但是，树欲静而风不止。尽管《决定》指出，改革开放的成功经验，"最重要的是，坚持党的领导，贯彻党的基本路线，不走封闭僵化的老路，不走改旗易帜的邪路，坚定走中国特色社会主义道路，始终确保改革正确方向"[①]，但是仍然出现所谓"国有企业机制天然不活"、"国有资本不能控股"、"国有经济应当退出竞争性领域"等观点，改

---

① 《中共中央关于全面深化改革若干重大问题的决定》，《人民日报》2013年11月16日。

头换面推行私有化，足见我们对新自由主义思潮要有"宜将剩勇追穷寇"的精神，继续深入批判，才能推进国企改革的健康发展。

二是国际上一度流行的所谓"趋同论"。"趋同"，原是生物学术语，指亲缘关系较远的异种生物处在相同的环境下，具有某种相同的特征和功能。20世纪60年代初，荷兰经济学家廷伯根把这个术语运用到社会研究领域，用以说明资本主义和社会主义的关系由此形成所谓社会发展的"趋同论"，认为人类社会将孵化出一种既不是社会主义、又不是资本主义的新的社会形态。这显然背离唯物史观揭示的资本主义必然灭亡，共产主义必然胜利的历史发展规律。目前，一些媒体对混合所有制的解读也搬用"趋同论"，说"20世纪50年代西欧掀起了国有化浪潮。这样，国有制、法人社团所有制与私有制构成了混合所有制"，"中国则通过改革开放，以寻求高效率。结果找到的也是混合所有制。社会主义与资本主义都是为了寻求高效率，殊途同归，都找到了混合所有制，这就是所有制的趋同"①。这就完全背离了中央文件把混合所有制作为社会主义基本经济制度的一种实现形式的阐释。

显然，搬用新自由主义和"趋同论"来解读混合所有制经济，绝不是要推进中国特色社会主义经济改革理论的科学创新，而是混淆理论是非，打着深化改革的幌子，将中国经济引向资本主义的邪路。

二 科学地理解混合所有制经济

项：采取混合所有制经济形式来推进国企改革，首先必须把我国的国有企业同发达资本主义国家的"国有企业"在所有制性质上区别开来，两者不能混为一谈。后者生产资料属于"总资本家"所有，仍然具有私有制性质；它们的存在以资本家阶级整体利益的需要为转移，为了化解经济危机，有时不得不有所增加，而一旦矛盾有所缓和，又会大力削减；它们在国民经济中只是起所谓"稳

---

① 参见百度百科词条解释："所有制趋同论"。

定器"作用。而我国国有企业不是西方经济学所说的所谓公共经济、公益性经济,而是全民所有制性质的经济,是劳动人民占绝大多数的人民支配的经济。党的十八届三中全会指出"国有企业属于全民所有,是推进国家现代化、保障人民共同利益的重要力量。"[1] 我国包括工商业、金融业在内的所有经营性的国有企业,是全民所有制经济的物质支柱;它们是全体人民获取自身物质利益,实现共同富裕的根基;在国民经济中发挥主导作用,在国民经济发展中,只能逐步壮大,而绝不能缩小,绝不能把它们的作用降低到发达资本主义国家那种"稳定器"的地位。党的十八届三中全会提出的是"积极发展混合所有制经济","积极"这个状语很重要;积极意味着要通过国企改革做大做强国有经济。这首先必须坚持用马克思主义基本原理来理解国有企业,同时,必须科学地理解混合所有制经济这个经济范畴。如果用西方资产阶级经济学的观点解读混合所有制经济,那就只能起消极发展的作用,导致国有企业严重萎缩。

何:是的,掌握科学的概念和理论才能正确实践。您曾建议党的文件和党报党刊科学地使用经济学概念,像"垄断"这样的范畴被有的党报文章用到我国国有企业上,就背离了党和政府把国有企业做大做强,增强国有经济控制力的一贯主张,这是自相矛盾,授人以柄[2]。如果像有些人那样,以所谓消除国企的"垄断"、"国有经济无效率"为由,来发展混合所有制经济,其出发点就成问题。从所有制性质上区分我国的国有企业同发达资本主义国家的"国有企业",认清国有企业是社会主义经济基础的支柱,这是我们通过积极发展混合所有制经济,深化国企改革的科学前提。

项:其次,科学理解"混合所有制经济",应当确立对唯物史

---

[1]《中共中央关于全面深化改革若干重大问题的决定》,《人民日报》2013年11月16日。
[2] 项启源:《论中国社会主义初级阶段的生产关系》,中国社会科学出版社2013年版,代序言,第10—11页。

观、马克思主义经济学和科学社会主义原则的理论自信,至少应当明确两个基本观点。

一是国企改革采取混合所有制经济形式一般应当由国有资本控股。混合所有制经济是可以为多种所有制经济服务的经济形式,利用这种形式深化国企改革,基本目的是从整体上做大做强国有经济,更好地发挥国有经济在国民经济中的控制力;这就要求我们发展混合所有制经济服从这个基本目的。因此,改制企业的国有资本除了全国国有资本整体结构调整的需要,要转移到其他经营领域,少数企业可以不再控股之外,一般来说,在与私资、外资合资经营的时候,应当坚持在企业中处于控股地位。根据唯物辩证法,主要矛盾的存在和发展"规定或影响着其他矛盾的存在和发展"[①];事物中主要矛盾的性质决定着整个事物的基本性质。所以,混合所有制企业的基本经济性质是由控股资本的生产资料所有制性质决定的。国有资本所有者只有在混合所有制企业中取得控股权,才能在企业经营决策中取得控制权,从而使企业保持社会主义公有制的基本性质。

二是国企改革采取混合所有制经济形式必须坚持社会主义生产关系的基本性质。生产资料所有制的本质是一定社会历史形式的生产关系。采取混合所有制经济形式改革国企,绝不能把国企公有制体现的社会主义生产关系改掉。应当强调的是,不能用资本拜物教的观点,只把混合所有制企业中的多种所有制的资本关系,简单地看成投资各方的财产关系,只谈它们在企业可分配利润中,如何按各自投资取得一定份额;而必须看到,参与合资经营的不同所有制性质的资本价值背后,都是一定的生产关系;公私资本之间,存在着社会主义生产关系与非社会主义生产关系之间的统一和对立。采取混合所有制经济这种形式推进国企改革,之所以要强调国有资本控股,重要的是保证社会主义生产关系在企业中取得支配地位,要

[①] 《毛泽东选集》第一卷,人民出版社1991年版,第320页。

使改制后的混合所有制企业能够自觉服从国家的宏观经济调控，能够保证工人阶级在企业中的领导地位和主人翁地位。

何：在采用混合所有制经济深化国企改革中，重视坚持改制企业的社会主义性质，极为重要。现在的舆论界，在谈改革时，似乎谈生产力的多，谈生产关系的少。这与受西方资产阶级经济学的影响不无关系。"混合经济""混合所有制经济"是从国外引进的经济学概念；如果照搬西方经济学理解它们，是不可能考虑生产关系的，因为这种经济学的思想方法和基本原理是为维护资本主义私有制及其掌控的生产力服务的，那是不可能维护社会主义经济基础、壮大社会主义国有经济的。而忽视维护社会主义生产关系，则对于为何发展混合所有制经济要国企控股、如何控股，就不可能全面深入地理解。例如有人只讲通过混合所有制经济"实现资源的有效配置、生产力要素的优化组合"，却不讲国有经济总量如何保值增值；有人似乎也同意国有资本控股，但是，只认为国有"母公司"可控股，而到二级、三级子公司，则认为可以让私人资本、外资控股，甚至国资可以完全退出，而"母公司"搞混合所有制，是用出售国有资本的方式把国有股本转为私人、外资股本。这些主张显然缺乏从整体上做大做强国有资本的意识，更没有巩固和发展社会主义生产关系的意识，只从单纯的财产控制角度看问题，是十分片面的。如果包括原国有控股的二级、三级子公司在内的全国大多数中小企业都转由私人资本、外资控股，全国企业层面的劳动者将都处于私有制生产关系掌控之中，这就根本不可能使社会主义生产关系占主体地位，劳动者的劳动积极性又怎能自觉提高？看来，我们在发展社会主义市场经济中借鉴国外的经济学概念不能采取完全照搬的态度，而应当遵循辩证逻辑方法。像混合所有制经济这个概念，反映了多种所有制经济共存于同一企业这种现象，我们可以取其概念的形式，但是应当剔除原有概念中的"趋同论"内容，弄清其科学的内涵，才能揭示这个概念反映的经济现实的本质。

项：我们强调国有资本控股，固然是为了保证社会主义生产关系在企业中取得支配地位，从根本上说也是为了解放生产力，提高国有控股企业的市场竞争力，促进共同富裕。习近平同志2009年在全国国有企业党的建设工作会议上曾指出"国有企业是全面建设小康社会的重要力量，是中国特色社会主义的重要支柱，是我们党执政的重要基础。新中国成立以来特别是改革开放30多年来国有企业发展的历程表明，党建工作始终是国有企业的独特政治资源是企业核心竞争力的有机组成部分，是实现企业科学发展的关键因素，也是建立中国特色现代企业制度的一个本质特征。"[①] 他深刻揭示了国企党建工作与提高企业竞争力的内在联系，这也就从党建高度，论证了国资控股对于促进生产力发展的重要性。如果国有资本失去在混合所有制经济中的控股地位，党的建设这种国有企业的独特政治资源，势必丧失。尽管说，近年来党中央在非公有制企业中也提出了加强党的建设的要求，但是，这毕竟与国有独资、国有控股企业中的党建工作的作用不可相提并论。私有制企业的所有权、经营权掌控在私人企业主或私有资本控股的董事会手中，而在公有制企业尤其是国有独资、国有控股企业的整个管理都掌控在工人阶级自己手中，只有在这种条件下，党建工作作为加强企业核心竞争力的独特政治资源优势，才能真正充分发挥出来。

何：您从生产关系和生产力两个方面，深刻论述了采用混合所有制经济深化国企改革要把握的基本观点，这十分重要。为了全面科学地理解混合所有制经济这个概念，我认为还有必要从唯物史观角度弄清以下道理。

其一，混合所有制经济具有实物形态混合和价值形态清晰这种二重性。马克思指出，劳动的二重性，"这一点是理解政治经济学的枢纽"[②]。在市场经济条件下，只有用劳动二重性的观点，才能正确认识作为一个法人的混合所有制企业中不同出资者形成的财产

---

① 习近平：《以改革创新精神推进国有企业党的建设》，《人民日报》2009年8月18日。

② 《马克思恩格斯文集》第五卷，人民出版社2009年版，第55页。

所有权关系和生产关系。从使用价值角度来看，混合所有制企业在厂房、设备、原材料、产品等实物形态和劳动力的组织使用上，各方投资必然混为一体，只能形成"混合经济"。但是从价值角度来看，就绝不是"混合经济"，因为投入资本的各方之间对资本价值方面的所有权关系，是十分明晰的，否则，投资主体的经济利益会遭受损失。认识这一点，对于我们在积极发展混合所有制经济中，既大胆改革，又防止国有资产流失，具有重大意义。有人说，混合所有制经济"其突出特征是财产占有形式的社会化，'你中有我，我中有你'，不能笼统地说股份制是公有还是私有"[1]，这种只从使用价值角度来解读混合所有制的观点，停留在看得见的经济现象上，而完全看不到本质的层面，因此是不科学的。不能忘记马克思的忠告，"如果事物的表现形式和事物的本质会直接合而为一，一切科学就都成为多余的了"[2]。政治经济学的常识告诉我们，价值的本质是人与人的关系，从价值层面理解国企改革采取混合所有制改革必须国有资本控股，着眼的正是企业的生产关系这个本质层面。

其二，混合所有制经济是社会主义基本经济制度在企业层面的一种重要实现形式。在唯物史观看来，所有制与所有制的实现形式是既有区别又有联系的两个范畴。区别在于，前者是指所有制本身；而后者是指所有制的主体凭借拥有的生产资料所有权，获取经济价值的途径和取得实际收入的形式；两者的联系在于，有了后者这种一定的途径和形式，前者的生产资料所有权才不是抽象的，才能成为现实。党的十八届三中全会把混合所有制经济规定为"基本经济制度的重要实现形式"，这就表明，混合所有制经济是使基本经济制度得到实现的一种重要途径和形式，所起的作用应是促进公有制经济在国民经济中的主体地位得到巩固和发展；促进国有经

---

[1] 见百度关于"混合所有制"的词条解释，http://baike.baidu.com/link?url=o-veuENQs90V6sFSwtZcdzqOrMNdpX′Nnu0zahCdKCOKVDmvswSWFu0rW0uNG-f82。

[2] 《马克思恩格斯全集》第 25 卷，人民出版社 1974 年版，第 923 页。

济能更好地在国民经济中发挥主导作用,从而振兴整个民族经济,实现人民共同富裕这样的价值目标。正因为如此,采取混合所有制经济深化国企改革,必须把国有资本控股作为实践中应当坚持的基本原则。

其三,混合所有制经济属于经济的社会形态发展中的过渡性经济形式。任何新时代的初期,都会存在或多或少的新旧所有制混合这种过渡性的经济形式。它们的存在是适应社会生产力的发展客观要求的。但是,作为新时代的经济的社会形态的主体,毕竟不是过渡性经济形式,而是体现新时代生产关系的所有制经济形式。在社会主义初级阶段,占主体地位的是由国有经济和集体经济这两种形式构成的公有制经济。目前的混合所有制经济,不能替代公有制经济;它属于过渡性经济形式。混合所有制兼容社会主义和资本主义新旧两种生产关系,企业内的资本股权结构、内部管理制度处在动态变化过程之中,在外部因素的作用下,会呈现向社会主义生产关系逐步完善和向资本主义生产关系蜕变这两种对立的可能性趋势。要防止向后一种可能性发展,也必须坚持公有资本控股的原则。

项:改革开放以来,国有控股企业已经取得众所周知的成绩,为何如今有人还一再反对国有资本控股?这无非是戴着私有制市场经济的有色眼镜来看待国企改革。有些"西化"学者习惯于用发达国家的资本主义市场经济这把"剪刀",来裁剪中国的国有经济。我认为,遵照马克思在《资本论》中揭示的关于基本经济制度决定、制约市场一般关系的原理,我们恰恰应当认真探索公有制占主体地位的基本经济制度对市场经济所起的制约作用,由此弄清社会主义市场经济有哪些不同于资本主义市场经济的新特征,弄清我国国有资本控股的混合所有制经济应当具有哪些不同于私资、外资控股的混合所有制经济的新特征。在理解混合所有制经济问题上,我们一定要坚持做到社会主义基本经济制度与市场经济相结合,这是我国经济体制进一步深化改革能否成功的关键,其中最重要的就是解决国有经济能否振兴这个问题。各级党和政府要依靠工人阶级、带领广大人民群众在改革实践中为此而积极探索，要坚决杜绝"西化"学者消解、改掉国有企业走邪路的主张。

三　坚持整体和个别相结合，深化国企改革

项：科学地理解混合所有制经济的科学含义，是为了真正贯彻党的十八届三中全会精神，做到在实践中"积极发展混合所有制经济"，"有利于国有资本放大功能、保值增值、提高竞争力"。我认为，要贯彻党的十八届三中全会和习近平总书记的讲话精神，有必要从国有资本整体和国有企业这两个层面来推进国企改革实践。社会主义国有资本是全民所有制性质的国有经济的经营形式，它们是一个整体，要做大做强，就不能离开整体性的管理；要使它们在国民经济中发挥好主导作用，就需要发挥好它们的整体性功能。而这种整体又是由整体性管理机构和投入一个个企业的国有资本综合构成的。为此，我们采用混合所有制经济形式深化国有企业的改革，在实践的"细则"上，要坚持整体与个别相结合，从整体上做大做强国有资本、从单个上搞活国有企业。

何：从整体与个别结合上制定国企改革"细则"，这对正确的改革实践极为重要。然而，目前却存在把国有资本整体与基层国企割裂开来的倾向，一些人往往离开从整体上做大做强国有资本来谈国企"改革"。有人公然主张从整体上缩减国有经济，政府某个高层智囊机构甚至明确主张"国有企业产出占全国 GDP 的比重，应从 2010 年的 27% 减至 2030 年的 10%"[①]。这明显背离党中央的精神。更有甚者，有人公开呼吁"从中央部委到地方政府"要向私人资本"真正放开那些'含金量大的投资领域'"，"可以考虑摆脱所有制束缚，淡化'主体'或'主导'的提法"，把基本经济制度改为"我国实行多种所有制经济形式，国有经济、集体经济、个体经济、私营经济、外资经济和混合经济，各种所有制经济平等竞

[①] 参见世界银行、国务院发展研究中心联合课题组：《2030 年的中国：建设现代、和谐、有创造力的社会》，中国财政经济出版社 2013 年版。

争、相互促进、共同发展"①。这种声音具有颠覆国家宪法、改旗易帜的居心。各级党和政府绝不能把这种"改革"主张当成真改革,一定要严格把好关,维护和遵循国家宪法,促进国企改革。

项:从整体上说,采用混合所有制经济形式深化国有企业改革,就应当遵循宪法精神,加强各级人民代表大会,首先是全国人民代表大会对国有资本经营管理的监督。经营性的国有资本同非经营性的国有资产一样,都属于全民所有,全国人民代表大会代表人民享有对它们的所有权,并行使对国有资产经营者的支配权和监督权。目前,国有资本是通过各级政府设立"国有资产监督管理委员会"(简称国资委)来经营管理的,这固然很有必要,不过实践表明,目前人民代表大会对国资委的监督还很不够。从媒体报道的有些大型国企改革动态来看,一般都是企业打报告,国资委批准实施,反映不出人民代表大会对国资委的监督。建立人民代表大会对国资委,从而对国有资本整体经营管理的监督机制,这应当作为深化国企改革的重要内容。

何:从整体上做到习近平总书记强调的"改革关键是公开透明",防止少数人利用国有资本重组、发展混合所有制经济为私人谋取暴利,这不但需要建立健全人民代表大会对国资委、国资委对国有及其国有资本控股企业的监督,还需要贯彻党的群众路线,依靠和动员全社会工人阶级和广大人民群众,增强民主意识和责任感,直接监督国有资本的经营管理。有学者曾提出,可以通过民法制度的改革创新,建立"特别求偿权制度",促使广大普通公民把关心公有资产的所有权与自身利益结合起来。就是说,通过立法,授予普通公民"特别求偿权",当其发现公有财产受到任何侵害时,有权依法提起"特别求偿之诉",诉请法院判令侵害人对公有财产利益主体停止侵害,返还财产,赔偿损失,并承担相关责任;

---

① 《财经》杂志编辑部"社评":《完善基本经济制度表述》,《财经》2012 年第 25 期。

如果胜诉，求偿人可以依法获得一定求偿酬金①。这种在市场经济条件下，依靠人民群众加强对国有资本整体上监管的法制创新思路是有利于维护全民所有制的国有经济不受侵犯的。

项：从企业层面上说，采用混合所有制经济形式深化国有企业，不能搞"一刀切"，排斥国有独资企业、排斥巨型国有"托拉斯"的存在。混合所有制经济是国企改革的一种重要形式，但是不能把它当作唯一形式。理论和实践都证明，国有独资企业能够同市场经济有效结合，它们在竞争领域的继续巩固和发展是合理合法的，是对人民有利的。我们应当在明确这一前提下，积极发展混合所有制经济，努力把十八届三中全会提出的"有利于国有资本放大功能、保值增值、提高竞争力"落到实处。如上所述，这需要坚持国有资本控股的一般原则。在控股经营过程中，不但要促进国有资本保值增值，还要善于利用国有资本绝对控股和相对控股的方式，把进入企业的一定量私资、外资纳入国有控股企业的统一管理轨道；在国内市场国际化的市场经济环境中，要科学管理这种合资企业，提高企业市场竞争力，抵御外资控制国内市场，在巩固民族经济独立自主中发挥积极作用。

何：在企业层面，坚持国有资本控股的一般原则发展混合所有制经济，必须防止国有资本流失。习近平总书记说，"要吸取过去国企改革经验和教训"，这非常重要。改革是一个长期实践的过程，应当坚持不断深入与阶段总结相结合的辩证法；定期总结经验和教训，才能做到科学地深化改革。曾几何时，某些政府管理部门对国企改革推行经理人购买，让大量国有资本以极低的价格卖给乃至送给私人；让国企把经济效益好的子公司、车间专门"剥离"出来，与私资、外资搞合资；对工人群众搞买断工龄，向社会一推了之，这些"改革措施"使少数人变成所谓"合法的暴发户"，导

---

① 余元洲：《公有制市场经济与民法革命》，河南大学出版社2001年版，第5、第110—127页。

致官商勾结，滋生腐败，群体性事件不时发生，居民收入差距不断拉大。认真反思这些教训十分必要。绝不能让新自由主义再次危害国企改革。

但是，目前在国企改革实践中发展混合所有制经济的某些主张和做法的后果不容乐观。例如，有人说，"大量国有资本连同收益仍滞留在一般制造业，就践行'控制国民经济命脉'的使命而言，已经没有什么意义"①；与此同时，有人宣扬搞混合所有制经济，"有可能将提高民资在央企母公司股权中的比重"②。在一些国有企业提出的改革方案或设想中，有的提出"民资参股比例将达三分之一"③，有的打算"出让49%的股份引入战略投资者"④，有的"引资的优先级十分明确：优先战略资本、优先民营资本"⑤，按照这些主张，似乎搞混合所有制经济主要是为了发展民营经济，而不是有利于巩固和壮大国有经济本身。在公开的改革方案中，很少见到在保持和扩大国有企业现有国有资本数额基础上，以追加新投资的方式吸纳私资、外资参股的；绝大多数是通过出让方式，即将国有资本与私资、外资置换的方式搞合资，但是都没有说明退出的国有资本到哪里去，作何用途。有人以改变国企"垄断"为由，主张把效益好的国企资本股份拱手出让给私资、外资所有者，于理于法都说不通，这等于将原来归人民所得的国有股本的利益让给私人去占有。因此，积极发展混合所有制经济，必须贯彻党中央关于"有利于国有资本放大功能、保值增值、提高竞争力"的方针，而绝不能将其偷换成"为发展私营经济、外资经济创造条件"。

项：从企业层面深化国企改革是一项系统工程，积极发展混合所有制经济不仅要重视产权登记、资产评估、资产监管等，还必须

---

① 陈清泰：《国企改革再清源》，《财经》2012年第13期。
② 《混合所有制经济将大发展》，《京华时报》2013年11月13日。
③ 杨烨、王璐：《多家央企混合所有制改革破局 中冶拟尝试员工持股》，《经济参考报》2014年3月31日。
④ 《混合所有制改革：2014年度最大投资主题》，《投资快报》2014年3月7日。
⑤ 朱贤佳：《傅成玉详解中石化混合所有制改革》，《上海证券报》2014年3月25日。

从领导班子自身建设、依靠科技创新、调动职工群众积极性等多方面努力。在国有资本控股的条件下，国资委要从思想政治素质、经营管理专业知识和组织能力，以及以往在企业管理实践中取得的实际绩效等多方面，综合考察、选拔人才，把国有资本的所有者代表进入企业落到实处。国有资本所有者代表理应在企业董事会贯彻国资委做大做强国有资本的战略意图，团结领导班子成员，加强对经营层的组织领导，贯彻"鞍钢宪法""两参一改三结合"（干部参加劳动、职工群众参加管理，改革不合理的规章制度，实行领导、技术人员和职工群众的结合）的好传统，全心全意依靠工人阶级，完善监事会职能，完善"厂务公开"、职工代表大会制度等民主管理制度，建立一套体现按劳分配为主的分配、激励制度；这样，才有可能在企业内部巩固和完善社会主义生产关系，发挥新中国建立以来长期积累起来的国有企业的人才优势、科技优势和设备优势，在市场竞争中取得比私营经济、外资经济更好的生产效率和经营效益。

何： 的确，深化国企改革内容十分丰富。改革开放以来，许多国有、集体企业实际上创造了公有制经济与市场经济结合，发挥社会主义生产关系优势的许多成功经验。我在参加江苏邓小平理论研究会的调研中就很有感受。例如，苏南一家实施股份合作制改革的集体所有制味精厂每年扣除经营成本，确定可分配基金总额之后，在处理股权分红板块与劳动分配板块的关系上，明确把重心放在按劳分配这一板块；基本做法是，当可分配基金总额增加时，首先保证劳动分配这一板块的数额增加一定比例（当时提出增加15%），余下的再进行按股分红。可以说，这家工厂创造了坚持按劳分配为主的具体操作原则。又如，一家股份合作制铝锭厂的领导班子创造了每个成员承担个人责任的民主决策机制，在项目投资决策上，领导班子成员实行实名投票责任制，在决策过程中投赞成票、反对票和弃权票，均需署名。如果项目成功，赞成者给以一定奖励，而反对和弃权的没有；如果项目失败，赞成者要处以罚款，而后者不承担责任。这种领导成员的决策责任机制，给工厂带来很好的经济效益，这个例子证明，经营者只有以私人财产抵押才能负起责任的新自由主义论调完全站不住脚。这些在股份合作制实践中的经验对于发展混合所有制经济也是适用的。

项：从国企改革本身看，近年来有些企业实施混合所有制改革，在实践中已有值得总结的经验。例如，中国建筑材料集团、中国医药集团这两个处在竞争领域的中央国企，搞混合所有制改革，都进入了世界五百强。同时担任这两个企业董事长的宋志平同志说，"应该把混合所有制提高到国有经济保值增值和发展的高度上来认识"，"国有经济在充分竞争领域该怎么做？有人说统统退出。这不符合现状和国情，也做不到"[①]。他说，"所以我们上市增发都是吸引社会增量资本"，"就是用一定的（国有）资本，发展过程中（施行）国有资本稀释，比例稀释，但绝对值增加，国有经济的控制力增加，200亿控制600亿，用600亿又控制一个3000亿的公司"；"最近这些年建材的资本收益率在20%以上，高过很多上市公司"[②]。这种采用吸引社会资本、增资的方式，而不是卖出国有股本向私人资本让利的方式，是有利于国有经济保值增值和增强控制力的。可见，要认真贯彻党的十八届三中全会精神，积极发展混合所有制经济，确有必要在马克思主义指导下认真总结经验和教训一定要与"私有化"的改革主张划清界限，这样才能保证国有经济在中国特色社会主义道路上朝气蓬勃地向前发展。

参考文献

刘国光：《社会主义市场经济理论问题》，中国社会科学出版社2013年版。

杨承训：《国有企业是社会主义市场经济第一主体》，《人民日报》2012年6月1日。

[①] 宋志平：《混合所有制改革不是私有化》，《上海证券报》2014年3月3日。

[②] 高江虹：《中国建材集团、中国医药集团董事长宋志平：混合所有制撬起改革大空间》，《21世纪经济报道》2013年11月19日。

程恩富、方兴起：《深化经济改革的首要任务绝不是国有企业私有化》，《求是》2012年第13期。

宗寒：《两只眼看中国资产层》，红旗出版社2012年版。

辛程：《应该正确解读三中全会决定的精神》，《中华魂》2014年3月（上）。

项启源：《如何准确理解中国特色社会主义市场经济？——与高尚全先生商榷》，《马克思主义研究》2013年第5期。

蔡万焕、何干强：《警惕改头换面的新自由主义——"国有企业股权多元化"辨析》，《当代经济研究》2012年第8期。

（原载《马克思主义研究》2014年第7期）

进一步领会马克思主义"生产资料公有制"理论及其现实意义

马克思、恩格斯以生产社会化与生产资料私人占有的基本矛盾为依据，以资产阶级与无产阶级两大对抗阶级的斗争为主线，深刻论证了在共产主义两个阶段实行生产资料全社会所有的历史必然性。这一基本原理在我国包括社会主义初级阶段是必须坚持的。我国《宪法》第六条就体现了这一精神。但是我们必须清醒地看到，改革开放30年来，在我国理论界鼓吹资产阶级自由化，力图把改革引上资本主义道路的人，同坚持马克思主义、坚持改革的社会主义方向的人之间的争论，时起时伏，从未停息过。而争论的焦点大多与如何理解生产资料公有制这一基本原理相关。在20世纪八九十年代围绕对马克思提出的"重新建立劳动者个人所有制"的不同理解展开了争论；2009—2010年，围绕所谓"国进民退，改革倒退"是否存在展开了争论；近年来，又围绕公有经济是否应占主体地位展开了争论。对这几次争论，我都发表过文章，支持弘扬马克思主义的观点，批评否定或曲解马克思主义的观点。[①] 近期，结合形势的发展，我重读过去参加争论的几篇拙著，深感对错误观点的批评深度不够，或者没有抓住要害，或者说服力不强。究其原因，还是因为对马克思主义生产资料公有制理论的系统学习不够，

---

① 参见项其源《"重建劳动者个人所有制"与国有制改革》，发表在《40位经济学家关于推进国有企业改革的多角度思考》一书，经济科学出版社1996年版；《对"国进民退"争论的深入思考》，发表在《中国社会科学内部文稿》2010年4期；《关于科学地判断公有经济主体地位的探讨》，发表在《当代经济研究》2012年第8期。

联系当代实际深入领会不够。

在近几年宣扬错误观点的文章中很有代表性的是杜光发表在《炎黄春秋》2010年第3期的《"国进民退"的危害和根源》一文（以下简称"杜文"）。我所以说它很有代表性，是因为该文除重复其同道的陈词滥调，如国有经济与市场经济不相容外，还在几个十分重要的历史和现实问题上提出了新的错误观点，比他的同道们走得更远。对于"杜文"的观点，我曾在《对"国进民退"争论的深入思考》一文中作为一个附带的问题进行过一些批评，但现在看来是远远不够的。那么"杜文"在哪些方面有所"创新"呢？

第一，认为中华人民共和国成立60年来中国共产党的指导思想始终是斯大林主义。

在我国理论界，认为从中华人民共和国成立到改革开放前的30年，我们党执行的是斯大林主义，早已有人说过。但是把改革开放后的30年，仍然说成是继续执行斯大林主义的还很少见。"杜文"写道："为什么会出现'国进民退'的现象呢？我认为主要原因在于指导思想上存在着'以公有制为主体'的错误方针，把国有制和集体所有制等同于公有制。""这个错误理论始于列宁和斯大林。""中国共产党人完全承接了这个理论，上世纪50年代的社会主义的改造，就是按照这个斯大林主义的模式进行的。""直到'文化大革命'结束，经济到了崩溃的边缘，才改弦易辙……，但是，在指导思想上，仍然没有放弃斯大林主义，还是把国有制和集体所有制看成社会主义公有制来坚持。这可以从中共的几次全国代表大会政治报告里得到说明。""还需要指出，这个违背马克思主义的方针为什么能够坚持二十多年，从'胡赵新政'到'胡温时代'始终不变？最根本的原因在于，我们这几代人都是由斯大林主义、毛泽东思想培育起来的。当他们从'文化大革命'的噩梦中苏醒过来的时候，国民经济已经到了崩溃的边缘。为了把社会从极度危险中挽救出来，他们不得不改弦易辙，采取改革开放的方针。但在指导思想上，他们仍然无法跳出斯大林主义和毛泽东思想的藩篱。"

对于"杜文"这一十分错误的观点,我准备分两个层次加以辩驳。

首先,社会主义公有制理论不是马克思、恩格斯首先提出并充分论证的吗?他们所说的社会主义公有制不包括国有经济和集体经济吗?在无产阶级夺取政权后必须实行生产资料公有制,其理论基础是历史唯物主义和无产阶级革命、无产阶级专政的学说。因此,它有一个从提出到成熟的发展过程。

1844年,在马克思、恩格斯合著的《神圣家族》中,已经提出必须消灭生产资料私有制的思想。书中写道:"私有制在自己的经济运动中自己把自己推向灭亡,但是它只有通过不以它为转移的、不自觉的、同它的意志相违背的、为客观事物的本性所制约的发展,只有通过无产阶级作为无产阶级……的产生,才能做到这点。"① 又说:"在曼彻斯特和里昂的工场中做工的人,并不认为用'纯粹的思维'即单靠一些议论就可以摆脱自己的主人和自己实际上所处的屈辱地位。……他们知道,财产、资本、金钱、雇佣劳动以及诸如此类的东西远不是想像中的幻影,而是工人自我异化的十分实际、十分具体的产物,因此也必须用实际的和具体的方式来消灭它们。"②

在1845—1846年马克思、恩格斯合著的《德意志意识形态》中,他们已经提出了由联合起来的个人所有制消灭生产资料私有制的思想。书中写道:"共产主义和所有过去的运动不同的地方在于:它推翻一切旧的生产关系和交往关系的基础,并且第一次自觉地把一切自发形成的前提看做是前人的创造,消除这些前提的自发性,使这些前提受联合起来的个人的支配。因此,建立共产主义实质上具有经济的性质,这就是为这种联合创造各种物质条件,把现

---

① 《马克思恩格斯全集》第2卷,人民出版社1957年版,第44页。
② 同上书,第66页。

存的条件变成联合的条件。"① 又说："随着联合起来的个人对全部生产力的占有，私有制也就终结了。"②

1847年，恩格斯所著《共产主义原理》和1847—1848年马克思、恩格斯合著的《共产党宣言》标志着马克思主义已经发展到成熟的阶段。恩格斯在回答"这种新的社会制度应当是怎样的"这个问题时，十分明确而完整地阐明了生产资料公有制的内涵："这种新的社会制度首先必须剥夺相互竞争的个人对工业和一切生产部门的经营权，而代之以所有这些生产部门由整个社会来经营，就是说，为了共同的利益、按照共同的计划、在社会全体成员的参加下来经营。……私有制也必须废除，而代之以共同使用全部生产工具和按照共同的协议来分配全部产品，即所谓财产公有。废除私有制甚至是工业发展必然引起的改造整个社会制度的最简明扼要的概括。所以共产主义者完全正确地强调废除私有制是自己的主要要求。"③

《共产党宣言》科学地揭示了资本主义制度发生、发展和为共产主义所取代的历史必然性，提出了共产党领导无产阶级进行革命斗争并最终取得胜利的纲领，在预示未来的共产主义社会的基本特征中着重强调了"把资本变为公共的、属于社会全体成员的财产"，"在资产阶级社会里，活的劳动只是增殖已经积累起来的劳动的一种手段。在共产主义社会里，已经积累起来的劳动只是扩大、丰富和提高工人的生活的一种手段。"④

在这以后，马克思主义创始人还曾多次论述过社会主义公有制理论，例如在写于1876—1878年著名的《反杜林论》中，恩格斯在仔细分析了生产社会化与生产资料的资本主义占有之间的矛盾的种种现象之后指出："这种解决只能是在事实上承认现代生产力的

---

① 《马克思恩格斯文集》第一卷，人民出版社2009年版，第574页。
② 同上书，第582页。
③ 同上书，第683页。
④ 《马克思恩格斯文集》第二卷，人民出版社2009年版，第46页。

社会本性，因而也就是使生产、占有和交换的方式同生产资料的社会性质相适应。而要实现这一点，只有由社会公开地和直接地占有已经发展到除了适于社会管理之外不适用于任何其他管理的生产力。"① 又如，恩格斯在1895年发表的《〈法兰西阶级斗争〉导言》中写道："使这部著作具有特别重大意义的是，在这里第一次提出了世界各国工人政党都一致用以概述自己的经济改造要求的公式，即：生产资料归社会占有。"②

我之所以引用上述经典著作，主要是说明生产资料社会主义公有制理论，在马克思恩格斯的著作中已经从多方面、多角度作过十分深入的论证，已经是成熟的理论。中国共产党一贯把社会主义公有制作为社会主义制度的经济基础，完全是源自马克思主义创始人，而非什么斯大林主义。

那么，国有经济和集体经济是不是像"杜文"说的并不具有社会主义公有制性质，而是来自斯大林主义呢？对于这个问题，我们还是要从马克思、恩格斯的著作中寻求正确的答案。

马克思、恩格斯都曾明确论述过无产阶级专政条件下的国家所有制。在《共产党宣言》中，他们提出："无产阶级将利用自己的政治统治，一步一步地夺取资产阶级的全部资本，把一切生产工具集中在国家即组织成为统治阶级的无产阶级手里。"③ 恩格斯在《反杜林论》中再次说："无产阶级将取得国家政权，并且首先把生产资料变为国家财产。"④ 在我国现阶段，尽管尚未达到马克思所说的共产主义第一阶段，生产资料私有制还将存在一段时间，但是在中国共产党领导下的国家政权已经是人民民主专政，即实质上的无产阶级专政的政权。无产阶级专政代表了工人阶级和全体社会成员的根本利益，怎么能说集中在这个政权下的社会生产资料不具

---

① 《马克思恩格斯文集》第九卷，人民出版社2009年版，第295—296页。
② 《马克思恩格斯全集》第22卷，人民出版社1965年版，第593页。
③ 《马克思恩格斯文集》第二卷，人民出版社2009年版，第52页。
④ 《马克思恩格斯文集》第九卷，人民出版社2009年版，第297页。

有公有制的性质呢？

关于集体所有制，马克思、恩格斯也在不同时期，从不同角度作过精辟的论述，在这里仅举数例。马克思对于资本主义制度下出现的工人合作工厂高度重视。他说："工人自己的合作工厂，是在旧形式内对旧形式打开的第一个缺口，虽然它在自己的实际组织中，当然到处都再生产出并且必然会再生产出现存制度的一切缺点。但是，资本和劳动之间的对立在这种工厂内已经被扬弃，虽然起初只是在下述形式上被扬弃，即工人作为联合体是他们自己的资本家，也就是说，他们利用生产资料来使他们自己的劳动增殖。这种工厂表明，在物质生产力和与之相适应的社会生产形式的一定的发展阶段上，一种新的生产方式怎样会自然而然地从一种生产方式中发展并形成起来。……资本主义的股份企业，也和合作工厂一样，应当被看做是由资本主义生产方式转化为联合的生产方式的过渡形式，只不过在前者那里，对立是消极地扬弃的，而在后者那里，对立是积极地扬弃的。"[①] 对于农民的合作组织，恩格斯在1886年致奥·倍倍尔的信中讲道："正像巴黎公社要求工人按合作方式经营被工厂主关闭的工厂那样，应该将土地交给合作社，否则土地会按照资本主义方式去经营。这是一个巨大的差别。至于在向完全的共产主义经济过渡时，我们必须大规模地采用合作生产作为中间环节，这一点马克思和我从来没有怀疑过。但事情必须这样来处理，使社会（即首先是国家）保持对生产资料的所有权，这样合作社的特殊利益就不可能压过全社会的整个利益。"[②] 在1895年发表的《法德农民问题》中，恩格斯更明确地说："当我们掌握了国家政权的时候，我们决不会考虑用暴力去剥夺小农（不论有无报偿，都是一样），像我们将不得不如此对待大土地占有者那样。我们对于小农的任务，首先是把他们的私人生产和私人占有变为合

---

① 《马克思恩格斯文集》第七卷，人民出版社2009年版，第499页。
② 《马克思恩格斯选集》第四卷，人民出版社1995年版，第675页。

作社的生产和占有，不是采用暴力，而是通过示范和为此提供社会帮助。"① 马克思主义创始人对集体经济的科学预示，虽然已经过去了上百年，但其基本内容，尤其是对集体经济的性质及其地位所作的分析，在我国当代仍有重要的指导意义。

"杜文"不仅否定国有经济和集体经济的公有制性质，而且把马克思在《哥达纲领批判》中已详细论证过的作为共产主义第一阶段特征的按劳分配，也说成是始于列宁的"错误观点"，可见其在歪曲马克思主义的道路上已经走得很远了。

另外，我们还应该从新中国成立以来，尤其是改革开放以来我国社会主义革命和社会主义建设的实践来看一看，我们党的指导思想是不是斯大林主义？

应该指出，所谓斯大林主义本身就是国际反苏反共势力炮制出来的别有用心的说法。1956年12月29日，《人民日报》发表的《再论无产阶级专政的历史经验》一文指出：西方资产阶级和右翼社会民主党"为了乘机抹煞斯大林的正确方面，抹煞苏联和整个社会主义阵营在过去时期的巨大的成就，为了乘机在共产主义队伍中制造混乱和分裂，硬把对于斯大林错误的纠正叫作所谓反对'斯大林主义'，叫作所谓'反斯大林分子'对于'斯大林分子'的斗争。他们的恶意本来是显而易见的"。这篇文章是在毛泽东主持下，经过中央政治局扩大会议的讨论，由《人民日报》编辑部写成的，完全可以代表中国共产党的观点。想不到时间过去了半个多世纪，"杜文"还把所谓的斯大林主义扣在中国共产党的头上。

对于改革开放前的30年，"杜文"特别强调了"上世纪50年代的社会主义改造，就是按照这个斯大林主义的模式进行的"。这种说法完全违背了历史事实。众所周知，我国对农业、手工业和资本主义工商业的社会主义改造体现了马克思主义基本原理与中国当代实际相结合。尤其是对资本主义工商业用赎买政策完成了资本主

---

① 《马克思恩格斯选集》第四卷，人民出版社1995年版，第498—499页。

义私有制的和平改造，更是很有中国特色的。恩格斯在《共产主义原理》中回答"能不能用和平的办法废除私有制"时说："但愿如此，共产主义者当然是最不反对这种办法的人。"① 而第一个实现这一愿望的就是中国共产党。1956年12月5日、7日、8日，毛泽东对工商界有代表性的人士作过三次谈话。其中有两次谈到我们的政策与苏联不同。一次说："现在我国的自由市场，基本性质仍是资本主义的，虽然已经没有资本家。它与国家市场成双成对。上海地下工厂同合营企业也是对立物。因为社会有需要，就发展起来。……最好开私营工厂，同地上的作对，还可以开夫妻店，请工也可以。这叫新经济政策。我怀疑俄国新经济政策结束得早了，只搞两年退却就转为进攻，到现在社会物资还不充足。"② 又说："我们信仰马列主义，把马列主义普遍真理同我们中国实际情况相结合，不是硬搬苏联的经验。硬搬苏联经验是错误的。我们对资本主义工商业的改造和农业的合作化是跟苏联不同的。苏联农业集体化后几年是减产的，而我们农业合作化后是增产的。"③ 可见"杜文"把我国的社会主义改造硬说成是按照斯大林模式进行的毫无根据。

至于说改革开放后30年，中国共产党的指导思想仍然是坚持斯大林主义则与历史事实相距更远了。

胡锦涛在《在纪念党的十一届三中全会召开30周年大会上的讲话》中总结了30年的基本经验，指出："三十年来，我们党的全部理论和全部实践，归结起来就是创造性地探索和回答了什么是马克思主义、怎样对待马克思主义，什么是社会主义、怎样建设社会主义，建设什么样的党、怎样建设党，实现什么样的发展、怎样发展等重大理论和实际问题。三十年的历史经验归结到一点，就是把马克思主义基本原理同中国具体实际相结合，走自己的路，建设

---

① 《马克思恩格斯文集》第一卷，人民出版社2009年版，第684页。
② 《毛泽东思想基本著作选读》，人民出版社2001年版，第329页。
③ 《毛泽东文集》第七卷，人民出版社1999年版，第176页。

中国特色社会主义。"① 30 年的基本理论和基本实践就是对"杜文"的最有力的驳斥。

第二,"杜文"认为我国的国有经济、集体经济都不具有社会主义公有制性质。那么他认为什么才是马克思主张的社会主义公有制呢?"杜文"举出"重新建立劳动者个人所有制"。那么又如何理解"重建劳动者个人所有制"呢?

"杜文"认为,在重建中每个劳动者都应该占有一定的生产资料。其实这种说法并不是他的发明,早在 20 世纪八九十年代围绕如何理解"重建劳动者个人所有制"的争论中就有一些人这样主张了。"杜文"的"创新"之处在于,认为资产阶级通过资本剥削而积累起来的财富也应该合理合法地包括在"重建个人所有制"之中而进入未来的公有制社会。这倒是未见过去有人提过。

"杜文"认为:"公有制就是联合起来的个人所有制,是劳动者在他参与生产的企业里享有生产资料所有权的经济制度,是共同占有和个人所有的统一,两者缺一不可。""在这样的公有制社会里,每个劳动者都有权占有一定的生产资料,人人都是有产者,甚至包括原来的资产者也不例外。""在人类社会发展的历史上,私有制还有旺盛的生命力,人类还要经过漫长的路程才能到达公有制。……把它生拽到中国社会'以公有制为主体'实在是历史的误会。""可能有的朋友还不理解既然消灭私有制,消灭资产阶级,怎么还能让资本家继续'有产'呢?这就联系到深一层的理论问题:所谓'剥夺剥夺者'是指剥夺资产阶级利用占有的生产资料剥削劳动者的权利,……却并不剥夺他们的资本或脑力劳动参与生产而获得相应报酬的权利和机会。"

我认为"杜文"的上述一系列错误观点是从曲解"重新建立劳动者个人所有制"的本意一步一步"引申"而愈走愈远的。所以还是要从马克思提出这个说法的真正含义说起。

---

① 《十七大以来重要文献选编》上,中央文献出版社 2009 年版,第 808—809 页。

"重新建立劳动者个人所有制"见于《资本论》第一卷第32章"资本主义积累的历史趋势"。书中写道：劳动的社会化和劳动的物质资料的集中已经达到了它们的资本主义外壳不能再容纳它们的地步。这个外壳就要炸毁了。资本主义所有制的丧钟敲响了。剥夺者自身就要被剥夺了。同资本主义生产方式相适应的资本主义占有，是这种仅仅作为独立的个体劳动的必然结果的私有制的第一个否定。但是，资本主义生产本身由于自然变化的必然性，造成了对自身的否定。这是否定的否定，这种否定不是重新建立劳动者的私有制，而在资本主义时代的成就的基础上，在协作和共同占有包括土地在内的一切生产资料的基础上，重新建立劳动者的个人所有制。当然，作为个人劳动的目的的分散的私有制转化为资本主义私有制，同事实上已经以集体生产方式为基础的资本主义私有制转化为公有制比较起来，必然要有更长的时间，更多的努力和痛苦。前者是少数掠夺者剥夺群众，后者是群众剥夺少数掠夺者。

对于"重新建立劳动者个人所有制"，马克思本人曾作过解释。他在1877年11月《给"祖国纪事"杂志编辑部的信》中写道："在那一章末尾，我把生产的历史趋势归结成这样：它'本身以主宰着自然界变化的必然性产生出它自身的否定'；它本身已经创造出一种新的经济制度的因素，它同时给社会劳动生产力和一切个体生产者的全面发展以极大的推动；实际上已经以一种集体生产为基础的资本主义所有制只能转变为社会的所有制。"[①]

恩格斯也对马克思的重建个人所有制专门作过解释，他说："马克思是说：'这是否定的否定。这种否定重新建立个人所有制，然而是在资本主义时代的成就的基础上，在自由劳动者的协作的基础上和他们对土地及靠劳动本身生产的生产资料的公有制上来重新建立。以自己劳动为基础的分散的个人私有制转化为资本主义私有制，同事实上已经以社会生产为基础的资本主义私有制转化为社会

---

① 《马克思恩格斯全集》第19卷，人民出版社1963年版，第130页。

所有制比较起来，自然是一个长久得多、艰苦得多、困难得多的过程，他说的就是这些。可见，靠剥夺剥夺者建立起来的状态，被称为重新建立个人所有制，然而是在土地和靠劳动本身生产的生产资料的社会所有制的基础上重新建立。对任何一个懂德语的人来说，这就是说，社会所有制涉及土地和其他生产资料，个人所有制涉及产品，也就是涉及消费品。"①

对马克思、恩格斯关于重建劳动者个人所有制的论述，我有三点体会：

一是这一说法同马克思、恩格斯在其他著作中多次说过的"生产资料归社会占有""劳动人民将成为全部住宅、工厂和劳动工具的集体所有者""资本主义所有制只能转变为社会的所有制""联合起来的社会的个人的所有制""自由人联合体"等说法，都是用不完全相同的语言表达同一个基本观点，即在未来社会中全部生产资料归全社会公有。

二是我体会重建劳动者个人所有制的精髓在于把全体劳动者看作一个整体。他们每个人都是所有者，但又是共同所有者。绝不能把共同所有者曲解为每一个个人都可以从社会共有的生产资料中分得一份。这一点恩格斯已经讲得很清楚了。

三是马克思所以提出重建劳动者个人所有制，除了用否定之否定的原理把未来社会的生产资料公有制下的劳动者与前资本主义的生产资料私有的小生产者对比外，还同马克思一贯重视劳动者即无产阶级的历史进步性有关。马克思以历史唯物主义为依据，揭示了无产阶级是先进生产力的代表，是资本主义制度的掘墓人，是未来共产主义社会的建设者。他在其他许多著作中都贯彻了这一精神。

现在让我们回过头来看看"杜文"是如何歪曲马克思的"重新建立劳动者个人所有制"的。"杜文"认为，公有制是劳动者在他参与生产的企业里享有生产资料所有权的经济制度。具体说就

---

① 《马克思恩格斯文集》第九卷，人民出版社 2009 年版，第 137—138 页。

是，生产资料的物质形态是联合占有，价值形态是劳动者个人所有。在这里，所谓物质形态联合占有完全是一句空话。难道机器、厂房、流水线、电子设备这些直接构成生产力的生产资料是可以分割给个人的吗？如果把这一条也当作区分所有制的标准，那么资本主义企业也具有公有性了。"杜文"真正要分割为个人所有的是价值形态的生产资料，即财产、产权。但是这样一来，恩格斯在《反杜林论》中提出的把生产资料变为国家财产也就不存在了。至于"杜文"关于未来社会中的资产阶级的论述，那就离马克思主义更远了。"杜文"说剥夺剥夺者只是指剥夺资产阶级利用占有生产资料剥削劳动者的权利而不是指他的全部财产。但是《共产党宣言》中明明白白地说："无产阶级将利用自己的政治统治，一步一步地夺取资产阶级的全部资本。"全部资本显然不限于正在投入运营的资本，也包括由过去的剥削积累起来的，随时有可能再投入运营的资本。"杜文"再三强调在公有制条件下的人人有产包括原来的资本家。在"杜文"中，经过人类的长期奋斗，在遥远的未来才有可能到达的公有制社会，原来是一个资本家可以带着他由剥削积累起来的财富合理合法地进入的社会。马克思提出劳动者个人所有制突出的是劳动者，而"杜文"关注的是资本家，"杜文"的立场已经表现得很清楚了。

在当前，深入学习马克思主义经典著作，进一步领会马克思主义基本原理，的确有十分重要的现实意义。这关系到如何正确理解中国特色社会主义道路，如何在深化改革中坚持社会主义方向。从意识形态领域来看，近些年来资产阶级自由化的言论不是减少了而是增加了。类似"杜文"这样的文章花样翻新，层出不穷。例如，有人说改革的正确选择是既姓社又姓资；有人主张逐渐淡化"公私二分"走向社会所有；有人公开否定以公有制为主体，说这是在坚持中国特色的社会主义；有人宣称社会主义就是普遍的幸福主义，等等。邓小平在1989年说过："搞改革开放有两只手，不要只用一只手，改革是一只手，反对资产阶级自由化也是一只手。有时这只手重些，有时另一只手重些，要根据实际情况。"① 今后我们要走的路还很长，邓小平的这一嘱咐千万不能忘记。

（原载《毛泽东邓小平理论研究》2012 年第 9 期）

---

① 中央文献研究室编：《邓小平年谱（1975—1997)》(下)，中央文献出版社 2004 年版，第 1289 页。

如何正确对待民族资产阶级[*]

——重新学习毛泽东1956年的重要论述

1956年,农业、手工业和资本主义工商业的社会主义改造取得了历史性的胜利,私有制被公有制取代,中国从此确立了社会主义制度。三大改造的胜利,是中国共产党对马列主义的创造性运用和发展,是马列主义普遍原理同中国革命和建设具体实践相结合的毛泽东思想的重要组成部分。关于社会主义改造完成后如何对待资产阶级和资产阶级如何继续前进的问题,1956年12月5日、7日、8日,毛泽东约请工商联和民主建国会的负责人先后会谈了三次。今天,我们重温这三次重要谈话时,深感毛泽东的精辟论述对认识我国当前资本主义经济及其经营者仍具有重要的指导意义。

一 毛泽东对民族资产阶级代表人物三次重要谈话的要点

(一)定息可以延长,但拿定息期间资产阶级的帽子不能摘,不能入工会

定息是对民族资产阶级采取赎买政策的最后一项措施。1956年资本主义工商业改造完成后,有些资本家开始担心国家很快取消定息。针对这种担心,毛泽东说:定息拿多久呢?可以问资本家,要拿多久就拿多久。主要是要解决问题,不能解决问题时还要叫他拿下去。取消定息不要来个高潮。资本家拿定息如两个五年计划不

---

[*] 合作者:徐则荣。

能解决问题，拖到三个五年计划，带个尾巴进工会。让资本家多拿几年定息，安心工作，安心学习，对工人阶级是有利的。定息到底搞多长时间，中共中央讨论过，认为时间太短了不好。赎买就是真赎买，不是欺骗的。支付定息的时间长短应遵守的原则，就是不要损害资本家的利益，特别是不要损害大资本家的利益。

为什么定息时间的确定尤其不要损害大资本家的利益呢？毛泽东指出：大资本家人数少，但他们的资本多，比中小资本家对国家的作用来得大，所以中小路线是不对的，应该是大中小路线。要对工人说清楚，我们采取这个政策对整个民族是有利的。

实行定息制度是我国的创造。公私合营企业实行定息以后，资本家的生产资料归国家所有，他们除拿定息以外，已经不能支配生产资料，这就决定了资本家不再以资本家的身份来行使职权，只能以国家任命的企业工作人员的身份来进行工作了。如果说按照私营企业条例分配给资本家的利润是赎买的初级形式，"四马分肥"的办法是中级形式，定息办法则是赎买的高级形式。我国的赎买是真正的赎买，它彻底剥夺了资产阶级的政治资本，使其一步一步地接受社会主义改造。

（二）资本主义改造完成后，原资产阶级分子仍有"左"中右，仍有两面性

农业、手工业和资本主义工商业社会主义改造基本完成，标志着经济战线上的社会主义革命取得了决定性的胜利。不过资产阶级虽然在经济上已经被消灭，但是在政治上和思想上并未被完全消灭。1956年，毛泽东与工商界人士座谈时发展了其关于半殖民地半封建社会的民族资产阶级有两面性思想：中国的民族资产阶级是爱国的阶级，但是不要说是红色资产阶级。民族资产阶级中有先进的、中间的、落后的，并且有两面性，有进步的一面，有落后的一面。不能说民族资产阶级是反革命的阶级，他们有选举权，历来反对帝国主义，同政府合作，遵守宪法。民族资产阶级遵守《共同纲领》，拥护宪法，接受公私合营，没有对抗了。可见，三大改造

期间，社会主义道路同资本主义道路之间、工人阶级同资产阶级之间的矛盾本来是对抗性的。但由于我国的民族资产阶级有两面性，由于党和政府对民族资产阶级的社会主义改造处理得当，工人阶级与民族资产阶级之间的矛盾便转化为人民内部矛盾，只在很少数情况下才表现为敌我矛盾。

虽是敌对阶级，却又要同它联盟，虽是对抗性矛盾，却又要用非暴力的和平方式解决；既要在经济上管得住，又要利用同它的经济联盟为国计民生和工业化建设服务；既要在政治上加以孤立乃至消灭，又要把资产阶级的个人改造成自食其力的劳动者，并对其代表人物给予适当的政治安排，以保持同它的政治联盟。毛泽东就是这样对民族资产阶级坚持了原则性和灵活性高度统一的政策和策略，促进了民族资产阶级最终接受社会主义改造。

（三）在消灭了资本主义后，可以再搞资本主义，这是我们的新经济政策

党的八大后个体工商户明显增加，自由市场日趋活跃，一些"地下工厂地下商店"纷纷出现。针对这些情况，毛泽东明确提出了"可以消灭了资本主义，又搞资本主义"的思想。他说：现在我国的自由市场，基本性质仍是资本主义的，虽然没有资本家。它与国家市场成双成对。上海的地下工厂同国有企业也有对立物。因为社会有需要，就发展起来。要使它成为地上，合法化，可以雇工。现在做衣服要三个月，合作工厂做的衣服裤腿一长一短，扣子没眼，质量差。最好开私营工厂，同地上的作对，还可以开夫妻店，请工也可以，这叫新经济政策。

之所以要在消灭了资本主义再搞资本主义，是毛泽东在总结苏联经验和中国的具体实际后做出的决定。毛泽东称"消灭了资本主义，又搞资本主义"的做法是"新经济政策"，并且指出：我怀疑俄国新经济政策结束得早了，只搞了两年退却就转为进攻，到现在社会物资还不充足，只要社会需要，地下工厂还可以增加。可以开私营大厂，订个协议，十年、二十年不没收。华侨投资的，二十年、一百年不没收。可以搞国营，也可以搞私营。可以消灭了资本主义，又搞资本主义。

中国社会当时落后的社会生产同人民的经济文化需要之间的矛盾要求搞"新经济政策"。相对于党的八大提出的"附有一定数量的个体经营为补充"，毛泽东提出的"可以消灭了资本主义，又搞资本主义"是很有新意的。

（四）大资本家有知识，有经营经验，要发挥他们的作用

毛泽东主张充分发挥大资本家的作用，他指出：发挥他们的作用，不但使用老经验，而且使得他们能够发展新的经验。比如荣毅仁年纪轻轻的，这种人来日方长，还可以学新的经验。现在看起来，苏联消灭阶级太早了，不能够使用资本家的能力。

（五）要把大资产阶级和拿定息很少的被称为资产阶级的人区别开来，后者只是小资产阶级，可以给他们摘帽子

资本主义工商业社会主义改造完成后，有人问小工商业者是否可以摘帽子，毛泽东说：过两三年后可以摘。定息几角钱的不算资本家，百分之七八十的工商业者不算资本家，算成小资产阶级。代表资产阶级的是大的资本家，小的不能代表。他进而主张："把占百分之九十的中小资本家不划入资产阶级范围，拿到的定息只够买几包香烟的，就叫他们小资产阶级。"[①]

二 毛泽东重要论述对于当下的启示

（一）可以消灭了资本主义又搞资本主义

三大改造完成后，毛泽东提出的在中国消灭了资本主义，可以再搞资本主义的"新经济政策"对我国当前仍具有重要的指导意义。

1956 年，毛泽东曾设想民族资产阶级作为一个阶级将在第三

---

① 《毛泽东文集》第七卷，人民出版社 1999 年版，第 179 页。

个五年计划或更长一段时间内被消灭。但是民族资产阶级中的个人将被改造成为自食其力的劳动者或国家任命的工作人员。在阶级消灭的长期过程中,由于社会有需要,并不排除在各个领域出现新的资本主义经济成分。至于这种成分是多是少,存在的时间是长是短,则取决于社会发展的需要。一般而言,原有的经济基础越落后,毛泽东所说的"新经济政策"越有必要长时间发挥作用。回顾党的十一届三中全会以来历届党代表大会和对改革开放有重大意义的几次中央全会,可以清楚地理解这一点。

1978年12月,党的十一届三中全会是把全党的工作重点转向社会主义建设的一次重要会议。当时对国民经济发展的重点领域强调集中主要精力把农业尽快搞上去。1979年9月25日,党的十一届四中全会在北京举行,正式通过了《关于加快农业发展若干问题的决定》。

1982年9月,党的十二大提出,今后20年内一定要牢牢抓住农业、能源和交通、教育和科学这几个根本环节,把它们作为经济发展的战略重点。在全部经济工作中必须继续贯彻执行十条经济建设方针。其中第二条是"坚持国营经济的主导地位和发展多种经济形式",规定在农村和城市都要鼓励劳动者个体经济的适当发展。

1984年10月,党的十二届三中全会通过了经济体制改革的决定,其中对发展多种经济形式提出了明确的要求。认为我国的个体经济是和社会主义公有制相联系的,不同于和私有制相联系的个体经济。它对于发展社会生产,方便人民生活,扩大劳动就业有不可替代的作用。

1987年10月,党的十三大提出在公有制为主体的前提下继续发展多种所有制经济,对于城乡合作经济、个体经济和私营经济都要继续鼓励其发展。这是党的十一届三中全会后第一次提到私营经济。同时在决议中加了这样一段话:私营经济是存在雇佣劳动关系的经济成分,但在社会主义条件下,它必然同占优势的公有制经济相联系，并受公有制经济的巨大影响。实践证明，私营经济一定程度的发展，有利于促进生产，活跃市场，扩大就业，更好地满足人民多方面的生活需求，是公有制经济必要的和有益的补充。

1992年10月，党的十四大提出建立社会主义市场经济，强调社会主义市场经济是同社会主义基本制度联系在一起的。在所有制结构上以公有制为主体，个体经济、私营经济、外资经济为补充，多种经济成分长期共同发展。

1993年11月，党的十四届三中全会做出建立社会主义市场经济体制的决定，提出坚持以公有制为主体，多种经济成分共同发展。公有制的主体地位体现在公有资产在社会总资产中占优势，国有经济控制国民经济命脉，对经济发展起主导作用。同时强调国家要为各种所有制经济平等参与市场竞争创造条件。

1997年9月，党的十五大提出调整和完善所有制结构。强调以公有制为主体、多种所有制经济共同发展是社会主义初级阶段的一项基本经济制度。一切符合"三个有利于"的所有制形式都可以而且应该用来为社会主义建设服务。

2002年11月，党的十六大再次强调国有经济是我国国民经济的支柱，要深化国有企业改革，进一步探索公有制特别是国有制的多种有效形式。同时要充分发挥个体、私营等非公有制经济在促进经济增长、扩大就业和活跃市场等方面的重要作用。

2003年10月，党的十六届三中全会做出完善社会主义市场经济体制的决定。其中有一节标题为"进一步巩固和发展公有制经济，鼓励、支持和引导非公有制经济发展"。在强调进一步增强公有经济活力的同时指出非公有制经济是促进生产力发展的重要力量，要清理和修改限制非公有制发展的法律、法规和政策，消除体制性障碍。

2007年10月，党的十七大报告在"完善基本经济制度，健全现代市场体系"这一标题下，提出坚持和完善公有制为主体、多种所有制共同发展的基本经济制度，毫不动摇地巩固和发展公有制经济，毫不动摇地鼓励、支持、引导非公有制经济发展，坚持平等保护物权，形成各种所有制经济平等竞争、相互促进新格局。

2012年11月，党的十八大提出深化改革是加快转变经济发展方式的关键。经济体制改革的核心问题是处理好政府与市场的关系。要不断增强国有经济活力、控制力、影响力，要支持引导非公有制经济发展，保证各种所有制经济依法平等使用生产要素，公平参与市场竞争，同等受到法律保护。

2013年11月，党的十八届三中全会通过的全面深化改革的决定中提出，公有制为主体、多种所有制共同发展的基本经济制度是中国特色社会主义制度的重要支柱，也是社会主义市场经济的根基。公有经济和非公有经济都是社会主义市场经济的重要组成部分，都是我国经济社会发展的重要基础。公有制财产权不可侵犯，非公有制经济财产权同样不可侵犯。国家保护各种所有制产权和合法利益。

回顾30多年来的社会主义建设，有两条脉络很清晰：一是党的历次重要会议始终强调公有经济为主体，国有经济为主导，这是我国改革开放始终沿着社会主义道路前进的重要保证；二是非公有制经济包括资本主义性质的经济成分，随着社会主义商品经济、市场经济的发展，越来越显现其重要性，越来越受到重视。国家采取多种措施，保证其长期存在和较快发展。

这两条脉络本来是相辅相成的。事实证明，私营经济的较快发展的确对国家经济建设起了积极的推进作用。但是对这两条脉络的关系如果处理不当进而危及公有经济的主体地位，其消极后果也将是很严重的。1956年毛泽东提出"新经济政策"时，私营经济只是开始重新露头，当时还不存在公有经济的主体地位受到挑战的情况。但是自20世纪90年代以来私营经济的发展越来越快，公私关系上的新变化已引起人们的广泛关注和思考。

我国理论界自20世纪末对私营经济的发展是否已危及公有经济的主体地位展开了热烈的讨论，大体上出现了如下三种见解：一是认为私有经济虽有较快发展,但公有经济的主体地位尚未动摇;二是认为私有经济发展过快,公有经济的主体地位已受到严重威胁;三是认为人们对公有制主体地位是否存在的分析大都基于个人能得到的数据,并非全面的统计数据。国家主管部门尚未提供有关所有制结构全面、准确的统计资料,因此对这个问题可以研究,也可以发表议论,但不要轻易下结论。我们比较赞同第三种观点。公有制是否还是国民经济的主体,直接关系到我国是否仍属于社会主义国家。对这个十分严肃的问题,学术界不能轻率地下结论。

(二) 民族资产阶级有左中右,有两面性

1956年对资本主义工商业的社会主义改造基本完成,这无疑是民族资产阶级的重大进步。但毛泽东仍不赞成"红色资产阶级"这一说法,指出资产阶级还有左中右,还有两面性。当前距1956年已过去了半个多世纪,私有企业经营者们从整体上看无疑有了新的进步。但是否还存在左中右,还有两面性,需要具体分析。

有些先进的私有企业经营者,有丰富的知识,专心致力于科学研究和实践,积极为社会主义建设服务,成为科技创新的重要带头人。例如中新微电子公司创始人邓中翰,早年毕业于美国加州大学伯克利分校,在美国硅谷创办集成电路公司。1999年回国创业,在中关村注册成立了中星微电子有限公司。历经近两年的努力,2001年中星微"星光一号"研发成功。这是中国首枚具有自主知识产权、百万门级超大规模的数字多媒体芯片,结束了"中国硅谷"中关村无硅的历史。《环球时报》发文,将"星光一号"同神舟飞船、水稻基因组并称为20世纪90年代的重大科技成果,称其"取得了一系列历史性成就,书写了新的辉煌篇章"。[①] 2005年11月15日,邓中翰创建并率领中星微在美国纳斯达克成功上市,这是中国电子信息产业中首家拥有核心技术和自主知识产权的企业在

---

① 任建民:《中国科技,追上世界脚步(迎接十六大)——我国科技实力已居于发展中国家前列》,《环球时报》2002年10月31日。

美国上市。① 他谈到创业感受时说："这是国家的发展给我们个人发展带来的重大机遇,让我们拥有了实现人生抱负的可能性与可行性,这是一种过去渴望实现而没有实现的幸福。在我看来,能将个人价值实现与国家发展相结合,是人生幸福的事。"② "当选院士后,意味着我每天可能会加更多的班、多做很多事情,不过我很乐意这么做。"③ 这就是一位放弃"美国梦",追求"中国梦"的高科技企业经营者的心声。与中星微公司类似的科技型私营企业在中关村数以千计,其中2500多家企业是8000多名留学人员回国创办的。目前中关村作为国家级高新技术示范区,规划了"十百千工程培育速度",确定了4家千亿元企业、3家250亿元企业,22家百亿元企业以及几十家50亿元企业,他们为建成高技术研发产业而奋斗。据工商联的调查显示,2006年,规模民营企业核心技术国际领先的有114家,国际先进的有440家,国内先进的有1450家,关键技术以自主研发为主的有1556家,已有2024家企业设立了研发机构,取得了一批优秀的科研成果。④

与上述情况不同的是,私营经济中不乏以倒卖证券、囤积土地、投机倒把等方式牟利的私营企业主。据报道,中国私人财富全球第二,百万美元家庭约达240万个,超过日本位居世界第二,仅次于美国。⑤ 这些富豪中许多人热衷于向国外投资移民。英国政府的数据显示,在截至2014年9月底的12个月里,英国共向中国公民签发了357个英国Tier1投资移民签证,占同期投资移民签证签发总数的43%。获得此类签证的条件是,要向英国金边证券或英

---

① 《共话中国梦 同声颂祖国——北京海外高层次人才风采录》,《人民日报(海外版)》2013年12月26日。
② 肖潘潘、邓中翰:《用中国心造"中国芯"》,《人民日报》2009年9月17日。
③ 《少壮院士邓中翰(5)》,http://cpc.people.com.cn/GB/68742/179979/180305/10809476.html。
④ 黄孟复:《中国民营经济发展报告NO.5(2007-2008)》,社会科学文献出版社2008年版,第24—26页。
⑤ 白阳:《美媒:中国私人财富全球第二 4年内或再增80%》,《环球时报》2014年6月11日。

国公司的股票或债券投资 100 万英镑，这一门槛现已调高至 200 万英镑（约合 1880 万人民币）。美国公布的最新数据则显示，在截至 2014 年 9 月的一年里，共有近 1.1 万人获得 EB – 5 投资移民签证，其中中国大陆申请人占了 85% 以上。外国人申请美国 EB – 5 签证要具备的资格是，向美国境内获批项目投资不低于 50 万美元，且投资项目可创造或维持至少 10 个直接或间接就业岗位。①

还有少数私营企业主口出狂言、气焰嚣张，影响恶劣。《中国经济时报》2006 年 5 月 22 日发表批评文章，写道："极度自负的法王路易十五有一句臭名昭著的名言：'在我死后，哪管它洪水滔天！'对此，有识之士仰天长叹：如果犬儒主义和自我中心已至于如此不可救药，人类在这个地球上生存下去，还有什么价值？！遗憾的是，路易式的逻辑思维并未绝迹，比如地产大鳄任志强又发高论：我是商人，不应该考虑穷人。衍化这句话的潜台词就是，我是牟取暴利的商人，哪管什么穷人的死活！"② 值得关注的是，任志强并未接受批评，反而变本加厉，多年来继续发表各种谬论，置社会各界广泛的批评于不顾。

长期以来，对于私营经济的性质问题在我国学术界存在明显的分歧。有学者认为私营企业具有资本主义的性质，有学者认为私营企业在社会主义国家里带有某种社会主义的性质。我们认为正确认识私营经济有重要的现实意义。

按照马克思主义的观点，企业的性质取决于它内部的经济关系，即生产资料归谁所有，生产资料所有者与劳动者之间的关系，企业收入的分配方式。在私有企业里，生产资料归私营企业主所有，私营企业主与工人的关系是雇佣与被雇佣的关系，企业的利润来自工人创造的剩余价值。虽然工人与私营企业主之间有合作的一面，但从根本上说还是资本支配劳动，占有劳动者创造的剩余价

---

① 《中国投资移民英国人数翻倍》，http://chinese.people.com.cn/n/2015/0119/c42309 – 26406598.html。

② 王石川：《在我死后哪管他洪水滔天》，《中国经济时报》2006 年 5 月 23 日。

值。它的生产关系具有资本主义性质，与社会主义国有企业有着本质的区别。不仅如此，有些私营企业还存在雇佣童工、拖欠工资等违法行为。

当然，我国现阶段的私营经济，与西方资产阶级有所不同，它们是在社会主义制度建立并不断发展壮大的条件下，在中国共产党的领导下，在党和国家的方针、政策的支持、引导和鼓励下，适应我国社会主义初级阶段的基本国情和社会生产力发展的客观要求而产生的，是社会主义现代化的建设者。必须指出，我们肯定私营经济是社会主义现代化的建设者，并不意味着私营经济具有社会主义的性质。正如列宁对新经济政策时期租让制的分析："把资本家请到俄国来不危险吗？这不意味着发展资本主义吗？是的，这是意味着发展资本主义，但是这并不危险，因为政权掌握在工农手中。"①"在这种条件下发展资本主义是不危险的，而产品的增加却会使工农得到好处。"② 租让制企业对经济发展有好处，但它的性质仍然是资本主义的。不能因租让制的积极作用就否定它的资本主义性质。

（三）为小资本家摘帽子的思想在现阶段的积极作用

1956 年毛泽东提出可以在两三年后为拿定息很少的小资本家摘帽子，把他们称作小资产阶级。由于种种原因，这一意见在 1979 年才得到落实。1979 年 11 月 12 日，中央批转了中央统战部等六单位《关于把原工商业者中的劳动者区别出来的请示报告》。当时共有 70 万人被摘掉了"资本家"的帽子，恢复了劳动者身份。③ 这一举措，为此后在全国大量出现的小微企业提供了有利条件。

我国人口众多，劳动力富足，就业问题成为关系我国社会发展

---

① 《列宁全集》第 41 卷，人民出版社 1993 年版，第 238 页。
② 同上书，第 239 页。
③ 《中共中央批转〈关于把原工商业者中的劳动者区别出来问题的请示报告〉》，http://cpc.people.com.cn/GB/64162/64165/72301/72313/4980635.html。

和人民生活水平提高的重大社会问题。小微企业不仅为满足人民群众多方面的需要提供了便利，而且对充分就业提供了不可忽视的有利条件。

1978 年前，我国劳动者就业的渠道是国有企业、集体企业，较少的就业渠道不利于扩大就业、调动各方面的积极性、提高生产效率。公有制为主体、多种所有制经济共同发展的基本经济制度为就业开辟了更多的途径。我国劳动者的就业目前有公有制经济、"三资"经济、个体经济和私营经济四种渠道。2008 年，城镇劳动者在国有单位就业人数占城镇就业人数的 21.3%，集体所有制和股份合作制占 2.7%，国有经济、集体经济和股份合作经济就业仍有很大潜力。但近些年，国有经济和集体经济的就业人数不断下降，国有单位就业人数由 1995 年的 11261 万人下降为 2008 年的 6447 万人，下降了 43%；集体单位就业人数从 1991 年的 3628 万人下降为 2008 年的 662 万人，下降了 82%，而私营经济成为扩大就业的主渠道，其就业人数由 1989 年的 164 万人增长到 2008 年的 7904 万人，19 年间增长了 47.1 倍。私营企业之所以能成为就业的主渠道，原因在于私营企业人均固定资产占用量低，用较少投资便可以容纳较多就业人口。以 2008 年为例，规模以上国有工业企业就业人员平均占用的固定资产为 9.65 万元，外资企业为 5.31 万元，港澳台资企业为 3.2 万元，私营企业仅为 2.6 万元。这是因为私营企业中劳动密集型的小微企业多，商业饮食业占很大比重，对劳动者的文化、专业技术要求不高，适于容纳文化程度和专业水平不高的人员就业。

随着私营经济就业人数的增加，有人只看到它在就业方面的积极作用，而忽略私营经济的剥削性质。众所周知，私营经济中的大企业有剥削性质，而小微企业却不具有剥削性质，小微企业的生产资料虽然归私人所有，但他们依靠自己的诚实劳动致富，因此将私营经济中的大企业和小微企业不加区别地对待，实质是掩盖了大企业的剥削性质。研究私营经济的时候应对此加以区分，肯定它们各自在增加就业中的作用，同时区别它们不同的性质。

那么，我国的私营企业究竟可以发展到什么程度呢？毛泽东对此做出回答，对大中型私营企业可以签个协议，十年二十年不没收，但最终要转化为国有企业。邓小平也做出过明确回答："社会主义的目的就是要全国人民共同富裕，不是两极分化。如果我们的政策导致两极分化，我们就失败了；如果产生了什么新的资产阶级，那我们就真是走了邪路了。"①

（原载《毛泽东邓小平理论研究》2016 年第 12 期）

---

① 《邓小平文选》第三卷，人民出版社 1993 年版，第 110—111 页。

编选者手记

作为经济所的一名后进，在我进所的时候，项启源先生已经退休多年，无缘亲炙先生左右，实为憾事。幸好，借着经济所庆祝建所 90 周年之机，《资本论》研究室领导将编选《项启源集》的任务交给我，令我有机会与先生进行文字之交，通过收集整理先生论著的机会，回顾先生半个多世纪的学术生涯，在重读这些学术经典之时，时常激起心灵的强烈震动及治学反思，如同上了一堂形象生动的政治经济学课程，时时可见点睛之笔，令人豁然开朗。

项先生一生著述颇丰，成果众多，为这位经济学界德高望重的前辈进行论文编选，难度甚高。因文库所要求的篇幅有限，无法将项先生的所有成果收入其中，必须有所选择取舍。这是一项极其考验编选者功力和眼光的工作，稍不留意即会将足以代表项先生学术水平的文章漏过，令编选者多次生出遗珠之憾。

2013 年 1 月，中国社会科学出版社曾为项先生出版《中国社会科学院学部委员专题文集·论中国社会主义初级阶段的生产关系》，分为五个部分，包括"学习马克思主义、毛泽东思想、邓小平理论的若干体会""社会主义经济规律和经济规律系统的探讨""商品经济·按劳分配·工资改革""坚持公有制的主体地位，壮大国有经济""争鸣与商榷"，共收入 21 篇文章。与这部文集相比，《项启源集》不设专题，而是以发表时间的先后顺序，收入项先生具有代表性的 23 篇论文与 3 部著作的节选，始于 1962 年发表于《经济学动态》第 22 期的论文《关于按劳分配规律的一点想法》，终于 2016 年第 12 期《毛泽东邓小平理论研究》的论文《如何正确对待民族资产阶级——重新学习毛泽东1956年的重要述论》。编选者认为，以时间顺序呈现研究成果的方式，能够让读者全方位地了解项先生的学术成就。而且，由于项先生研究领域非常广泛，编列专题的方式会导致部分水准极高的文章无法入选，况且以编选者的才识眼光，本无资格为学界前辈人为划分专题。因此，最终呈现出来的成果，即是如读者所见，历时动态地展现了项先生不断深化的研究路径和学术心得。

《项启源集》在编选的过程中，得到了高培勇所长、朱恒鹏副所长、胡乐明副所长、魏众研究员、张琦副研究员等经济学领导前辈的支持鼓励，也感谢《资本论》研究室主任郭冠清研究员将此光荣的任务交付给我。需要指出的是，由于编选者时间匆促、能力有限，最终呈现出来的《项启源集》难免存在问题，希望得到有识之士的理解与批评。

非常遗憾的是，就在《项启源集》的编选工作推进之时，项启源先生于2018年6月23日病逝，享年93岁。因而，编选项启源先生的文章，最终形成《项启源集》一书，也算是经济所后进对前辈学者的崇敬与追思，具有别样的意义。

林　盼

2018年10月

《经济所人文库》第一辑总目(40种)

(按作者出生年月排序)

《陶孟和集》　　《戴园晨集》

《陈翰笙集》　　《董辅礽集》

《巫宝三集》　　《吴敬琏集》

《许涤新集》　　《孙尚清集》

《梁方仲集》　　《黄范章集》

《骆耕漠集》　　《乌家培集》

《孙冶方集》　　《经君健集》

《严中平集》　　《于祖尧集》

《李文治集》　　《陈廷煊集》

《狄超白集》　　《赵人伟集》

《杨坚白集》　　《张卓元集》

《朱绍文集》　　《桂世镛集》

《顾　准集》　　《冒天启集》

《吴承明集》　　《董志凯集》

《汪敬虞集》　　《刘树成集》

《聂宝璋集》　　《吴太昌集》

《刘国光集》　　《朱　玲集》

《宓汝成集》　　《樊　纲集》

《项启源集》　　《裴长洪集》

《何建章集》　　《高培勇集》